FILLES DE L'AFRIQUE

DU MÊME AUTEUR
AUX ÉDITIONS DU ROCHER

Une enfance africaine, 2002.
Une jeunesse allemande, 2003.
Nos rêves d'Afrique, 2004.

STEFANIE ZWEIG

FILLES DE L'AFRIQUE

Traduit de l'allemand
par Jean-Marie Argelès

ÉDITIONS DU
ROCHER

Titre original : *Es begann damals in Afrika.*

ISBN 2 268 05480 2

Ce livre est dédié à la mémoire de mes parents
et au souvenir de mon frère Max

1

Sous l'eucalyptus

Nakuru School, 1944

Onze heures plus tôt, elle avait eu douze ans. Vicky ôta de son bras une grosse fourmi bien grasse. Déposant l'insecte par terre, dans un trou peu profond en forme de cuvette, elle souffla délicatement sur le petit corps luisant et rougeâtre. Avec des gestes tout aussi précautionneux, elle installa sur ses genoux relevés la minuscule corbeille qu'elle venait de confectionner avec de longues tiges d'herbe et les feuilles d'un vigoureux eucalyptus : elle devait servir de carrosse à la reine des abeilles, ou encore de cachot pour le roi des criquets, au cas où l'accueil de ses sujets ne serait pas aussi bon qu'escompté. Voici quelques semaines, les sauterelles avaient mené un assaut victorieux contre la plantation de thé paternelle, à Kericho. Pour sauter de la bataille contre les criquets à la lettre de ses parents, le fossé à franchir n'était pas large. Avec l'habileté qui lui valait des félicitations devant toute la classe à chaque séance de travaux d'aiguille, Vicky avait dissimulé la merveilleuse lettre d'anniversaire dans l'ourlet de sa jupe d'uniforme. Il lui avait pour cela suffi de trois ou quatre simples points de couture. Mais ils n'en constituaient pas moins une authentique infraction au règlement stipulant que toute correspondance, dès réception, devait être remise à miss Chart qui la gardait jusqu'à la séance prévue pour les réponses ! La miss Chart en question avait d'aussi belles boucles blanches que les charmantes grands-mères des livres d'images de l'époque victorienne ; elle usait en revanche d'une langue en parfaite harmonie avec la sécheresse de sa conception puritaine de l'existence. En sa qualité d'infirmière, elle était responsable de la santé de toutes les élèves de la Nakuru School. C'était également elle qui surveillait le dortoir des fillettes de douze ans. Ces dernières étaient unanimes à considérer qu'on ne pouvait espérer susciter la compassion de miss Chart tant qu'on avait moins de trente-neuf degrés de fièvre.

– Quarante quand on est juif ! avait constaté Liesel Freund après sa rougeole.

Pour l'anniversaire de sa fille, le père de Vicky avait dessiné un château avec sept cheminées et trois coupoles. Sa mère, pour sa part, avait dessiné le jardin s'étendant devant le château, un jardin avec des lis et des plants de tulipes qui, contredisant radicalement ce qu'avaient concrètement constaté les parents de la fillette, résistaient apparemment sans problème à la chaleur africaine : ils arboraient des fleurs vigoureuses, d'un rouge flamboyant. À côté de la plate-bande, on voyait un cheval blanc, sellé de bleu, que montait une fillette ayant les mêmes cheveux dorés et les mêmes yeux d'azur que Vicky. À la pensée du dessin caché dans l'ourlet de sa jupe, elle fut prise de tristesse. Elle ressentit un tel désir de revoir ses parents et sa maison, avec ses murs marron et ses fenêtres vertes, que la tête lui tourna. Elle fut contrainte de fermer les yeux. Quand elle s'autorisa à les rouvrir, elle éprouva une légère envie de vomir, mais elle avait perdu depuis longtemps l'habitude de s'abandonner à la mélancolie et au cafard, de céder aux petites peurs comme à la grande tristesse. Pour ses camarades de classe britanniques, manifester une émotion était quelque chose de typiquement allemand. Sans même parler, bien sûr, de fondre en larmes ! Vicky étouffa dans sa gorge un haut-le-cœur : elle le trouvait par trop déplacé chez quelqu'un venant d'avoir douze ans, surtout s'agissant d'elle-même. Une ou deux secondes plus tard, elle riait déjà, recrachant sur une fleur de cactus jaune citron la peau du grain de poivre rose qu'elle mâchait depuis le matin.

– Je parie que je sais à quoi tu penses, dit Liesel.

– Je parie que tu ne le sais pas, rétorqua Vicky.

Elle parlait d'une voix claire, comme toujours, mais beaucoup plus fort que d'habitude. Elle craignait de laisser transparaître combien son foyer et ses parents lui manquaient et d'écorner ainsi sa réputation d'enfant chanceuse à qui rien ni personne ne pouvait faire perdre contenance. Vicky, tout comme elle venait de ravaler son haut-le-cœur, étouffa un soupir, toujours prête à donner le change. Elle était experte dans l'art de lancer les autres sur de fausses pistes, de les égarer. Chez elle et à l'école.

– J'étais en train de m'imaginer mes futurs enfants, dit-elle.

Son mensonge spontané lui parut si réussi qu'elle n'aurait laissé à personne le soin de la féliciter.

– Combien Son Altesse a-t-elle donc d'enfants ?

La question donna à Vicky le temps dont elle avait besoin pour disposer à sa convenance les leurres du labyrinthe qu'elle venait d'imaginer. Il lui suffit d'évoquer une vision d'avenir dont elle était régulièrement habitée.

– Quatre enfants, expliqua-t-elle avec entrain, et aussi deux chiens et une quantité de chevaux. Rien que des chevaux blancs. Les chiens sont des setters irlandais. Ils s'appellent Bingo et Baxter. Mon mari les a baptisés huit jours après leur naissance. Avec du gin.

– On ne baptise pas des chiens juifs, objecta Regina. Jamais !

Il était rare d'entendre Regina contredire quelqu'un. À douze ans, elle était presque aussi farouche que lors de son premier jour d'école. Les gens qui s'emportaient lui faisaient peur, surtout quand elle était responsable de cet emportement. Mais elle ne parvenait pas à s'imposer le silence dès qu'elle avait le sentiment que, dans des situations bien précises, son père attendrait d'elle qu'elle exprime son avis. Embarrassée, elle dessina, à l'aide d'un petit bâton, des cercles et des croix sur la terre poussiéreuse.

– On ne baptise pas des chiens juifs, répéta-t-elle. Surtout pas avec du gin.

– Mais Bingo et Baxter ne sont pas juifs, dit Vicky avec un petit rire. Sinon, ils ne s'appelleraient ni Bingo ni Baxter. Tu n'as pas entendu quand je disais que mes chiens étaient des setters irlandais ? Quand je serai grande, je ne serai d'ailleurs plus juive moi non plus.

– Alors, tu seras un setter irlandais, toi aussi ?

Une nouvelle fois, Regina n'esquissa pas l'ombre d'un sourire. Toute petite encore, elle avait appris – de la bouche d'Owuor, le cuisinier de la ferme d'Ol'Joro Orok – que, s'agissant de disputes sans gravité, la logique de l'absurde était plus efficace que des arguments raisonnés. Owuor parlait deux langues et il disait toujours : « Les mots, c'est mieux que des couteaux. On peut d'ailleurs aussi aiguiser les mots. » Ayant pris tout son temps pour se représenter un mot aussi effilé qu'une *panga*, Regina répéta sa question :

– Alors, tu seras un setter irlandais, toi aussi ?

– Tu dis des bêtises, répliqua Vicky en riant. J'aurai cessé d'être juive simplement parce que mon mari n'est pas juif. Il s'appelle Howard, il est *major*, il ne parle que l'anglais, et mes enfants n'ont pas le droit de pleurer quand il est à la maison.

S'apercevant que ses amies se taisaient, la dévisageant comme une étrangère dont il convient de se méfier, Vicky se hâta d'ajouter d'une voix inhabituellement basse, non sans un soupçon de bégaiement :

– Mais il ne va à l'église qu'à Noël.

Vicky, cette belle enfant dont le charme ensorcelait jusqu'à ses camarades de son âge, était la plus petite des fillettes juives du dortoir de miss Chart, la plus jeune aussi, même si cinq mois seulement la séparaient de Regina. Grâce, notamment, à un prénom suscitant l'envie de tous les autres enfants d'émigrés chaque jour que Dieu faisait, Vicky manifestait autant d'assurance que si elle avait passé son existence entière dans une ferme des Hautes Terres du Kenya, en compagnie de parents portant, par toute température, des vêtements en tweed marron râpé, parlant l'anglais sans accent et adhérant au très distingué club de golf « Rift Valley ». Ses talents d'adaptation naturels étaient le plus grand capital de Vicky. Elle s'accommodait sans difficulté de situations dont, cinq ans après leur entrée à l'école, des enfants sensibles comme Regina souffraient encore.

Cette grande souplesse d'esprit n'était pas sans rapport avec la parfaite incapacité de Vicky à citer son lieu de naissance, Potsdam, où elle avait tout de même passé les six premières années de son existence. Elle y avait fréquenté la première classe de la « Cecilienschule », l'espace de deux semaines, plus exactement deux semaines et deux jours. Puis la fillette, effarée et en sanglots, était rentrée chez elle sans son cartable, déclarant qu'elle ne retournerait plus jamais à l'école.

– Ce ne sera plus la peine, avait promis sa mère. Plus jamais. Je te le jure. Nous allons tout simplement oublier qu'il existe une «Cecilienschule». D'accord?

– D'accord! avait acquiescé Vicky.

Plus que la plupart des gens, elle était douée pour la gaieté. Les larmes sur ses joues avaient à peine eu le temps de sécher, ce jour fatidique, qu'elle avait retrouvé le sourire en apercevant, dix minutes plus tard, son image dans le miroir de la chambre à coucher de ses parents.

À dire vrai, ni la mère ni l'enfant ne pressentaient alors combien cette faculté d'oubli leur serait utile. Sans rougir le moins du monde et sans jamais ressentir sur ses joues et dans sa nuque la chaleur traîtresse qui gâchait l'existence de ses amies quand – fortuitement ou non – on leur rappelait leur pays d'origine, Vicky avait affirmé dès sa première journée à l'école de Nakuru qu'elle était originaire de Kericho. C'est là que son père – jusqu'en 1933 architecte extrêmement réputé sur la place de Potsdam et, notamment en raison de sa générosité, membre très apprécié de la Société pour l'entretien des tombes de guerre – avait pris à ferme une plantation de thé, grâce à l'argent prêté par une organisation juive spécialement fondée au Kenya pour faciliter l'intégration des réfugiés originaires d'Allemagne et d'Autriche. Une légère modification apportée à sa biographie l'avait aidé à réaliser l'emprunt qui allait assurer son existence: audacieusement, il s'était fait passer auprès de l'organisation caritative pour l'ancien régisseur du parc et des jardins du château de Sanssouci.

– Je n'ai même pas menti, avait-il coutume de plaisanter quand il était seul avec sa femme. J'ai simplement transformé en jardinier prussien un pauvre hère de Juif.

Dans les temps où régnait l'insouciance, quand s'offrait depuis les fenêtres de la maison une vue merveilleuse sur Sanssouci et ses splendeurs, la mère de Vicky avait été une de ces beautés qui transforment en galants chevaliers servants des hommes d'une sensualité ordinairement plus que modeste. Malgré les angoisses mortelles vécues dans l'ancienne patrie et les épreuves d'une émigration précipitée, elle était restée une femme sur qui les hommes de tout âge se seraient retournés si, dans la ferme de Kericho, son propre époux n'avait pas été le seul à sacrifier à l'idéal européen de la beauté. Sa principale vertu valait toutefois son pesant d'or dans sa situation d'exilée : elle qui, à Potsdam, avait incarné avec tant de passion son rôle d'hôtesse et de beauté de salon, elle ne se laissait jamais aller à regretter le luxe d'antan. C'est à pleines mains – des mains ayant dû renoncer aux bijoux comme aux soins des manucures – qu'elle saisissait toute occasion d'assumer son existence dans un monde où ce qui comptait dans son ancienne patrie avait perdu toute valeur. Elle avait oublié jusqu'au mot de luxe, oublié ce qu'il avait signifié pour elle. Son conseiller le plus précieux était à présent un livre intitulé *Petit Élevage sous les tropiques*, ouvrage que son beau-père avait réussi au tout dernier moment à lui envoyer d'Allemagne, car la femme de son fils – qu'il avait courtisée du fond du cœur et dont il avait toujours trouvé qu'elle ressemblait à la très aimée reine de Prusse Louise – élevait désormais des poules, des canards et des lapins. Tous les vendredis, son mari livrait à l'hôpital public de Nakuru une viande unanimement et hautement appréciée, soigneusement enveloppée dans des serviettes blanches à monogramme brodé. Ces serviettes de table en damas étaient un vestige de la dot de la mère de Vicky ; une fois la viande et la volaille vendues, elles étaient rapportées à la ferme où, en dépit des protestations et des grognements du personnel pour qui la vue du sang de canard séché était presque aussi écœurante que le spectacle des lapins assommés, elles étaient lavées, amidonnées et repassées. Tous les premiers lundis du mois, jamais à court d'idées, le couple partait dès le petit matin livrer un lourd chargement de victuailles à Naivasha où se trouvait une école missionnaire catholique dont le responsable des achats – bénédiction plus grande encore ! – était un intendant juif, qui, dans sa première vie, avait dirigé une banque privée à Hambourg.

Les camarades de classe et les professeurs de Vicky trouvaient son prénom très anglais, très conforme à la tradition, et aussi facile à prononcer que ceux de l'heureuse majorité de l'école. En fait, un coup d'œil dans le livret de famille allemand aurait permis de constater que la favorite des dieux se prénommait Auguste Victoria. Le grand-père – patriote décoré de la Croix de fer pendant la Première Guerre mondiale, aussi fidèle partisan de l'empereur en

1918 qu'au début du conflit – avait dû faire preuve de beaucoup d'amabilité, chose étonnante de sa part, pour imposer Auguste comme Victoria : sa belle-fille à qui, en fin de grossesse, la fréquentation du cinéma inspirait la plupart de ses références, avait rêvé de Greta – comme Garbo –, pensé à Fritzi – comme Massary – et flirté avec l'idée de Lilian en l'honneur de Harvey, mais elle avait cédé à son beau-père sans lui opposer la moindre résistance ; elle vénérait trop le généreux et vieux monsieur pour le blesser et le contredire en rien. Pour la remercier, à la naissance de sa petite-fille, il avait ouvert à la famille un coquet compte d'épargne qui, six ans plus tard, au moment de l'exil, allait s'avérer providentiel, leur sauvant la vie.

Un an après les Jeux olympiques de 1936, deux des cousins de la mère de Vicky, ainsi que leur père, avaient été arrêtés, puis, une fois libérés du camp de concentration de Dachau, avaient observé un mutisme quasi total face aux questions sur les raisons et les conditions de leur détention. La jeune femme, finissant par prendre conscience que les nationaux-socialistes n'étaient pas un mal transitoire, avait donc décidé de s'en remettre désormais aussi peu que possible au hasard. Pressentant qu'elle devrait émigrer un jour, elle avait suivi des cours de reliure et appris à soigner les caniches. Bien sûr, au Kenya, le choix de ces deux formations s'était avéré n'avoir reposé que sur un regrettable malentendu : il n'existait pas la moindre maison d'édition dans un pays dont seule une infime proportion de la population autochtone savait lire, et, de surcroît, les caniches étaient extrêmement rares à Nairobi, plus rares encore dans les fermes. Les leçons d'anglais dispensées par une professeur d'anglais juive, en attente de papiers pour partir en exil en Nouvelle-Zélande, avaient été, en revanche, beaucoup plus bénéfiques. Dès l'arrivée à Mombasa, les nouvelles connaissances linguistiques de la femme avisée qu'était la mère de Vicky lui avaient suffi pour s'imaginer combien, dans une école anglaise, le prénom d'Auguste serait pesant pour son enfant ; à peine installée à Kericho, une fois les premiers rudiments de swahili acquis, la famille avait donc systématiquement appelé « Vicky » la petite Victoria. Ce tour de passe-passe, qui aurait pu déstabiliser une enfant indocile ou rêveuse, réussit étonnamment vite. Ni en cet instant ni plus tard, Vicky ne se montra encline à remettre en cause les nécessités de l'existence. Elle était dotée d'un esprit agile et de mains aussi fines qu'adroites. Durant toute sa scolarité, elle passa aux yeux de ses condisciples, comme à ceux des enseignants, pour plus intelligente qu'elle n'était en réalité : en fait, elle s'en remettait à son intuition pour apprécier les situations imposant de se taire. Pour argumenter, Vicky n'avait besoin que de ses yeux – de grands yeux bleu de mer – et, pour discuter, de ses longs cils soyeux.

À huit ans, elle reprisait les chaussettes aussi bien que Mrs Hammerwitz, la raccommodeuse de Potsdam qu'elle avait oubliée depuis longtemps ; jusqu'à son dernier jour d'école, elle fut la chouchoute de tous les professeurs de couture, car elle tricotait aussi merveilleusement que jadis les damoiselles du Moyen Âge : avant d'avoir appris à lire, elle avait été capable d'exécuter les points les plus compliqués. Même les dessins qu'elle exécutait à cinq ans laissaient pressentir un réel talent artistique. À la ferme, elle chantait aux enfants des chansons de sa composition qui rencontraient un accueil enthousiaste. Vicky aimait avoir du public, mais se satisfaisait aussi de rester seule. Assise sur une couverture, au bord d'un champ de thé, elle imaginait des modèles de robes pour ses poupées et, un peu plus tard, pour elle-même. Ses parents étaient ravis. Leur fille s'intéressait à tous les secrets culinaires, en dépit de la misogynie du cuisinier Kinanjui qui ne répondait par principe à aucune des nombreuses questions que lui posait Vicky. La petite astiquait avec zèle l'argenterie familiale sauvée de la catastrophe et conservait pour ses poupées, comme s'il s'agissait d'un trésor extrêmement précieux, un fer à repasser qui avait entrepris avec elle, depuis Potsdam, un voyage dans une autre existence. S'étant, peu après leur arrivée à la ferme, retrouvée dans un internat – en raison du trop grand éloignement de l'école – et ne voyant ses parents que tous les trois mois, elle souffrait beaucoup moins de la douleur de la séparation et du cafard que les enfants du même âge placés dans une situation identique. Elle se sentait en sécurité même parmi des étrangers. Sa faculté d'accueillir comme un compliment la moindre des attentions, y compris quand celles-ci ne lui étaient pas destinées, lui facilitait énormément la vie.

Couverte de flatteries chez elle, mais aussi à l'école, elle était populaire, pleine d'assurance, inhabituellement aimable pour un enfant de son âge, spontanément serviable et rarement triste. Pour ce qui était de l'aspect extérieur, Dame Fortune n'avait pas non plus été avare de ses dons envers cette fée délicate à la bouche de poupée. Vicky avait des cheveux blonds, très fournis, encadrant un visage d'une grande finesse : sous le soleil, ils brillaient tellement qu'ils paraissaient avoir des reflets blancs et, au vent, ils ondulaient autour de sa tête, pareils à un voile. Quand elle riait, des fossettes dansaient autour de sa bouche ; quand elle chantait, on l'aurait crue transportée dans le monde des anges. Le strict uniforme de l'école – jupe bleue à bretelles, corsage blanc et cravate tricotée à rayures blanches et bleues – ne parvenait pas à lui ôter son apparence de princesse raffinée, capable de déceler l'épaisseur d'un petit pois sous une montagne de matelas. Un phénomène très étrange s'était d'ailleurs montré beaucoup plus déterminant encore pour faire accepter Vicky dans un monde où les enfants étaient étiquetés comme des êtres marginaux et indésirables : si son nouveau prénom s'était révélé parfaitement adapté à la situation, même son nom de famille ne lui avait pas occasionné de désagrément. Elle s'appelait certes Sedlacek, mais jamais un enfant britannique, jamais un professeur ne se seraient risqués à prononcer un tel nom qui, véritable provocation pour les yeux comme pour les palais de citoyens de Sa Majesté, n'eut tout simplement jamais d'existence à la Nakuru School ! Quotidiennement ou presque, Hermine Wohlgemut, Friederike Hirsch, Liesel Freund et Regina Redlich avaient l'occasion d'envier leur blonde compagne au gracieux nez retroussé, appendice que ses camarades juives trouvaient d'ailleurs typiquement anglais.

Pourtant, le jour de ses douze ans, Vicky eut un bref instant un comportement atypique pour une princesse habituée à résoudre les problèmes du monde en se contentant de lever les yeux d'un air charmeur et innocent. Elle soupira, surprise de constater que c'était justement la timide Regina qui l'avait fait chuter de son trône. Vicky était déçue. Regina, qui, au bout de cinq années à la Nakuru School, souffrait toujours aussi visiblement d'être séparée des siens, avait osé égratigner la belle image d'une dame, enviée de tous, que le choix d'un époux approprié dispenserait sa vie durant de prononcer un seul mot d'allemand. Pendant un petit moment, Vicky, chez qui le fait d'être contredite ou traitée avec ironie provoquait une véritable douleur physique, se frotta l'œil droit. Elle y avait soupçonné la présence d'une larme et se sentait démasquée. Mais son talent d'actrice habituée à croire en elle finit tout de même par triompher. Elle eut un sourire qui laissa apercevoir le bout de sa langue.

– En tout cas, dit-elle avec une gaieté promptement appelée en renfort, c'est aujourd'hui le plus merveilleux dimanche de l'année.

Elle se lécha une nouvelle fois les lèvres, recrachant ensuite le deuxième grain de poivrier qu'elle venait de mâcher. Ses yeux brillaient comme s'ils venaient d'apercevoir à l'instant les sept merveilles du monde. Vicky avait de bonnes raisons d'exulter. Le jour de ses douze ans avait effectivement été extraordinaire. Ni elle ni ses petites amies ne l'oublieraient jamais. Il faisait, bien sûr, une chaleur accablante et pas un souffle de vent ne montait du lac aux flamants roses. L'humidité de l'air mettait les têtes et les membres au supplice. Quelqu'un ne sachant pas à quoi s'en tenir aurait pu penser qu'il s'agissait d'un dimanche comme les cinquante et un autres de l'année. C'était pourtant un dimanche unique en son genre. Vicky se lécha les lèvres et se leva. Ayant exécuté une ample révérence devant ses amies, elle se dressa sur la pointe des pieds, esquissa quelques gracieux pas de danse et grimpa sur le tronc d'un arbre couché sur la pelouse. Puis elle entonna un air de sa composition.

– Pour mes douze ans, chanta-t-elle à pleins poumons, les Juifs ne sont pas obligés d'aller à l'église.

– Continue, insista Hermine, sa plus grande admiratrice.

– Ça suffit, Vicky, dit Liesel en ramenant énergiquement sous l'eucalyptus l'artiste dont la seule tentative de parade consista en un simple mouvement de la main gauche. Ou bien aurais-tu l'intention de lancer miss Chart à nos trousses ? C'en serait terminé de ton anniversaire. Elle serait fichue de nous expédier malgré tout à l'église, par pure vacherie.

Dans les années quarante du siècle dernier, chaque dimanche passé à la Nakuru School était une épreuve de nature à faire sérieusement douter de la sagesse de Dieu et de ses facultés de discernement. Cinq heures et huit terribles kilomètres séparaient le petit déjeuner du déjeuner, tellement était long le trajet aller et retour entre l'école et l'église. Le service divin était obligatoire pour tout le monde, sans égard pour les fidèles d'autres confessions. Les garçons étaient avantagés. Ils portaient les chemises à manches courtes de leur uniforme et ils avaient la possibilité de cacher dans les poches de leur pantalon de petites bouteilles remplies d'eau en prévision de la marche sur le chemin caillouteux menant à Dieu. De telles poches, synonymes de salut, étaient interdites aux filles. Le règlement scolaire stipulait qu'elles devaient paraître devant leur Créateur en robe de taffetas blanche, avec des manches longues et une jupe à volants. Il prescrivait également des socquettes et des chaussures blanches. Ces dernières étaient beaucoup trop fragiles pour les pierres du trajet, et, tous les dimanches après-midi, il fallait les enduire d'une crème blanche que les enfants devaient s'acheter avec leur argent de poche.

Si – n'ayant pas plus l'habitude de nettoyer leurs chaussures que d'accomplir d'autres tâches ménagères – les filles de fermiers grognaient en ce jour, c'était uniquement en raison de cette corvée. Compte tenu du caractère majoritaire de leur confession, de l'aisance de leurs parents et de leur nationalité qui, en ces temps de guerre, était considérée comme la seule correcte, le dimanche n'était pas une épreuve pour elles. On commandait leurs habits du dimanche dans un magasin de Nairobi spécialisé dans les fournitures scolaires, et cette élite bienheureuse pouvait de la sorte faire ses prières avec l'assurance que Dieu et les hommes étaient bien disposés à son égard.

Les enfants juifs – à qui leurs parents avaient au demeurant inculqué le réflexe de ne jamais se révolter et, plus généralement, de ne pas se faire remarquer – n'étaient pas les seuls à ne pas profiter de cette occasion de renforcer sa confiance en la destinée. Les petits Boers récalcitrants, eux, dimanche après dimanche, faisaient savoir, les poings serrés, que le dieu anglais n'était pas le leur et qu'ils le maudissaient, lui et les Anglais par-dessus le marché. Leur courage demeurait sans écho, mais on ne les punissait pas non plus. Deux semaines avant l'anniversaire de Vicky, une élève juive de la classe des plus grands avait bien osé protester auprès du directeur contre l'obligation de se rendre à l'église, mais la réponse avait été d'une totale clarté, une réponse sans appel : « Où irions-nous, avait-il tonné, si chacun voulait ici prier son fichu dieu personnel ? Nous nous retrouverions dans une sacrée porcherie, oui. Dans mon établissement, c'est la discipline qui est prioritaire, la foi ne vient qu'ensuite. » Regina avait décidé de retenir jusqu'aux vacances la phrase, qui avait fait plus rapidement le tour des enfants juifs qu'un feu de brousse ne dévore la forêt, et de parler du directeur avec son père.

– Ça n'avancera pas ton père à grand-chose, avait constaté Liesel avec l'esprit analytique qui la caractérisait.

Liesel Freund était originaire de Cham, en Bavière, où ses parents avaient tenu une boulangerie appréciée dans toute la ville. Elle n'avait jamais oublié l'odeur des pâtes à la graisse d'oie, des bretzels et des croissants, ni le goût des beignets fourrés et des brioches en forme de tresses sortant du four. Elle aurait en revanche bien volontiers oublié tous les autres souvenirs que son excellente mémoire avait conservés de Cham. Elle s'y efforçait jour après jour. La famille Freund était arrivée au Kenya en 1939, par le dernier bateau ayant permis aux persécutés juifs de s'enfuir. Deux oncles avaient déjà réussi à s'installer dans le pays, avec leurs femmes et une cousine plus jeune. Oncle Erwin, un ancien marchand de bestiaux pour qui l'agriculture était moins *terra incognita* que pour les autres émigrants, avait réussi à emporter avec lui une somme d'argent permettant d'envisager une existence nouvelle pour toute cette grande famille. Le clan avait acheté des terres à Londiani et avait construit une ferme – de style bavarois – avant même l'arrivée de ses derniers membres. Les premières vaches laitières paissaient déjà dans les collines et on attendait la première récolte de blé ainsi que la livraison d'un tracteur.

Dans son pays – qui avait cessé à jamais d'être le sien –, Liesel avait vu brûler la synagogue depuis la fenêtre de sa chambre d'enfant. Elle avait vu se muer en monstres des voisins sociables et familiers, avec les enfants desquels elle avait encore, l'après-midi même, joué aux gendarmes et aux voleurs et mangé du gâteau aux pommes. Des hommes qu'elle connaissait depuis l'enfance avaient lancé d'énormes pierres contre les vitrines de la boulangerie paternelle et jeté dans la rue les meubles de sa grand-mère. La vieille dame, que Liesel connaissait pourtant comme une personne à la repartie prompte, n'avait pas poussé un cri quand ses tasses de collection en porcelaine d'un bleu de cobalt s'étaient brisées au sol, ni quand on avait éventré ses couettes. Elle n'avait d'ailleurs plus jamais prononcé un seul mot. Dix jours plus tard, elle était morte. Ayant compris dès ce soir-là qu'il y avait des parents à qui il était interdit d'offrir la protection à leurs enfants en échange de leur confiance, Liesel avait une connaissance beaucoup plus grande de la vie et des hommes que Regina.

Les deux fillettes s'étaient rencontrées à la déclaration de guerre, quand on avait interné les hommes juifs et transporté les femmes et les enfants depuis leurs fermes jusqu'au Norfolk Hotel de Nairobi. Bien que d'un tempérament fort différent, elles s'étaient aussitôt liées d'amitié. Liens d'affection qui s'étaient encore resserrés quand Liesel et Regina s'étaient retrouvées à la Nakuru School. Même si toutes deux admiraient Vicky et trouvaient fort sympathique Leah Rubinstein qui, à leur grande surprise, était juive mais sans être pour autant une réfugiée d'Allemagne, elles ne laissaient pas entrer de tiers dans leur alliance. Longtemps avant de connaître le mot et son importance, elles ressentaient la force des liens noués à la faveur d'un destin commun.

Plus âgée que Regina de sept mois, Liesel, une fille dynamique, qui, en dépit de ce qu'elle avait vécu à Cham, n'avait pas perdu son audace, était un esprit méthodique. Elle avait peu d'imagination, ce qui lui permettait justement de bien mieux apprécier les situations que son amie qui se laissait porter par ses chimères, croyant aux images de sa propre invention. Dès leur premier jour d'école, les deux inséparables avaient été en concurrence pour la première place de leur classe sans que leur amitié ait eu à en souffrir le moins du monde. Elles ne se considéraient pas comme des rivales, mais comme des alliées dans un environnement défavorable. Pour chacune d'elles, c'était l'autre la plus intelligente. À douze ans, elles n'avaient toujours pas la maturité nécessaire pour considérer qu'elles avaient des dons différents, *a fortiori* pour porter un jugement sur leurs aptitudes respectives. Regina ne prenait plaisir qu'à lire et à écrire et la seule matière qu'elle aimait était l'Histoire. Les punitions lui procuraient une joie toute particulière : il fallait soit écrire des rédactions de plusieurs pages, soit apprendre des poèmes par cœur, soit encore étudier et retenir une masse de faits historiques. Chez Liesel s'annonçait la future mathématicienne et scientifique. Pour elle, seuls comptaient la logique et le démontrable. Elle n'aimait ni les contes ni les récits d'aventures, et elle éprouvait de la peine à comprendre l'Histoire.

– Qu'est-ce que tu penses que ton père va faire si tu lui racontes ce que mister Whidett a dit? avait-elle demandé à son amie le jour où le directeur avait étouffé dans l'œuf – et pour toujours – la rébellion dans son école. Tu crois qu'il va débarquer ici avec un grand bâton et rouer de coups mister William Harry Whidett sur son maudit terrain de tennis?

– Pas avec un bâton, avait objecté Regina. Mon père viendra avec un fusil. Et il n'ira certainement pas sur le terrain de tennis. Il se postera devant la piscine et tirera. Comme ça, William Hary Whidett y tombera et se noiera dans son sang.

S'agissant du directeur de l'école aux principes d'airain, les fantasmes de Regina ne la privaient toutefois pas de clairvoyance. Elle comprenait parfaitement ce que voulait dire Liesel. Avec la pratique de ceux qui ont appris à se résigner et à obéir, elle refoula sa colère contre mister Whidett. À Mungu pourtant, le Dieu noir qui demeurait sur le mont Kenya, elle jura à haute voix de se venger et décida, jusqu'au jour de la revanche, de réciter une prière juive pendant chaque *Notre Père,* à l'église, mais aussi lors de la prière du soir dans la salle des fêtes de l'école.

– Sans remuer les lèvres, concéda-t-elle quand elle vit l'étonnement de Liesel. Malheureusement, je ne connais pas de véritable prière juive, avoua-t-elle à son amie. Je ne connais que la bénédiction du pain et du vin le vendredi soir. Et encore, celle du vin, je ne la connais pas parfaitement. Il faut dire qu'à la maison nous n'avons pas de vin.

– Et nous, nous n'avons pas besoin de prières, admit Liesel. Nous ne faisons pas *shabbat*. Contente-toi de parler avec Dieu, conseilla-t-elle, tu n'es pas obligée de prier.

– En anglais ou en allemand?

– Je crois que ça lui est égal.

– Alors, je parlerai en swahili, décida Regina. Ou bien en jaluo. Comme Owuor. Quand je parle jaluo avec lui, à la ferme, même mon père ne se mêle pas à la conversation. Ou bien vaut-il mieux parler kikuyu ? La plupart des gens d'ici parlent kikuyu.

– Arrête de te vanter. Personne n'est capable de parler autant de langues.

– Si, moi !

– Alors tu parles avec les nègres ?

– Bien sûr, répondit Regina, étonnée. Pas toi ?

Pour aller et revenir de l'église, les fillettes et les jeunes filles devaient former une colonne bien ordonnée : dans les premiers rangs, celles qui relevaient de la bonne confession, suivies des élèves juives et, fermant la marche, des petites Boers dont le code de l'honneur exigeait, le dimanche, une folle épreuve de courage, puisqu'elles avaient décidé que deux d'entre elles au moins devaient s'éclipser sur le trajet de l'église, sous les yeux des professeurs accompagnateurs ! Elles ne réintégraient les rangs qu'au retour, les joues brûlantes, les yeux brillants, relatant les incroyables exploits accomplis pendant leur fugue. C'est seulement bien des années plus tard que Regina se rendit compte que les aventures de leurs anciennes condisciples étaient empruntées aux chroniques de la guerre des Boers. Elle regretta toute sa vie de n'avoir jamais revu une de ces singulières combattantes pour la liberté et la justice.

Les garçons avaient le droit d'effectuer le trajet en petits groupes et ils suscitaient beaucoup de jalousie parce que, chemin faisant, ils s'approvisionnaient en épis de maïs dans un champ, arborant un air d'extrême satisfaction à leur entrée dans l'église. Les quatre kilomètres comportaient une côte très raide. Peu avant l'arrivée à destination, quelques huttes étaient regroupées. Dès que l'approche des écolières en robes et en souliers blancs avait été annoncée par un garçon d'une dizaine d'années environ – assis chaque semaine sur un gros caillou lui servant d'observatoire, armé d'un mégaphone tout à fait fonctionnel qu'il avait fabriqué de ses mains à partir d'un morceau de carton –, des enfants de tous les âges surgissaient des misérables demeures des Kikuyu. Les plus petits, à moitié nus et le plus souvent affligés d'un ventre proéminent, regardaient bouche bée, sérieux et silencieux, défiler les créatures en nage qui, mortes de soif, traînaient la patte. Les plus grands se racontaient de semaine en semaine, avec un égal plaisir, qu'une des filles était égorgée dans l'église, puis mangée par « l'homme à qui appartenait la grande maison avec une croix sur le toit ».

Si la route de terre meuble était caillouteuse, sans un arbre, sans un buisson, le bâtiment de l'église en revanche, bien que peu attrayant avec son ciment gris et ses petites fenêtres, offrait à l'abri de ses murs une fraîcheur agréable. Le prêtre était un pâle jeune homme dont les cheveux s'accordaient bien avec son teint. Il avait généralement l'air soucieux et donnait toujours l'impression d'être égaré en ces lieux. Ce qui était d'ailleurs le cas. Peu avant que la guerre n'éclate, un ordre inconsidéré de ses supérieurs l'avait expédié au Kenya, et ces derniers n'avaient ensuite pas réussi à faire revenir à temps dans son pays natal leur serviteur docile. Mais les desseins impénétrables de Dieu n'avaient ni altéré son esprit charitable ni entamé son amour des hommes. Durant ses années d'Afrique, ce remarquable fils de l'Église a préservé plus d'un enfant d'un malaise, les plus sensibles d'une insolation ; certaines personnes dotées d'une bonne mémoire l'incluaient encore dans leurs prières de remerciement, des dizaines d'années après son action philanthropique.

Tous les dimanches, le bon pasteur faisait placer devant l'autel un grand baquet de bois rempli d'eau bouillie, avec, à côté, une louche argentée. Il faisait en personne fonction d'échanson ; infatigablement, avec gentillesse, il faisait boire chacune des petites ouailles comme s'il s'agissait de son propre enfant. Avant que ne soit entonné le premier cantique, les jeunes participants à la cérémonie avaient les lèvres fraîches, le cœur empli de gratitude et davantage de taches d'eau sur leur toilette du dimanche que de gouttes de sueur sur le front. Et ils étaient nombreux à avoir compris, pour l'existence entière, que, de tous les dons de Dieu, la capacité à aimer son prochain était le plus précieux.

Le Bon Samaritain en tenue d'ecclésiastique à qui ils étaient redevables de cette leçon faisait preuve de miséricorde même envers les mécréants. Au grand mécontentement du directeur, qui ne s'y opposa toutefois jamais, il les autorisait à s'asseoir sur la dernière rangée de sièges. Pour ne pas troubler l'harmonie de la cérémonie, ils devaient certes s'agenouiller eux aussi au moment des prières, mais ils n'étaient pas obligés de joindre les mains et ils étaient seuls à décider s'ils gardaient les yeux ouverts ou les fermaient pendant que leurs camarades chrétiens dialoguaient avec Dieu. Il leur était également conseillé de ne chanter que les hymnes où le fils de Dieu n'était pas évoqué dans le texte, fils de Dieu auquel, en effet, les Juifs ne croient pas, comme le rappelait le prêtre tous les dimanches avec un soupir de regret. Seule Vicky n'était pas d'accord. Elle condamnait le compromis de l'ecclésiastique comme un crime contre sa jolie voix. Pendant les vacances, elle ne cessait de se plaindre auprès de sa mère, lui expliquant combien elle trouvait injuste l'obligation d'accomplir le pénible trajet jusqu'à l'église pour ensuite devoir se taire au moment des chants.

Chaque fois qu'elle penserait à son enfance, Vicky célébrerait comme un triomphe personnel d'avoir, elle et ses compagnes, échappé à la corvée de l'église le jour de ses douze ans. Ce qui, à dire vrai, était une de ces confusions auxquelles la mignonne égoïste fut encline sa vie durant. On avait beau lui présenter assez régulièrement la preuve du contraire de ce qu'elle prétendait, elle éprouvait d'énormes difficultés à s'imaginer que quelqu'un d'autre qu'elle pût jouer le rôle principal. Le petit groupe des exclues involontaires ne devait ce cadeau d'un dimanche libre qu'à la tendance à la généralisation, qui régnait de manière latente à la Nakuru School, et à Leah Rubinstein qui, la veille au soir, soupçonnée d'avoir les oreillons, avait été conduite à l'infirmerie.

Leah, une fillette douce, intelligente et taciturne, occupait une position particulière au sein du groupe des six élèves juives du dortoir de miss Chart. Elle était la seule à ne pas avoir émigré d'Allemagne, mais de Pologne. Dès la deuxième année de leur scolarité, ses camarades avaient pris conscience que les Rubinstein ne pouvaient être comparés aux autres immigrés. Ils n'avaient manifestement pas de problèmes financiers – l'uniforme de Leah provenait du magasin chic de Nairobi – et n'éprouvaient pas non plus les difficultés des Juifs originaires d'Allemagne ou d'Autriche à s'adapter à la vie au Kenya. La mère de Leah, une veuve, était arrivée avec sa toute petite fille à Mombasa, juste avant le début de la guerre. C'est au grand-père de Leah qu'elles devaient d'avoir la vie sauve. Il était venu s'installer dans le pays avant la Première Guerre mondiale et avait bâti sa fortune bien avant la Seconde.

Quand il fit la connaissance du quatorzième et dernier de ses petits-enfants, il possédait une plantation de café à Thika et une scierie à Nanyuki. Il n'avait pas sitôt aperçu sa jolie petite-fille qu'il avait spontanément et pour toujours pardonné à sa belle-fille d'avoir séduit son fils à Paris, puis de l'avoir convaincu, au bout de deux semaines, de ne pas retourner aux champs de café et aux flamboyants de Thika. Joseph Rubinstein n'avait jamais revu son fils Moische, celui des cinq qu'il préférait. Trois ans après son mariage, Moische avait perdu la vie dans un accident dont sa femme, de toute une vie, ne parla jamais à personne.

Avec ses boucles noires et ses yeux bleus, Leah ensorcela tout le monde à l'école aussi rapidement qu'elle avait ensorcelé son grand-père à son arrivée à Mombasa, mais elle ne se fit aucune amie et elle souffrit tant de sa solitude que, au bout de cinq années d'internat, elle sombra dans une mélancolie que seuls connaissent en général les enfants que le destin a voulus muets. C'était envers Regina qu'elle se sentait la plus grande inclination. Elle reconnaissait ses propres traits de caractère dans la timidité farouche et les inhibitions de celle-ci. Mais, sentant combien l'amitié entre Regina et Liesel était exclusive, elle n'osa jamais tendre la main assez loin vers la première. Ses camarades juives savaient peu de chose d'elle et s'abstenaient d'ailleurs de la questionner. Le fait que leur compagne était issue d'une famille pieuse les troublait, leur inspirant de la méfiance, et cette méconnaissance de ce qu'était réellement sa vie provoquait des malentendus et une indifférence apparente par laquelle la solitude de Leah se trouvait renforcée. En effet, à peine se plaignait-elle d'avoir mal à la tête, à peine reniflait-elle ou toussait-elle, que Vicky, Liesel, Regina, Friederike et Hermine se regardaient d'un air entendu, diagnostiquant que Leah ne supportait pas la nourriture de l'école qui, bien sûr, n'était pas casher ; on voyait sur son visage le mal qu'elle avait à avaler des aliments qu'elle ne connaissait pas ou dont elle considérait que les manger constituait un péché.

– Ce n'est pas étonnant que cette pauvre Leah soit tombée malade, se souvint Friederike. On nous a servi, hier, cet horrible lard. Carbonisé ! Même moi, j'ai eu envie de vomir.

– Le lard n'a jamais donné les oreillons à personne, la contredit Liesel. Pas même aux Juifs.

Depuis peu, elle avait entrepris de combiner le penchant anglais au sarcasme et ses dispositions précoces au rationalisme.

– On ne sait jamais.

– Si, on sait, s'échauffa Liesel en s'essuyant la sueur du front. Il suffit d'avoir compris qu'il faut réfléchir d'abord et parler ensuite.

– Les oreillons, c'est les oreillons, scanda Vicky d'une voix contrefaite, avant de fredonner les mêmes paroles sur un air en mode majeur.

Un merle métallique aux ailes d'un bleu luisant s'envola du buisson aux graines de poivre rouges.

– Regarde un peu ce que tu provoques, dit Liesel d'un air dégoûté en montrant l'oiseau. Même lui n'y tient plus.

– Les oreillons, c'est les oreillons, chanta Vicky encore plus fort.

Les enseignants de la Nakuru School, célèbre dans tout le pays pour son haut niveau d'hygiène, craignaient comme la mort noire au Moyen Âge les maladies infantiles qui se transformaient en quelques jours en épidémies et mettaient toute la vie de l'école sens dessus dessous. Surtout à l'approche des vacances. Les fermes ne disposant d'aucune assistance médicale, le règlement scolaire prescrivait de ne pas laisser rentrer chez eux, au début des congés, les enfants ayant plus de trente-neuf degrés de fièvre. En fonction du nombre d'enfants malades, certains professeurs devaient rester à Nakuru au lieu d'aller à la mer à Malindi ou de partir à la chasse dans les Hautes Terres. Mais miss Chart avait pris les mesures préventives requises avec la diligence que le corps enseignant appréciait tant chez elle. Elle fit déménager les élèves juives dans un local réservé aux cas d'urgence, les tint à distance du réfectoire et leur interdit de se rendre à l'église.

– Qui sait, avait-elle suspecté avec autant de mauvaise humeur que d'énergie, si vous ne vous seriez pas déjà toutes contaminées ? Vous restez toujours fourrées ensemble comme de jeunes chiens. Dieu seul sait pourquoi. En tout cas, il n'y a aucune raison pour que vous disséminiez vos foutus bacilles dans notre réfectoire ou que vous les transportiez jusqu'à l'église.

– Ça, avait constaté Regina, même ceux qui ne voient pas que les paroles sont des couteaux, ça, ils l'ont compris.

– Comment ça des couteaux ? objecta Liesel, toujours mécontente que Friederike l'eût contredite. Les paroles sont des paroles. Elles sont soit idiotes, soit intelligentes.

– Les paroles sont des couteaux, s'obstina Regina, et ça n'a rien à voir avec ta stupide logique. Pour s'en apercevoir, il suffit d'avoir des oreilles.

Dans l'intimité de la petite chambre où les strictes règles de l'école n'avaient plus cours, Regina, dans la nuit, avait supplié son créateur de lui envoyer les oreillons, avant les vacances qui commençaient dans deux semaines, mais pas un jour de plus. Ou au moins une gorge pleine de ganglions. Or elle ne s'était réveillée, poussant un gros soupir de regret, qu'avec une petite piqûre de moustique sur la jambe. Puis, se souvenant soudain qu'on était un dimanche et qu'elles seraient néanmoins dispensées de se rendre à l'église, elle avait eu honte d'avoir tenté d'abuser de Dieu à de seules fins personnelles.

Pendant les vacances, quand son père, le vendredi soir, bénissait le pain et, le repas terminé, parlait de son enfance en Haute-Silésie, Regina apprenait plus de choses sur Dieu que la plupart des enfants issus de familles bien assimilées. Le grand-père de son père, un homme très pieux, avait été chantre. Son arrière-petite-fille, qui avait dû fuir jusqu'en Afrique pour sauver sa peau, implorait certes aussi l'aide de Mungu, le dieu des Noirs, mais elle était en permanence soucieuse de ne pas fâcher son propre dieu. Elle savait ce qu'il pensait des offres de transaction que son père, qui avait tout de même été avocat dans son pays, qualifiait d'« immorales » et de « juridiquement contestables ». Regina aimait les mots qu'elle ne comprenait pas. Ils lui donnaient le sentiment d'être quelqu'un d'intelligent, une adulte. Durant la journée, le problème soulevé par cette prière du soir qu'elle avait dite la veille ne l'avait pas laissée en paix. Elle ne parvenait pas à déterminer plus longtemps que deux ou trois minutes qui sa requête avait davantage offensé : Dieu qui n'oubliait rien ou son père qui avait pour habitude, avant de pardonner, de poser un tel nombre de questions désagréables qu'un enfant ne pouvait y répondre ?

Ses réflexions sur son propre père et sur le père de l'humanité avaient tellement détourné Regina des événements de la journée que, de prime abord, le comportement de Vicky ne lui était pas apparu comme particulièrement inhabituel. Ce n'était pas tant que Vicky – dont on considérait généralement qu'elle ne disposait que d'un vocabulaire réduit – avait esquissé de son avenir en compagnie d'un époux britannique fortuné un tableau étonnamment expressif. Non, l'extraordinaire était qu'elle eût en l'occurrence endossé un rôle qu'on attribuait ordinairement sans réserve à Regina ! Les camarades de cette dernière étaient redevables de plus d'une heure passionnante à un don qui lui permettait d'échapper au présent d'une seconde à l'autre. Lors de ses fugues imaginaires hors d'une vie d'interne à laquelle elle n'avait pu s'habituer cinq ans durant, elle concevait des images magnifiques, avec une abondance de détails dont, des dizaines d'années plus tard, certaines de ses compagnes diraient encore se souvenir. Quand elle inventait ses histoires comme d'un coup de baguette magique, Regina oubliait combien elle se sentait malheureuse à la Nakuru School et heureuse chez elle, à la ferme d'Ol'Joro Orok. Il lui suffisait de fermer les yeux pour voir la neige du mont Kenya rosir dans la lumière du petit matin, et il lui suffisait de le vouloir pour, au lieu de la cloche de l'école, entendre le rire des gens d'Ol'Joro Orok aller frapper les arbres de la forêt et lui revenir en écho. Elle voyait le lin fleurir et retrouvait l'odeur des œillets du jardin. Le violent contraste entre sa vie chez elle et à l'école, entre la liberté et la contrainte, l'alternance de chaud et de froid entre l'amour et le rejet, la joie de vivre et la mélancolie avaient fait d'elle une fillette rêveuse. Ses amies se moquaient souvent d'une maturité qui ne leur avait pas encore été donnée. Parfois elles raillaient aussi des formulations empruntées à la langue swahilie que, contrairement à Regina, elles n'aimaient ni ne maîtrisaient. Ce qui ne les empêchait pas d'écouter, fascinées, Regina inventer ses histoires.

Sans cesse son public la flattait, la pressant de s'évader dans une vie où se mêlaient le conte, la réalité et le rêve. Celles qui l'écoutaient sous l'eucalyptus de la Nakuru School ne se comportaient pas différemment des gens à la ferme : hommes, femmes et enfants s'assemblaient autour de Regina quand, à l'époque des vacances, elle leur racontait les histoires qu'elle avait lues dans ses livres scolaires. Chez elle, elle sentait sa peau brûler sous les applaudissements du public et son cœur cogner contre ses côtes. À l'école, quand elle allait chercher ses images au fond du puits de son imagination, la timidité et la peur oppressante qui, les mauvais jours, lui faisaient rentrer la tête dans les épaules finissaient par se dissiper. Son habileté à manier les mots lui insufflait de la force. Quand Regina tressait et tissait ses pensées, confectionnant des colliers aux perles de mille couleurs et des tapis sur lesquels elle s'envolait vers le ciel étoilé, elle était sur un pied d'égalité avec les autres. Elle prenait alors place avec joie sur un trône habituellement interdit aux esprits méditatifs. Regina n'avait pas l'intention de se laisser priver de cet instant d'euphorie, uniquement parce que c'était l'anniversaire de Vicky. Elle envoya ses yeux jusqu'au lac aux flamants roses pour qu'ils s'abreuvent de beauté et elle s'imagina un poussin sortant de l'œuf. Un bref instant, elle fut émue par la vulnérabilité de la créature qui ne devait son existence qu'à la force de son imagination. Elle sourit, et fut heureuse d'éprouver de la satisfaction. Le parfum qu'exhalait l'eucalyptus enchantait ses narines et elle vit alors le monde de ses désirs.

– À présent, proposa-t-elle d'un ton laissant penser que l'idée lui était venue à l'instant même, nous allons toutes raconter quelque chose.

– Quoi ? Des histoires pour les enfants ? Ou bien pour les professeurs ?

La voix de Liesel troubla Regina, mais elle donna néanmoins à la sienne le poids qui convenait.

– Ne dis pas de bêtises ! Nous allons raconter à quoi ressemblera notre vie dans dix ans. Dans dix ans à compter d'aujourd'hui.

– À quoi cela peut-il bien servir ? demanda Liesel en traînant sur chacun des mots.

– Nous pouvons très bien nous retrouver toutes dans dix ans.

– Ici, sous cet arbre ?

– Ne sois pas stupide. À vingt-deux ans, nous ne serons plus à la Nakuru School.

Regina avait les joues brûlantes. Toutes le remarquèrent. Même Friederike et Hermine, généralement favorables à tout ce qui était proposé et rarement hostiles, se regardaient d'un air perplexe. Il était manifeste que personne ne ressentait l'envie d'emprunter avec

Regina ce chemin inconnu. Liesel se mit à frotter sa jupe pour en faire partir une tache. Vicky ravala un bâillement, se peigna avec les doigts et recommença à tresser sa corbeille en herbe.

– C'est une chose qui se fait fréquemment, insista Regina. On le lit dans beaucoup de livres.

– Pas dans les livres de mathématiques, grommela Liesel.

Pour le coup, Regina se montra tout à fait éveillée, rapide et décidée.

– Mais, répliqua-t-elle, c'est justement de mathématiques qu'il s'agit. Les mathématiques de la vie, ajouta-t-elle, soudain inspirée.

Trouvant son association d'idées géniale, elle eut un petit rire, mais elle secoua la tête en s'entendant la formuler, et elle ordonna à sa voix de rester calme. Il valait mieux ne pas se comporter comme un enfant quand on cherchait à voir les jours qui n'étaient pas encore venus.

– Dans dix ans, reprit-elle, nous nous retrouverons. Nous aurons alors toutes vingt-deux ans. Et peut-être que nous serons riches. Ou célèbres.

– Riches et célèbres, renchérit Liesel. Mon père dit toujours que seuls les gens riches ont le droit de rêver.

– Ce sera de nouveau l'anniversaire de Vicky, gémit Regina faisant mine de s'être fourvoyée et de n'avoir trouvé d'issue qu'au tout dernier moment. Elle sera riche à coup sûr et nous aura invitées à son anniversaire. Il y aura un très gros gâteau glacé. Un glaçage rose. Ou bien le préfères-tu vert, Vicky ?

Prenant entre ses doigts une de ses mèches de cheveux qui sautillait devant ses yeux, Vicky la fit passer derrière une oreille.

– Bleu. Bleu clair avec de minces rayures jaunes, chanta-t-elle, heureuse d'être revenue d'un bond au centre de l'intérêt.

Tout au long de sa vie, il lui serait donné de trouver spontanément la réplique voulue. C'est avec le sourire d'une reine qu'elle monta sur scène. La belle Vicky aimée de tous, que ni un prénom allemand, ni les souvenirs ne venaient accabler, prit place, au côté de son époux britannique, dans le jardin d'hiver d'une élégante maison de campagne anglaise où fleurissaient des tulipes et des narcisses. La jeune mère en robe blanche à ruchés tapotait la tête de ses quatre enfants bien élevés. Depuis qu'il avait pour la première fois été question d'eux, ils étaient devenus deux ravissantes paires de jumeaux. Vicky, de son côté, avait atteint la célébrité en tant que peintre. Regina se sentit de nouveau contrariée que Vicky, incapable en classe d'écrire une rédaction sans verser des larmes et d'écrire chez elle sans gémir, pût ainsi évoquer son avenir avec autant de précisions.

– Que sont devenus les chiens ? demanda-t-elle, jalouse. Tes setters irlandais et baptisés ? revint-elle à la charge.

– Oh, toi alors ! répliqua Vicky bonne enfant.

Friederike, qui chez ses parents n'avait le droit que de répondre, mais jamais de poser des questions, voulait élever des chevaux et devenir une écuyère célèbre ; Hermine, qui avait trois frères et sœurs plus jeunes et un défaut d'élocution, jardinière d'enfants. Toutes deux regardaient Vicky avec admiration et auraient souhaité avoir sa beauté. Liesel était toujours de mauvaise humeur. Elle n'était pas habituée à ce que Regina fît des propositions qui ne lui plaisaient pas et elle aimait moins encore qu'il y eût entre elle et son amie un facteur de division. Elle se mit à fixer la pointe de ses chaussures au moment de parler, mais c'est pourtant d'une voix très claire qu'elle annonça :

– Plus tard, je voudrais faire des études. Mais comment savoir aujourd'hui si mon père aura gagné assez d'argent d'ici-là pour m'envoyer à l'université ?

La façon dont chaque mot se transformait en projectile rongea l'ardeur dont Regina s'était sentie saisie au début. Elle hésita trop longtemps, se demandant si, comme Vicky, elle allait s'offrir un mari, des enfants et des chiens ou si elle allait parler de ce qui lui tenait véritablement à cœur : être un jour suffisamment riche pour acheter la ferme d'Ol'Joro Orok où son père gagnait si mal sa vie comme employé qu'il arrivait à peine à subvenir aux frais de sa scolarité. Elle avait beau s'efforcer d'envoyer ses pensées à Ol'Joro Orok, elle n'y parvenait pas. Elle ne voyait pas la moindre fleur de lin, elle ne voyait ni les roses du jardin, ni les pois de senteur contre le mur de la maison, ni la neige sur la montagne. Aucun cri de singe dans la forêt, aucun battement de tambour.

Jamais encore il n'était arrivé à Regina que ses rêves lui échappent, que sa seule consolation dans cette Nakuru School qu'elle détestait tant lui fasse défaut. Tout en luttant contre son envie de pleurer, envahie de la peur d'être ridicule, elle sentit d'abord la pression des larmes avant de prendre conscience qu'elle était en train de livrer un morceau d'elle-même. Il y avait en elle un désir dont elle n'avait jamais parlé à personne, ni à son père, ni à Owuor, son confident, ni à Liesel, son unique amie. Consternée de tomber dans un piège que personne d'autre qu'elle n'avait tendu, elle se contenta de murmurer à voix basse :

– Ah !

Puis, un peu plus fort, mais si timidement qu'elle en fut elle-même confuse, elle ajouta :

– Je crois que j'écrirai un livre.

Pendant un petit instant de crainte et d'embarras, elle redouta d'entendre le rire de ceux qui, même en rêve, se gardent de dresser de trop grands obstacles et de creuser des fossés trop profonds. Mais, ayant relevé la tête, elle ne lut dans les yeux de Liesel ni la moquerie ni l'incompréhension qu'elle s'attendait à y rencontrer. Elle n'y vit que l'approbation qui forge les amitiés sans que les intéressés sachent jamais pourquoi.

Regina eut très envie d'ajouter quelque chose afin de faire durer en elle cet instant qui, sans qu'elle comprît en quoi, lui paraissait beau, mais la langue de Liesel fut plus rapide que la sienne.

– Mais regardez un peu qui arrive ! s'écria-t-elle en tendant le doigt en direction du terrain de tennis. Notre Leah ! Je savais bien qu'on ne pouvait pas compter sur elle. Elle n'est même pas capable d'attraper les oreillons. Nous ne couperons pas à la prière du soir !

2

La séparation

Nakuru School, 1945

– Je me suis complètement ridiculisée avec cette histoire d'oreillons, avait regretté Leah, le soir du douzième anniversaire de Vicky, mais je vous promets que cela ne se reproduira pas. Quand bien même, pour tomber malade, je devrais me plonger trois fois par jour dans la boue et vider en les buvant toutes les flaques de la cour.

Cela faisait plus d'un an qu'elle avait fait ce serment en levant la main droite. À cette époque, elle avait pris l'habitude de lire, sous sa couverture, des histoires d'Indiens jusqu'au petit matin, à la lumière d'une lampe de poche que son grand-père, malgré la difficulté d'importer au Kenya, en raison de la guerre, des articles d'usage courant, avait fait venir tout spécialement du Caire à l'intention de la dame de son cœur. Jalousée par tout le dortoir pour cette merveilleuse lampe de poche, Leah surmenait non seulement ses yeux, mais aussi son imagination en se persuadant la nuit – et en persuadant le jour ses compagnes de classe – qu'elle était le fruit d'une rencontre enflammée entre une squaw et un chercheur d'or. Sa personnalité était déjà très marquée par l'humour propre aux gens intelligents. Mieux encore : la timide et très réservée Leah Rubinstein était en toute occasion capable de rire d'elle-même. Dans ses moments de gaieté, ses yeux bleu clair prenaient le vert mystérieux des yeux de chat, signe sans équivoque que la fillette rêveuse, dotée de l'agréable aptitude à ne pas tomber quotidiennement amoureuse de son propre reflet dans son miroir, n'en possédait pas moins l'art de jouer de ses charmes d'une manière qui embellit toujours les femmes ayant dépassé la première jeunesse.

Elle aussi encline à la rêverie, Regina avait été la première des amies à s'apercevoir que Leah était intelligente et avide de s'instruire : à neuf ans déjà, elle lisait couramment l'hébreu et il ne lui fallait pas réfléchir bien longtemps pour traduire les textes qu'elle lisait dans le livre de prières. Elle connaissait les noms des mois en hébreu et expliquait le déroulement et la signification des jours de fête, non à la manière d'un enfant mais avec autant de science qu'un scribe. Ce qu'ignorait au demeurant cette enfant avisée, c'est que le grand-père Rubinstein avait déjà en banque son premier million et que, immédiatement après la fin de la guerre, il avait acquis, outre son immense plantation de café de Thika et sa scierie de Nanyuku, le premier de toute une chaîne d'hôtels de première catégorie qu'il allait constituer en moins de cinq ans. « Pour apprendre que nous étions immensément riches », écrira plus tard Leah à Regina quand les deux amies correspondront régulièrement d'un continent à un autre, « il a fallu qu'une fausse manœuvre de cette chère vieille Rifka Goldstayn me révèle fortuitement, à l'épouvante de toute la famille, qu'un homme que je n'avais jamais vu auparavant marchandait ma dot avec mon grand-père. Il ressemblait au demeurant à Roméo et, six mois plus tard, il a épousé Miriam Davidson qui vit à présent à Haïfa et vieillit de cinq ans chaque année. »

Ce furent les récits nostalgiques de sa mère – cinquième des sept enfants d'un chantre et ayant grandi à Lódz – qui forgèrent les premières représentations que Leah put se faire du bonheur réservé aux êtres agréables à Dieu. Jusqu'à dix ans, elle crut qu'il n'existait de bonheur vraiment durable en ce monde qu'en Pologne, et que c'était à Lódz qu'il lui serait donné d'y goûter. Mais, au cours des vacances inoubliables qui suivirent cet anniversaire, alors qu'un après-midi, peu avant le début du sabbat, il pleuvait des fleurs de café blanches et des grains de café d'un rouge luisant en même temps qu'un arc-en-ciel flamboyant se déployait au-dessus des champs, une sœur de son grand-père lui parla d'un pogrome qui s'était déroulé à Lódz. Ce jour-là, cette grand-tante non dépourvue de sens historique l'avait pour la première fois amenée à douter que la Pologne fût réellement la patrie idéale des Juives croyantes.

À l'école, Leah vivait trop repliée sur elle-même pour établir des comparaisons entre sa situation et celle des enfants des émigrés allemands. Sept ans après leur arrivée au Kenya, nombre de ces derniers n'assuraient encore leur subsistance qu'au prix d'un combat de tous les jours. Certes, quand la situation exigeait de ne pas se laisser soutirer sans résistance son argent de poche pour des cadeaux d'anniversaire ou de Noël à l'intention des professeurs, on pouvait compter sans réserve sur l'appui de Leah. Elle entreprenait vaillamment de lutter pour ses amies qui, dans un environnement pour lequel richesse et valeur allaient de pair, répugnaient à avouer que leurs parents gagnaient trop peu pour munir leurs enfants de l'argent de poche correspondant à leur rang dans la société.

Pour ce qui est des maladies, Leah tint parole. Bien sûr, elle ne vida pas une seule flaque d'eau infectée par la chaleur torride des tropiques et, pour prendre son premier bain de boue, il lui fallut attendre d'avoir soixante ans et, en raison des douleurs qui affectaient ses articulations, d'être venue suivre une cure à Abano Terme, en Italie, où elle fit la connaissance d'un jeune quinquagénaire de Pretoria qui, quatre semaines durant, lui fit oublier son genou droit malade et les blessures de la vie. Pourtant, durant l'année qu'elle dut encore passer en compagnie de ses amies dans cette maudite école de Nakuru, avant d'entrer à la High School de Nairobi, Leah fut la première à contracter la rougeole, puis à devoir s'aliter avec, successivement, la varicelle, la rubéole et une fièvre dont miss Chart, fort mécontente, diagnostiqua qu'elle était due à la scarlatine, avant qu'il ne s'avère finalement qu'elle résultait d'une forme particulièrement maligne de malaria. Miss Chart eut beau ne prescrire la mise en quarantaine immédiate des élèves juives que dans le cas déjà évoqué des présumés oreillons, les autres maladies de Leah leur valurent – par l'effet des dispositions réglementaires visant à prévenir les contaminations – un si grand nombre de dispenses de messes dominicales que, longtemps après la fin de leur scolarité, ce serait toujours avec une grande gratitude et beaucoup d'amitié qu'elles évoqueraient le souvenir de leur amie.

La plupart d'entre elles célébrèrent leur départ de la Nakuru School comme une délivrance obtenue à force de courage et d'endurance ; pleines d'espoir, elles croyaient qu'avec le changement d'uniforme et d'établissement allait s'ouvrir une nouvelle époque de leur existence, une époque meilleure. Leah et Regina faisaient exception. La carapace d'indifférence qu'elles s'étaient forgée pour résister à la vie dans un internat anglais ne les avait pas protégées au point qu'elles osent croire en l'avenir. Même durant la dernière journée passée à l'école – moment pourtant exempt de toute angoisse –, elles ne parvinrent pas à refouler le souvenir de l'horrible premier jour : elles avaient trop clairement conscience que, leur vie durant, elles ne pourraient oublier la douleur et le désespoir d'enfants de sept ans déposées à l'école par leurs parents et contraintes d'attendre trois mois avant de rentrer chez elles et de retrouver la liberté. Pourtant, jetant un dernier regard aux flamants roses du lac de Nakuru, Regina comprit pour la première fois combien la vie peut à l'occasion manifester une ironie inattendue. Ce départ de l'école si longtemps rêvé, imploré dans chacune des prières du soir, était loin de la rendre aussi heureuse qu'elle l'avait imaginé. Il lui fendait même le cœur.

– Je ne me sens pas bien du tout, murmura-t-elle en apercevant, depuis le bus qui conduisait les élèves à la station de chemin de fer de Nakuru, les bâtiments blancs de l'école, les terrains de hockey et les courts de tennis.

– Avoue que tu pleures parce que tu viens de comprendre que, pendant toutes ces années, tu as été secrètement amoureuse de mister Whidett et que, d'un seul coup, tu t'aperçois que tu ne reverras plus ce vieux birbe, lui dit Liesel en lui tapotant le front de sa main droite.

Liesel quittait la Nakuru School aussi aisément qu'elle prenait congé de la ferme de Londiani et de ses parents quand les vacances se terminaient. Et pourtant, plaisantant ainsi avec sa meilleure amie, elle approchait de la vérité comme si elle avait toujours su – au-delà d'un simple pressentiment qui était venu la visiter de temps à autre durant les trois dernières années – qu'il s'était établi entre Regina et le directeur une relation professeur-élève on ne peut plus grotesque. Chacun des propos échangés au cours de cette relation insolite contrevenait aux conceptions et aux normes d'une école fonctionnant selon les principes de la discipline et de la tradition. Pourtant, au fil du temps, s'étaient tissés des liens qui devaient ultérieurement interdire à l'un comme à l'autre de jamais croire au caractère immuable des préjugés. Bien sûr, jamais ces deux êtres ne s'étaient tendu la main pour sceller leur amitié : mister Whidett – une espèce de monstre détestant les enfants, un homme pour qui le moindre accent écossais évoquait déjà un idiome inconvenant, qui reprochait aux Juifs la crucifixion du Christ et qui ne pardonnait pas aux enfants boers la guerre des Boers – et la petite émigrée venue d'Allemagne, le pays de l'ennemi qui, pour la deuxième fois en un siècle, faisait la guerre à l'Angleterre. Il n'empêche qu'un esprit mutin, qui, six ans durant, avait su, à l'intérieur des limites de la Nakuru School, mettre une sourdine à son espièglerie et garder l'incognito, avait soudé leurs deux cœurs. L'étrange maître d'école avait jadis, à Oxford, rêvé d'une carrière universitaire puis, chez lui dans le Lake District, d'une maisonnette avec des roses trémières et une clôture à la peinture verte. Ensuite, s'étant retrouvé exilé au Kenya, il s'était peu à peu fané comme les narcisses qu'il avait vainement tenté d'acclimater à la terre de Nakuru et, parvenu à l'âge adulte, il avait entrepris de marcher sur les traces de Pygmalion : longtemps, tel le roi sculpteur de Chypre, il avait recherché une créature à qui il pourrait insuffler la vie. Il avait fini par découvrir Regina, la craintive enfant juive aux parents aussi craintifs que leur fille. Ces derniers écorchaient si atrocement l'anglais que, s'il s'était écouté, il les aurait chassés de l'enceinte de l'école. Regina avait appris de William Harry Whidett qu'au début du monde était le verbe et elle avait aussi appris de lui ce que le verbe représentait pour ceux qui voyaient dans la langue la seule patrie dont l'homme ne pouvait être privé.

– Ah, c'était donc ça, murmura Regina.

La première brise du matin était déjà assez forte pour couvrir sa voix, mais Liesel l'entendit pourtant.

– Te voilà encore à te raconter des histoires ? voulut savoir sa compagne, toujours maîtresse d'elle-même.

Le bus avait enfin atteint la route goudronnée. Il accéléra. Les arbres entourant la Nakuru School glissèrent dans les ombres grises d'où verdiraient plus tard les souvenirs. Liesel se méprenait sur la signification du soupir de son amie. Regina venait en fait de prendre définitivement conscience que ce monde de la littérature où elle se sentait en sécurité comme dans aucun autre, elle le devait bel et bien à un tuteur pour qui la canne de jonc était un parfait outil pédagogique et les sentiments un fardeau réservé aux faiblards. Ce maître rigide, assez sadique pour obliger des enfants de six ans à rester quatre heures à table et à ingurgiter leur repas jusqu'au dernier morceau, avait sans relâche nourri Regina de littérature, pour des raisons qu'elle n'élucida que des années plus tard. Cet être qui ne vivait réellement que durant les instants où il échappait à la réalité africaine avait semé dans son cœur les germes d'un amour pour Dickens qu'elle garderait toute son existence. Il avait aussi transmis à la fillette dont il était incapable de prononcer le nom de famille une connaissance intime des poèmes de Wordsworth et de Keats. Il lui avait fait lire la poésie lyrique de Robert Browning, les poèmes de Kipling et les merveilleuses déclarations d'amour à la mer de John Masefield. Un jour, ils avaient même ri ensemble d'un poème sur un arbre que la classe entière avait dû recopier en guise de punition.

– Tu n'en trouveras pas de pire de toute ta vie, lui avait-il dit.

Assise dans le bus, elle l'entendit prononcer cette phrase et elle se rappela que, tout en parlant, il lui avait effleuré la tête. Par inadvertance, bien sûr !

Whidett, qui voyait généralement dans les enfants confiés à sa garde de simples pions devant apprendre à obéir pour pouvoir commander plus tard, avait aussi été celui qui avait poussé une élève de dix ans, originaire de l'Allemagne ennemie, à tenir un journal et à fixer par écrit ce qu'elle ressentait. Cette tâche – camouflée en punition, pour une écriture trop peu soignée, par ce magicien impénétrable que Regina redoutait, respectait, admirait et aimait en secret – allait rester chez elle une habitude pour la vie. Afin de garder trace de ce qui l'émouvait, elle était désormais obligée de le coucher sur le papier. Elle se couvrit un instant les yeux de ses deux mains, se ménageant un petit angle de vision bien protégé qui la transforma en spectatrice extérieure. Elle put ainsi observer son amie. Liesel regardait attentivement par la fenêtre du bus, mais elle ne voyait rien en dehors du lac qu'elle croyait de toute façon connaître. Elle n'avait en fait jamais pris conscience de la beauté des flamants roses avec leur plumage lumineux et leur port majestueux. Pour l'unique amie de Regina, il n'existait pas de nuages roses aux ailes battantes s'élevant dans un ciel où vibrait une lumière blanche. Les enfants qui habitaient les huttes le long des routes et qui saluaient le bus de la main en poussant des cris perçants n'avaient de visage que pour Regina. Liesel Freund, née à Cham, que les jets de pierres d'une bande d'assassins, par une nuit de novembre 1938, avaient amputée, à l'âge de six ans, de l'aptitude à rechercher et à déceler le beau, se sentait désormais chez elle, à quatorze ans, dans une exploitation agricole dotée d'un lac artificiel et d'une maison dont la balustrade du balcon était ornée de pots venus d'Allemagne où poussaient des géraniums. Elle n'était donc pas de celles qui éprouvent de la tristesse au moment d'une séparation. Jamais la mélancolie n'avait serré sa gorge d'enfant. Quand elle organisait en pensée sa vie future, elle ne faisait aucune place au sentiment et, quand elle lisait des histoires d'amour, elle n'entendait pas battre son propre cœur.

Lorsque le nom de Liesel ne serait plus qu'une pierre dans la mosaïque de ses souvenirs, Regina se souviendrait encore de cet instant où la prise de conscience vous déconcerte et vous confond. Il lui avait fallu attendre la dernière heure de son ultime journée à Nakuru pour s'apercevoir qu'elle ne cesserait désormais d'envier son amie pour sa confiance en elle et sa force. Tout en se défendant contre une sensation qui lui parut déloyale, peu généreuse, et qui l'effraya grandement, elle se surprit à envier Liesel, non seulement pour son assurance et sa vigueur, mais aussi et surtout pour le sentiment de sécurité que devait procurer une existence où il ne se posait pas de questions, où il n'y avait pas à chercher de réponses. Elle enviait à Liesel ses parents efficaces et à l'esprit pratique qui s'étaient si vite accommodés de la vie au Kenya. Et elle lui enviait beaucoup plus encore ses tantes et ses oncles qui, contrairement aux frères et sœurs de ses propres parents, avaient réussi à s'enfuir de l'Allemagne des camps de concentration et qui s'occupaient à présent exclusivement de leurs récoltes, du lait de leurs vaches et des œufs de leurs précieuses poules blanches, objets de soins plus qu'attentionnés. À Londiani, au milieu des canards roulant sur le miroir du plan d'eau et des dindons qui, tels des animaux préhistoriques, surgissaient des buissons en glougloutant furieusement, personne ne gémissait en pensant aux temps qui n'étaient plus. Et, contrairement au père de Regina, personne ne parlait de l'Allemagne comme si le mot évoquait une patrie et non la mort. Mais, la famille de Liesel n'ayant aucun moyen d'apprendre l'anglais à la ferme, lot de la plupart des émigrés, la fillette qui aspirait pourtant si fort à l'assimilation et à l'intégration n'avait pas eu le loisir d'oublier, comme elle l'aurait voulu, une langue maternelle dont elle avait honte. Quand, pendant les vacances, elle parlait avec ses parents, elle le faisait avec l'accent bavarois que, septuagénaire, elle aurait toujours, un accent aussi authentique que si, quotidiennement, elle était assise à Cham, devant la boulangerie paternelle, en compagnie des enfants du voisinage, échangeant avec eux ses bretzels salés contre leurs tartines à la graisse d'oie. Pour elle, les beignets, les roulades de chou et le fromage blanc de sa mère étaient la huitième merveille du monde. De temps à autre, elle feuilletait en cachette l'album où figurait une photo d'elle, petite, en gilet tricoté de Berchtesgaden noir, vert et rouge, et ni l'air ni les paroles de *Der Mai ist gekommen* ou de *Es klappt die Mühle am rauschenden Bach*[1] ne voulaient s'effacer de son excellente mémoire musicale. Elle avait pourtant opéré une profonde rupture avec ses racines allemandes. Tant de vaillance et d'habileté à trancher dans le vif chez celle qui n'était encore une enfant que par l'âge ne témoignaient pas seulement de sa détermination. Son comportement révélait bien davantage une passion dont toute sa jeunesse avait été marquée : Liesel Freund, dans son désir de faire peau neuve de manière si radicale que personne de son entourage ne puisse plus déceler en elle la Juive ou l'Allemande, était bien résolue à ne jamais se retrouver en situation de marginale.

Elle était effectivement une championne de l'assimilation, déjà sur le point d'obtenir un passeport britannique alors qu'elle portait

1. Chants populaires : « Mai est arrivé » et « Le tic-tac du moulin au bord du ruisseau bruissant » *(N.d.T.)*.

encore, à la ferme, les habits que sa tante Erna confectionnait avec des étoffes du traditionnel costume bavarois, étoffes jadis achetées dans un magasin de Munich. Tout comme les enfants britanniques éduqués dès leur plus jeune âge à ne pas laisser paraître leurs sentiments en public, Liesel s'efforçait en permanence à la réserve et au flegme. Quand, à la fin des vacances, ses parents la ramenaient à l'école, elle avait déjà entrepris, plusieurs jours à l'avance, d'exhorter un père désemparé et une mère blessée de ne pas prendre dans leurs bras leur enfant unique au moment de la séparation. « Et surtout, ne m'embrassez pas ! » avait imploré cette fille singulière qui – alors que lui manquaient cruellement, pendant tout un trimestre, son foyer, ses parents qu'elle chérissait et la chaleur de la grande famille – avait appris à mépriser les larmes qui n'étaient pour elle que le langage de la faiblesse. À neuf ans déjà, elle avait confié à ses amies :

– Je sais comment faire, la nuit, pour pleurer sans qu'on m'entende.

– Et Dieu ne t'entend pas non plus quand tu es triste ? avait demandé Regina, effarée.

– Tu veux toujours savoir de ces choses, toi !

Heureuse Liesel ! En dépit de ses origines et de sa confession, elle bénéficiait de tous les atouts nécessaires pour se faire accepter dans une communauté scolaire où l'individualisme et l'originalité étaient mal considérés. Seules comptaient les performances sportives. Et Liesel était une nageuse passionnée et une excellente gymnaste, s'enthousiasmant pour celles qui étaient victorieuses sur le terrain de cricket, nourrissant une grande admiration pour les joueurs de polo, plus encore que pour leurs chevaux, et ayant de la considération pour les chasseurs. Bien qu'ordinairement prévenue contre les rêves éveillés, elle se voyait tout à fait porter un jour la flamme olympique par monts et par vaux, sous les couleurs nationales de l'Angleterre. Elle ressentait comme une victoire personnelle chaque match de hockey remporté par l'équipe de la Nakuru School. Elle-même avait eu l'honneur de jouer avec l'élite des héroïnes alors qu'elle était encore dans les petites classes. L'épuisement physique, l'odeur de la sueur quand les guerrières se ruaient dans les douches et les blessures subies pour la victoire collective demeurèrent, même à la High School de Nairobi, des éléments de valorisation personnelle dans sa vie d'élève. Non seulement habile à projeter de ses mains vigoureuses la balle de hockey dans les buts adverses ou une balle de tennis par-dessus le filet, elle s'entendait, avec tout autant de poigne et de détermination, à mettre à profit les impondérables de l'existence.

– Moi, personne ne me chassera de mon pays, avait-elle annoncé au moment où, en vacances à la ferme de Londiani, le jour de ses treize ans, elle avait commencé à découper un gâteau blanc comme la neige, aussi haut qu'une pièce montée de mariage.

Interrompant un instant son geste, elle avait alors lancé un regard sévère à son père, comme pour lui reprocher d'avoir perdu sa boulangerie et sa maison de Cham par lâcheté. Il avait compris le message et s'était frotté les yeux.

Quand le bus aborda la dernière côte, que le toit de tuiles rouges de la gare de Nakuru, luisant sous le soleil, apparut soudain et que son cœur, comme à l'accoutumée, bondit de joie dans sa poitrine, Regina se demanda comment Liesel et elle avaient bien pu se rencontrer et comment deux filles aux dispositions aussi contraires avaient pu se lier d'une amitié aussi solide. Elle ne trouva pas d'explication, puis elle se sentit confuse qu'un tel doute ait pu naître en elle. Ses yeux partirent à la recherche d'un dérivatif et tombèrent sur Leah, assise derrière le chauffeur et mâchouillant une de ses boucles noires. Ses tresses, prescrites par le règlement de l'école pour les filles portant les cheveux longs, commençaient à se défaire. Leah avait noué autour de son poignet la cravate d'uniforme à rayures bleues et blanches et ouvert les deux premiers boutons de son corsage. Regina lui sourit, leva les bras et frotta ses mains l'une contre l'autre. En retour, Leah applaudit silencieusement, faisant de la tête un signe d'approbation. C'était à la timide Leah et non à Liesel que, juste avant de saisir sa valise, dans l'exaltation du début des vacances, mais sous l'effet d'une impulsion qu'elle ne pouvait déjà plus s'expliquer, Regina avait confié :

– C'est à Whidett que je dois tout ce qui m'a permis de supporter cette maudite école.

– Moi aussi, avait confirmé Leah avec un sourire acide qui ne lui était pas habituel et qui jurait avec ses yeux si expressifs. Le jour où je me suis rendu compte que je survivrais à ce maudit sadique, j'ai compris que, de ma vie, je n'aurais plus à avoir peur de qui que ce soit.

– Je parlais sérieusement, Leah.

– Moi aussi, Regina. Je parle on ne peut plus sérieusement.

Il n'y avait pas deux heures que cette conversation avait eu lieu. La voix tonnante de miss Chart l'avait interrompue, intimant l'ordre de porter les bagages jusqu'au bus : « Et si ça n'est pas fait dans les trente minutes, on distribuera dès ce soir tout le fourbi aux négrillons des huttes. » Telle fut la dernière menace du dragon écumant du dortoir six. Le feu que crachait jadis miss Charter avait laissé la place à un petit tas de cendres froides, grises et inoffensives. Leah Rubinstein et Regina Redlich, réduites en esclavage dès l'âge le plus tendre et enfin affranchies, avaient ricané en chœur : elles n'avaient déjà plus en bouche le goût amer des larmes, elles savouraient l'ambroisie, la nourriture des dieux de l'Olympe, et l'avenir leur apparaissait sous les dehors fallacieux et brillants d'une succession de jours d'allégresse. Côte à côte, elles avaient porté leurs valises jusqu'au bus ; peu avant d'atteindre la clôture des terrains de tennis, elles avaient posé à terre leur fardeau. Elles avaient repris leur souffle, épuisées, mais toujours ivres de joie à l'idée qu'elles feraient désormais partie de ceux qui vivaient libres, à l'abri de la peur. C'est en cet instant de retour sur soi-même qu'elles avaient appris l'une de l'autre que l'avenir leur serait encore plus clément que le présent : ni l'une ni l'autre ne seraient plus contraintes de vivre dans un internat. Regina Redlich et Leah Rubinstein étaient inscrites comme *day-scholar* à la Kenya Girls High School de Nairobi. Certes, on considérait les externes comme des créatures amollies par leurs parents, ne méritant pas d'être prises au sérieux, dignes de pitié dans le meilleur des cas, mais jamais de compréhension et encore moins de considération. Les deux adolescentes concernées n'en étaient pas moins tombées d'accord pour estimer qu'elles étaient aux portes du paradis.

– Avant qu'Ève ne cueille la pomme, avait précisé Leah, versée dans la Bible.

– Je crois que tu viens de sourire, avait répondu Regina.

Elle-même n'avait appris que deux semaines plus tôt la nouvelle de sa future délivrance. À l'abri de sa couverture, dans son lit, elle avait remercié Dieu d'avoir bien voulu la libérer de ses tourments quotidiens, de la peur et de l'oppression, mais, pendant la journée, elle n'avait pas osé en parler à Liesel. Et au réveil, jour après jour, elle avait eu peur que la lettre de sa mère et la phrase mystérieuse « Nous ne te révélerons qu'ici notre deuxième grand bonheur » puissent n'être qu'un mirage. Pire encore : face à ce grand virage dans son existence dont elle était redevable à Nairobi – la ville précisément qu'elle n'aimait pas –, la superstitieuse Regina redoutait la vengeance du destin. Depuis que son père était à l'armée, ses parents vivaient dans la capitale, son père dans un camp militaire, à Ngong, sa mère à Hove Court, un ancien hôtel avec de petits appartements et des chambres où ne logeaient que des émigrés. Owuor avait suivi ses parents à Nairobi. Tous les vendredis, exactement comme à Ol'Joro Orok, il faisait cuire en l'honneur du sabbat une large tresse en pâte à levain. Mais Regina n'avait jamais surmonté le chagrin que lui avait occasionné l'obligation de quitter la ferme. Il ne s'était pas écoulé un jour, durant les vacances passées à Nairobi l'année précédente, sans qu'elle ait pensé avec nostalgie à Ol'Joro Orok, au bleu des champs de lin, à l'ombre de la forêt et à la neige du mont Kenya. Il lui suffisait de fermer les yeux un instant pour qu'ils s'abreuvent à nouveau de la beauté sublime d'un paysage qui devait imprimer à son existence entière la marque et le tourment des souvenirs. Et, si elle ne se bouchait pas les oreilles à temps, elle entendait les hommes et les femmes d'Ol'Joro Orok rire et chanter dans les champs, bavarder le soir autour du feu, devant les huttes. Que se passerait-il si, au tout dernier moment, juste à l'instant de franchir les portes du paradis, un ange de la vengeance l'obligeait à faire pénitence pour avoir sans cesse regardé en arrière, exactement comme son père qui ne cessait de regretter le passé ? Que se passerait-il si elle était à nouveau séparée de ses parents ?

– Cela fait déjà deux fois que tu soupires, la réprimanda Liesel. Tu ne vas pas me dire que ça te fait de la peine de quitter cette maudite école. Ou bien as-tu simplement le cœur brisé de devoir te séparer de ton cachottier de soupirant ? Des poèmes, il y en a partout.

– Nom d'une pipe ! Je ne m'étais pas du tout rendu compte que nous étions déjà arrivées à la gare.

– Parfois, je t'envie, Regina.

– De quoi ? Pourquoi ? Quand ? Où ?

– D'arriver à trouver quatre adverbes interrogatifs en cinq secondes. Mais pas une seule réponse !

Pour Leah, la délivrance de l'internat n'était ni une surprise ni un bonheur sans ombre. À la différence de Regina, elle n'habiterait pas chez elle : la ferme de Thika où vivaient sa mère et son grand-père était si éloignée de Nairobi qu'elle aurait normalement dû entrer à l'internat de la High School. Mais, pour lui permettre de mener enfin une vie conforme à la piété des Rubinstein, elle logerait chez Rifka et Rachel Goldstayn. Admirées de tous dans la communauté juive de Nairobi, aimées de beaucoup, les deux sœurs avaient promis aux Rubinstein de s'occuper de Leah « comme de leur propre fille », de la protéger le jour, de veiller sur elle la nuit et de si bien la choyer que la demoiselle s'épanouirait comme la plus belle des roses dans le jardin du Tout-Puissant.

– Les jeunes hommes vont devoir réserver leur tour, s'était emballée Rifka en levant vers le ciel sa main droite, puis les yeux. Elle chantera toute la journée. Comme un petit oiseau.

– Il me faudra alors malheureusement porter plainte contre vous, madame Rifka. Qui va prendre pour femme quelqu'un qui chante toute la journée ? avait rétorqué le vieux Rubinstein en abaissant la main droite toujours tendue de Mrs Rifka. En outre, ma Leah chante faux. Quand elle est obligée de chanter, c'est à faire gémir tous les cabots du coin. Et pour ce qui est de lui trouver un mari, c'est moi qui m'en chargerai. Quand le moment en sera venu.

Il ne se souciait ni des chances de mariage de sa petite-fille – au demeurant les meilleures possibles compte tenu de sa fortune, à lui, et de son physique, à elle – ni de l'organisation de ses loisirs, mais uniquement de son éducation juive et de la paix de son âme. Sa chère Leah, qui lui avait fait retrouver les joies paternelles de sa jeunesse et qu'il aimait davantage encore qu'il n'avait jadis aimé son père, allait enfin, s'agissant d'une jeune fille de famille orthodoxe, vivre « comme il faut ». Celle à qui il tenait comme à la prunelle de ses yeux pourrait enfin respecter les prescriptions alimentaires en dehors des vacances scolaires, elle allait enfin pouvoir célébrer le sabbat et les autres jours de fête pendant toute l'année. Contrairement à ce qui s'était passé à la Nakuru School, elle ne serait plus obligée de mener une vie qui, pour une enfant d'une famille de stricte observance, représentait un véritable viol de la conscience, un péché, et provoquait le dégoût. Durant toutes les années où Leah revenait de Nakuru amaigrie, pâle et apathique, et criait la nuit sans pouvoir donner un nom à ses terreurs, le grand-père s'était adressé des reproches. Il n'avait pas assez sérieusement envisagé, ne cessait-il de se lamenter auprès de sa bru et de sa sœur, quelle violence ce genre de «prison exerçait sur une enfant ayant appris à la maison à respecter le Tout-Puissant avant même de pouvoir tenir dans ses mains un livre de prières». Le changement d'école à venir lui rendait à présent tranquillité et bonne conscience. Il avait longtemps cherché qui pourrait être orthodoxe et assez jeune pour entretenir de bons rapports avec une jeune fille sensible comme l'était Leah. Il avait d'abord voulu la faire héberger, pour la durée du semestre, par une famille ayant des enfants du même âge, et n'en avait trouvé qu'une mangeant casher. Mais ces gens-là avaient un fils de quinze ans, et le vieux Rubinstein conservait de sa propre jeunesse des souvenirs extrêmement précis, pour ne rien dire de son aptitude à solliciter son excellente mémoire au bon moment. C'est dans ces conditions qu'il trancha en faveur de Rifka et de Rachel. Maigres, sans un seul cheveu gris, énergiques, connues même de gens qu'elles n'avaient jamais vus, les deux sœurs étaient chiches de précisions sur leur âge, de même qu'elles étaient habituellement chiches dans la vie de tous les jours. Leurs gestes vifs, inhabituels dans un climat aussi chaud, sautaient aux yeux. Tout autant que leurs traits accusés. Lors de leur première rencontre, ces visages anguleux avaient fâcheusement rappelé au vieux Rubinstein les vautours des acacias épineux de Thika qui avaient si longtemps fait peur à sa Leah. Sur un plan plus général, Rifka et Rachel ne lui étaient pas apparues comme les compagnes idéales pour une jeune fille, mais, en l'absence d'autre solution, il avait lutté contre ses doutes. Comme il l'avait expliqué à sa bru le soir où fut prise la décision, les Goldstayn, «en tant que solution de compromis», étaient «presque encore une chance». En tout cas, elles avaient fourni à chacune de ses questions incisives une réponse qui l'avait presque satisfait et, en quelques occasions aussi, elles avaient trouvé le chemin de son cœur.

Elles n'entretenaient d'étroites relations d'amitié avec personne, pas plus qu'elles n'étaient assez brouillées avec quiconque pour susciter plus de jalousie que ne s'en attirent de toute façon les gens de valeur. Les initiés, à vrai dire, les appelaient les « sœurs Rebbach ». Le mot yiddish signifiant « profit » était une allusion à leur aptitude à toujours réussir, à situation égale, des opérations bien meilleures que n'importe qui d'autre. Rachel et Rifka, nées à Varsovie où elles avaient grandi, étaient jumelles. À dix-neuf ans, leurs familles les avaient mariées à deux frères de Cracovie dont, le nom mis à part, elles ne savaient jusque-là pas grand-chose, sinon que l'aîné était « légèrement bossu » et le cadet bègue. « Mais seulement quand il s'énerve », avait coutume d'expliquer sa mère. Ce fut seulement deux jours avant le double mariage que se révéla le projet des deux époux présomptifs d'émigrer en Afrique : ils avaient en effet appris que les Anglais recherchaient des ingénieurs pour la construction de chemins de fer. Il était trop tard pour que les fiancées, effarées, puissent réagir. Mais le destin avait inscrit à leur intention, dans le grand registre de la vie, des épreuves autrement cruelles. Six mois après le débarquement à Mombasa, une malaria qui n'était pourtant pas du tout considérée comme mortelle avait fait de Rifka et Rachel Goldstayn les veuves les plus jeunes qu'eût jamais connues la petite communauté juive de Nairobi. On était en 1905.

Il n'y avait guère de femme qui, apprenant la tragédie dont elles avaient été les victimes, n'ait pas éclaté aussitôt en sanglots. Elles-mêmes n'avaient versé que peu de larmes. Dans un pays souffrant d'une pénurie aiguë de femmes, elles auraient pu se remarier sans tarder, mais Rifka avait déclaré : « J'ai déjà donné ! », Rachel renchérissant à sa manière : « De toute façon, ça ne serait pas meilleur après qu'avant ». Elles s'étaient fait expédier des livres de cuisine par leurs infortunés parents qui, s'étant saignés aux quatre veines pour les dots, n'avaient plus les moyens de rapatrier leurs filles. « Soyez gentils, envoyez aussi des livres contenant des recettes pour des gens distingués », avait demandé Rifka qui ne manquait pas de détermination. La grand-mère de Lódz, aide-cuisinière dans un hôtel jusqu'à la naissance du premier de ses neuf enfants, avait enfin pu recueillir les fruits d'une prévoyance précoce. Elle avait recopié dans un épais cahier noir toutes les recettes notées à l'occasion de cet emploi, plus celles apprises durant les longues années d'un mariage qui n'avait laissé personne sur sa faim. Elle avait aussi joint à son envoi les précieuses recommandations de sa meilleure amie qui avait été cuisinière en Bohême, chez des « gens de la haute société ».

Quarante ans après la réception de ces recueils de recettes, les courageuses et ingénieuses sœurs Goldstayn avaient réussi à amasser une petite fortune. Certes, les jours ouvrables, elles portaient leurs éternels tabliers marron qui, même en Afrique, paraissaient démodés et leur donnaient l'apparence de pauvresses. Certes, le jour du sabbat, bon an mal an, elles portaient les mêmes robes bleu foncé à col de dentelle blanc. Mais, à la Barclays Bank, on leur offrait une tasse de café ! Leur maison était en pierre, leurs couverts et leurs couteaux de cuisine venaient de Sheffield et les colliers de corail qu'elles arboraient les jours de fête étaient d'une qualité exceptionnelle. Jusqu'à ce qu'éclate la Deuxième Guerre mondiale, tous les trimestres elles avaient envoyé au fils de leur plus jeune frère – qui, à en croire ce qu'en écrivait sa mère était un « enfant prodige dont le monde entendrait parler » – un chèque qui suffisait à couvrir ses frais de scolarité mais aussi les besoins élémentaires de ses trois frères et sœurs. Ses tantes d'Afrique n'évoquèrent jamais avec personne le fait qu'elles n'entendirent ensuite plus jamais parler d'un neveu si prometteur. Il faisait partie de ces gens assassinés, si nombreux qu'on ne les désigne pas par des noms mais par des chiffres. Y compris les jours où les Juifs se souviennent de leurs morts, elles gardaient les yeux secs.

Le jardin, avec ses œillets, ses ibiscus et un jacaranda aux fleurs violettes et blanches, des bancs peints en blanc tout autour, était la consolation et la fierté des sœurs. Comme durant les premières années de leur veuvage, à l'époque où elles habitaient encore un modeste logement acquis avec les maigres économies de leurs époux, les Goldstayn, en 1945, louaient des chambres – les quatre plus grandes de la maison. Elles-mêmes dormaient dans la plus petite pièce, se contentant d'une seule armoire pour deux. Mais ce qui s'avérait d'un meilleur rapport encore que les locations, c'était – une véritable légende après seulement deux ans d'existence – la table d'hôte de midi. Pour en profiter, ceux qui n'avaient pas réussi à déshabituer leur palais des saveurs du pays natal n'hésitaient pas à parcourir des distances considérables. Les nostalgiques de l'Europe ne reculaient ni devant la perte de temps ni devant les sommes à débourser. Les jours de fêtes juives, ils arrivaient à Nairobi, venant de Limuru, de Thika et de Nyeri, parfois d'Eldoret ou de Kisumu. Ils n'avaient même pas besoin de quitter l'accueillante maison pour prier, car, y compris les vendredis soir ne sortant pas de l'ordinaire, il s'y trouvait toujours les dix hommes dont la présence est nécessaire à la célébration d'un service divin. Fêter la Pâque juive chez les sœurs Goldstayn était un événement particulièrement apprécié. Durant la guerre, tant que le Kenya ne fut plus en mesure d'importer quoi que ce soit, en tout cas pas ce qu'il fallait pour un repas casher, ce furent Rifka et Rachel en personne qui firent cuire le pain azyme.

Contrairement aux coutumes locales, elles n'employaient pas de cuisinier. Au grand amusement du personnel, c'étaient elles qui, dans les débuts, servaient à table. Rifka pelait les pommes de terre et Rachel râpait le chou à l'aide d'un appareil qui avait fait le voyage de Varsovie à Nairobi. Leur cuisine alliait ce qui se faisait de mieux à Varsovie, Prague et Vienne. Les hôtes étaient si enthousiastes dans leurs éloges que, le plus souvent aussitôt après l'entrée – du foie de poulet haché avec de l'œuf et des oignons –, les deux sœurs les élevaient à la dignité de membres de la famille. Ni Rifka ni Rachel n'en voulaient à Dieu de n'avoir pas exaucé les prières de leur jeunesse, de ne pas les avoir dotées de nombreux fils bien faits de leur personne et de filles obéissantes, pas plus que de n'avoir permis à quasiment aucun membre de leur pourtant nombreuse famille d'échapper aux camps de la mort. Elles remerciaient au contraire tous les matins le Créateur de leur accorder le bonheur de pouvoir se réveiller ensemble.

Le grand-père de Leah admirait chez ces femmes capables et travailleuses leur « tête bien faite », qualificatif qu'il réservait habituellement aux hommes. Il ne douta pas une seconde que sa Leah serait heureuse chez Rifka et Rachel. Durant toutes les années qu'elle passa à Nairobi, il répéta cette conviction si souvent et avec tant de force que sa petite-fille n'osa pas troubler sa sérénité, ne fût-ce qu'en laissant transparaître une infime partie de la vérité. Car, en réalité, il passait en permanence dans la maison tant de monde, des gens tous différents les uns des autres, que la farouche Leah en était terrifiée. En outre, à peine eut-elle emménagé que la pension connut un brusque afflux d'hommes jeunes qui la gratifiaient de regards emplis d'une telle convoitise et de remarques si peu dépourvues d'équivoque – ou au contraire si équivoques – que même une jeune fille encore peu consciente de ses charmes ne pouvait manquer de s'en aviser. Pourtant, ni les jeunes hommes, qui, en présence de la «*charming miss Rubinstein*», faisaient assaut de mâle assurance et de promptitude d'esprit, ni les «sœurs Rebbach», qui la pressaient de se montrer «particulièrement aimable et un peu plus féminine» lorsque venaient des messieurs aisés et en âge de se marier, ne réussirent à entamer l'humour de Leah ou son sens critique. Quatre semaines après son entrée dans la maison Goldstayn, elle écrivit à son grand-père: «Je sais déjà faire la meilleure des soupes grasses qui sera jamais servie dans ce pays. Et une jeune fille juive ne peut espérer avenir plus riant que d'être une épouse sachant bien faire le bouillon de poule. Il ne se passe pas ici un seul jour sans que je me l'entende dire.»

Mais pour l'instant, l'époque à venir, l'époque de Nairobi, demeurait dissimulée derrière un voile aux mailles serrées. Le bus bleu portant l'inscription «Nakuru School» s'arrêta à midi devant la gare au crépi blanc. Exactement au même endroit que chaque année, entre un cactus géant sur lequel quelqu'un avait gravé «*Fucking School!*[1]» et un parterre rond où poussaient des lis orangés aux lourdes têtes. Deux merles métalliques se baignaient dans une mare. Pour les amies que le destin avait réunies et qui s'étaient jadis juré une fidélité éternelle à l'ombre d'un eucalyptus, l'heure de la séparation avait sonné. On était venu chercher Hermine et Friederike en voiture, et elles n'étaient pas inscrites

1. «Aux chiottes l'école!»

pour le trimestre suivant à la High School de Nairobi. Leurs parents avaient l'intention, dès que le trafic maritime aurait repris pour les particuliers, de les envoyer dans de la famille en Angleterre, les perspectives matrimoniales y étant meilleures. Le train de Liesel en direction de Londiani ne partirait que deux heures plus tard, celui pour Nairobi était déjà à quai. Vicky, inquiète, fit le tour de la petite gare en courant. Elle cherchait des yeux ses parents qui s'étaient engagés à venir la prendre à la station, mais elle vérifiait également s'il n'y avait pas, par hasard, des témoins de l'humiliation imprévue qui venait de lui être réservée : elle devait attendre, oui, elle ! À la fin des vacances, elle aussi irait à la High School. Son brave homme de père avait fait preuve d'opiniâtreté, chose inhabituelle chez lui, tenant absolument à ce qu'elle poursuive ses études. Vicky espérait bien que quatre semaines de vacances suffiraient à le faire changer d'avis. Elle rêvait toujours de devenir artiste et d'épouser un Anglais riche et de bonne condition.

– Avec un setter parlant anglais, avait ajouté Regina la veille encore, avec la mémoire des gens qui ignorent la pitié.

Tandis que les garçons étaient obligés de se livrer à un dernier exercice de discipline et de prendre place en silence à côté de leurs bagages, les filles furent délivrées du contrôle des pédagogues par un commandement : « Rejoignez vos places ! » qui, bien qu'aboyé, eut davantage le ton d'une plaisanterie que d'un ordre. Elles se ruèrent sur les wagons qui leur étaient réservés. Ce fut une bruyante libération. On entendait des voix suraiguës, des rires stridents. Des chaussures noires soigneusement cirées soulevaient des nuages de poussière rouge. En dépit de la présence de deux enseignantes et d'un professeur particulièrement redouté, quelques élèves avaient déjà ôté les blazers de leur uniforme. Puis un chapeau fut jeté en l'air, suivi de plusieurs autres. Il y en eut bientôt un tel nombre qu'une troupe de tisserins s'envola d'un arbre. Un chapeau orné du ruban à rayures blanches et bleues de l'école, ruban que les parents de Regina n'avaient pu se payer que la dernière année, resta accroché à un cactus de grande taille. Deux soldats à l'air si jeune qu'ils ne se distinguaient des élèves les plus âgés que par leur uniforme hurlaient des encouragements en se léchant les babines.

Pamela Smith, l'idole de l'école, qui, au cours du dernier semestre, avait à chaque match de hockey marqué le but décisif pour l'équipe de la Nakuru School, courait en balançant sa grosse valise à gauche et à droite avec trop de vigueur. Le bagage finit par heurter une vieille femme kikuyu, venue vendre des bananes vertes aux voyageurs. Celle-ci parvint à grand-peine à garder son équilibre et à rester debout, mais le régime de bananes glissa de sa tête, puis de ses épaules et tomba par terre. Elle se mit à pousser des cris perçants. Tout en se lamentant, elle brandissait vers le ciel deux bras décharnés. Regina se baissa pour ramasser les bananes. Elle sentit la confusion enflammer son visage et lui courir le long du corps, mais elle sentait en même temps en elle une chaleur agréable à l'idée qu'elle n'était plus à la Nakuru School et qu'elle était désormais dispensée de se justifier, devant tout un chacun, de partager la morale de son père, une morale totalement différente de celle d'autres pères qui considéraient ce pays comme le leur. Heureuse, elle s'adressa à haute voix à la vieille femme, en kikuyu ; elle traita la belle Pamela – dont elle avait depuis longtemps remarqué qu'elle ne parlait même pas le swahili, et donc encore moins la langue des Kikuyu – de stupide singe blanc :

– Un singe blanc comme celui-ci, dit-elle en envoyant avec plaisir chacune de ses paroles en direction de Pamela, est pire qu'un voleur qui vole la nourriture dans la casserole de sa mère.

La vieille femme poussa un hennissement de joie. Elle se gratta l'oreille pour montrer qu'elle avait compris la comparaison avec le singe, dessina avec ses bras les contours d'une grande casserole et se tapa le ventre des deux mains. Pour finir, elle frappa si fort le sol du pied droit qu'elle fit un instant penser à un guerrier massaï appelant ses frères au combat. Son rire découvrait l'unique dent qui lui restait. Puis, sans transition et sans que son corps change d'attitude dans un premier temps, elle prit une profonde inspiration et se remit à crier aussi fort que si elle n'avait jamais cessé de se lamenter. Elle montrait avec indignation les bananes toujours à terre. Quand Leah fut certaine que personne ne la verrait, sauf peut-être Regina, elle prit trois shillings dans la poche de sa jupe. Murmurant quelques mots dans une langue dont Regina ne reconnut que plus tard que c'était de l'hébreu, elle glissa les trois pièces de monnaie dans la main de la vieille femme.

Celle-ci sembla ne pas comprendre ce qui lui arrivait : elle restait là, comme frappée par la foudre. Puis, sortant d'un seul coup de sa stupeur, elle se baissa avec la vivacité d'une jeune fille et ramassa ses fruits. Elle s'attacha le régime de bananes dans le dos avec dextérité, enroulant prestement la courroie autour de sa tête. Sans gratifier d'un seul regard les voyageurs à qui elle avait eu l'intention de vendre les bananes, elle partit à toutes jambes.

– C'était très gentil de ta part, chuchota Regina, mécontente de n'avoir trouvé qu'un compliment aussi plat et balourd, n'exprimant en rien son admiration pour la spontanéité de Leah.

D'un petit geste furtif destiné à donner l'impression d'être involontaire, elle toucha le bras de sa compagne. Celle-ci rougit comme si elle n'avait pas été surprise à commettre une bonne action, mais les sept péchés capitaux d'un seul coup.

– Mon grand-père dit toujours que nous devons avoir de la reconnaissance pour les mendiants, balbutia-t-elle.

– Pourquoi ? s'étonna Regina. J'avais toujours cru que c'était l'inverse.

– Ce sont les mendiants qui nous permettent de faire une bonne action, prétend-il. Sans eux, nous aurions le cœur dur comme de la pierre et nous ne plairions pas au Tout-Puissant. Toujours d'après mon grand-père.

– Ton grand-père a l'air d'un chic type. J'aimerais bien faire sa connaissance.

– Lui aussi aimerait bien te connaître. Je lui ai beaucoup parlé de toi.

– De moi ? Mais qu'est-ce que tu lui as raconté, bon sang ? Il n'y a rien à dire sur mon compte.

– Que j'aurais toujours voulu devenir ton amie, mais que je n'avais jamais osé. Liesel est terriblement forte, tu sais.

La confusion de Leah était à son comble. Elle empoigna néanmoins sa valise d'un geste énergique. À grands pas, démarche généralement contraire à sa nature mais conférant une grâce particulière à ses pieds menus, elle se hâta de rejoindre le wagon réservé à la Nakuru School.

– Je te rejoins tout de suite, cria Regina. Garde-moi la place à côté de toi.

Liesel s'appuyait de tout son poids contre un mur de la gare. Elle savourait la fraîcheur de la pierre, s'efforçant de garder une attitude exprimant la joie des proches retrouvailles et le contentement, mais elle avait les bras raidis et les jambes lourdes. De la conversation entre Regina et Leah elle n'avait bien sûr parfaitement saisi que la dernière réplique, mais la manière dont ses deux camarades s'étaient parlé en souriant, tout en regardant autour d'elles comme des filles partageant un secret très intime, l'avait irritée d'emblée. Alors que sa défiance avait fini par se dissiper et qu'elle avait commencé à penser avec soulagement que son monde allait à nouveau tourner au rythme habituel, elle eut soudain comme une révélation. Certes cela ne dura pas, le temps peut-être que s'ouvrent ses pupilles, mais cet instant, pareil à un coup violent et douloureux, suffit à aveugler Liesel. Oppressée, elle enregistra que Regina et Leah étaient comme des étrangères pour elle. Leur gaieté lui parut une provocation, elle trouva qu'elles parlaient d'une voix affectée et qu'elles avaient des gestes contraints. Des images venues d'un monde dont elle décela aussitôt qu'il n'était pas le monde réel l'assaillirent. Il lui sembla que ses compagnes d'infortune, dont pas une seule fois, tout au long de ces six années, elle n'avait mis en doute la fidélité, l'amitié et la sincérité, s'étaient fait tailler des vêtements dans une étoffe précieuse, alors qu'elle-même devait rester au bord d'un fossé dans son vieil uniforme élimé.

– De pures visions, murmura-t-elle.

Elle voulut rire d'avoir parlé toute seul, mais elle n'entendit que sa respiration. Perplexe, elle se passa la main sur le front où son sang battait, regarda ses chaussures et serra ses lacets qui n'étaient pourtant pas plus défaits qu'à l'ordinaire.

– De pures visions, répéta-t-elle.

Cette fois, elle secoua la tête et ferma les yeux un bref instant. Au bout d'un moment, elle vérifia l'état des boutons de son corsage, reboutonnant celui du col qu'elle avait déjà ouvert dans l'excitation du départ en vacances. S'apercevant qu'elle tiraillait ses habits comme une petite fille timide et gênée, elle se sentit aussi déconcertée que confuse. Elle n'avait pas l'habitude, dans le bruit et l'agitation de la journée, de s'encombrer l'esprit de sentiments dont elle trouvait qu'ils exigeaient la discrétion de la nuit. S'abandonner à des pensées dépourvues de logique était pour elle un gaspillage d'énergie, d'esprit et de temps, gaspillage indigne d'elle. Au bout d'un moment qui lui parut beaucoup plus long qu'il n'était en réalité, elle réussit, au prix d'un effort, à revenir au monde de la vraisemblance, un monde qu'elle appréciait hautement, car le vraisemblable et le crédible l'avaient toujours empêchée de se perdre dans le labyrinthe des sentiments. Avec esprit de suite, mais non sans peine, Liesel suggéra à son deuxième moi que la seule raison de son mécontentement et de sa nervosité résidait dans le fait qu'il lui fallait attendre beaucoup plus longtemps que ses compagnes de pouvoir enfin partir de Nakuru.

Elle vit Leah ouvrir la porte d'un compartiment et elle ne douta pas une seconde que la fille qui se tenait à côté de Leah et qu'elle ne voyait que de dos était Regina. Liesel leva une main qui refusa néanmoins, d'une manière parfaitement grotesque, de faire signe à Regina comme les deux amies, à la gare de Nakuru, l'avaient toujours fait à la fin d'un semestre. « Ton train part pour le soleil et le mien pour la lune », avait un jour déliré Regina. Il y avait des années de cela ; la jolie phrase sans signification appartenait au rituel immuable de la séparation.

– Ce sont des idioties, murmura Liesel.

Elle réfléchit, se demandant pourquoi elle avait dit cela. Malgré la chaleur, elle avait les doigts engourdis. Bien que trouvant l'idée ridicule, elle songea aux serres des oiseaux de proie. Ce fut à cet instant qu'elle reconnut dans la flamme jaune en train de lui griller la peau le feu de la jalousie. Rongée par cette fièvre, elle secoua la tête avec dégoût ; elle sentait la chaleur ardente gagner lentement la racine de ses cheveux. Elle eut l'impression que sa respiration était un râle plaintif, ce qui lui ôta son assurance au point de l'obliger à fermer les yeux. Quand elle eut retrouvé sa confiance en eux, elle vit qu'elle n'était plus seule. Vicky se tenait à ses côtés, le chapeau à la main, ses cheveux blonds comme les blés agités par le vent, lumineux comme un rayon de soleil. À la grande surprise de Vicky, Liesel – habituellement impitoyable à son égard et refusant avec obstination de la jalouser pour sa beauté ou pour la bienveillance et les compliments qu'elle s'attirait – lui fit un sourire amical, pour ne pas dire admiratif.

– Tu as dit quelque chose ? s'étonna Vicky, mais, constatant le changement qui s'opérait soudain dans la physionomie de Liesel, elle comprit que la réponse ne s'adresserait pas à elle.

– Mais d'où diable sors-tu, Regina ? s'écria Liesel, regardant dans la direction du train sur le point de s'ébranler.

Revenant d'un voyage qu'elle n'avait pas eu l'intention d'entreprendre, elle se demanda pourquoi Vicky la regardait avec un tel air d'attente et comment lui était venue l'idée saugrenue qu'elle ait pu lui adresser la parole. Regina avait couru pour venir lui dire au revoir et regagner son train à temps. Elle respirait fort et vite, et Liesel, qui remportait toutes les épreuves de course à pied, se surprit à penser que Regina, le plus souvent, n'arrivait même pas à prendre le départ au signal. Cette idée la toucha.

– Je t'ai perdue de vue tout à coup, expliqua Liesel, et je me suis dit que tu étais partie pour Nairobi sur les ailes de ton imagination. Ou alors que tu étais assise dans le train et que tu ne pouvais pas me dire au revoir parce que tu étais en train de pleurer toutes les larmes de ton corps.

– Pourquoi je pleurerais toutes les larmes de mon corps alors que je rentre chez moi ?

– Parce que l'admirable mister Whidett est sorti de ta vie.

– Depuis quand as-tu des visions ? s'enquit Regina, touchant le front de Liesel avec une inquiétude habilement feinte. Pas de fièvre, diagnostiqua-t-elle avec la voix de miss Chart, pas question d'infirmerie, espèce de tire-au-flanc. Tu n'es qu'une fainéante, une dépravée. Mais dis-moi, tu n'as pas assisté à la scène entre cette folle de Pamela et la vieille femme kikuyu ?

– Que s'est-il passé ? Je n'ai pas aperçu la belle Pamela de toute la journée. Je croyais qu'elle était déjà arrivée à la porte devant laquelle on dépose son cerveau avant d'entrer.

– Et son cœur, renchérit Regina.

Liesel leva les bras, arma un tir du côté droit, puis fit mine de propulser une balle de hockey dans la cage adverse.

– Attention, rentrez la tête, hurla-t-elle. Lady Pamela, la reine des White Highlands, tire au but !

Elles éclatèrent de rire toutes les deux ; elles riaient comme des enfants qui ne distinguent que le présent dans l'instant si précieux s'offrant à leurs yeux. Elles débordaient de gaieté, comme si Liesel avait effectivement fait une plaisanterie et comme si Regina n'en avait jamais entendu de meilleure. L'une creusait un trou dans la terre avec la pointe du pied, l'autre se tenait les côtes, jouissant de son rire avec le plaisir de ceux qui ont compris que le rire était une offrande des dieux. Liesel prononça même un mot d'allemand, ce qu'elle ne faisait d'ordinaire qu'à contrecœur. Sa mère employait ce mot de temps à autre.

– Gamine[1], pouffa-t-elle avant de s'étrangler de rire.

– Mais tu n'aimes pas le poisson ! répliqua Regina.

Elle aussi avait parlé allemand. Troublée d'avoir trouvé aussi vite la réponse appropriée, dans une langue qu'elle n'utilisait qu'avec ses parents, elle pensa à sa mère, réfléchit un peu trop longtemps, se demandant si celle-ci aurait préparé, comme toujours pour son arrivée, des boulettes de Königsberg, et s'aperçut avec retard que son train s'ébranlait. Elle partit en courant, sauta dans son wagon et, au lieu de Liesel à qui elle voulait encore dire au revoir de la main depuis le compartiment, elle ne vit que la silhouette de la vieille femme kikuyu avec ses bananes.

– *Kwaheri*, dit Regina à voix basse, avec un peu de honte et ne sachant pourquoi.

La locomotive haletait à la moindre côte. Le train était long et donnait de la bande dans les virages. Les vitres des compartiments pour Européens avaient été astiquées. Dans ceux des Africains, il n'y avait plus de vitres. Un contrôleur à la peau olivâtre, coiffé d'un turban d'un vert tilleul, ouvrit la porte du compartiment et, à la vue des filles blanches, la referma. La voie ferrée traversait un paysage brûlé par le soleil. Les acacias avaient des cimes plus fournies qu'ailleurs dans le pays. Des zèbres cherchaient la fraîcheur sous leur ombre pourtant maigrelette. Des damans somnolaient sur

1. *Backfisch* en allemand, c'est-à-dire un jeune poisson, trop gros pour être rejeté à l'eau mais suffisamment tendre pour se prêter à la friture, mot parfois employé pour désigner une jeune adolescente. D'où le jeu de mots de Regina *(N.d.T.)*.

les rochers. Beaucoup plus tard, alors que la joie des vacances, dans le compartiment, ne se manifestait plus que par des sons qui expiraient avant d'avoir exprimé le moindre sens et que les filles s'abandonnaient à leur fatigue dans les coussins de velours où la chaleur s'était accumulée, une bande de babouins se posta devant le train, l'obligeant à s'arrêter en rase campagne, peu avant Limuru. Le chef de la troupe était d'une taille inhabituelle. Il tambourinait contre son ventre et montrait les dents dans sa fureur. Regina s'éveilla d'un seul coup. Elle pensa avec regret à la ferme d'Ol'Joro Orok qu'elle avait été contrainte de quitter quand son père était parti à l'armée. Ne voulant pas que la douleur lui gâte sa bonne humeur à la veille des vacances, elle interpella le grand mâle en jaluo, la langue d'Owuor, le priant de montrer son derrière aux très distinguées demoiselles anglaises. Le babouin, effectivement, se retourna. On voyait encore luire sa peau d'un rouge vif, alors que la troupe dévalait déjà la colline au trot.

Avec de grands gestes, Regina fit sortir Leah dans le couloir ; tout en dessinant du doigt, sur la vitre, un visage de singe, elle lui raconta ce qui venait de se passer.

– Tous les singes parlent jaluo, dit-elle en riant. C'est Owuor qui me l'a appris quand j'étais encore toute petite.

– J'utilise l'hébreu quand je veux dire quelque chose que personne ne doit entendre. Et on n'a pas le droit de profaner la langue du Tout-Puissant en parlant avec un singe. C'est une chose que tu peux certainement comprendre.

– Dommage, j'aurais bien aimé savoir ce que le singe a dit.

– Un jour peut-être, répondit Leah, tirant les fils de l'avenir, quand les Juifs auront en Palestine leur propre État et une nouvelle langue.

Regina fut gênée de ne pas avoir la moindre idée de ce dont parlait Leah. Elle décida de questionner le soir même son père à propos de la Palestine. Elle ne le fit à vrai dire qu'une semaine plus tard, car, se précipitant les bras ouverts au-devant de ses parents dans la gare de Nairobi, elle vit que sa mère était enceinte. Une joie violente lui paralysa le corps et un flot de larmes lui obscurcirent la vue à l'instant où elle comprit ce qui lui arrivait. Ce fut donc Owuor, parce qu'il se tenait en avant de ses parents, qui l'embrassa, et ce fut dans son oreille qu'elle chuchota :

– Je n'oublierai pas ce jour de toute ma vie.

La coïncidence voulut que Liesel dise la même chose à Londiani. Ce n'était pas son père qui était venu la chercher à la gare, mais son oncle Kurt, un homme habituellement si taciturne et d'un abord si intimidant que Liesel n'avait pas osé lui demander la raison de ce changement. Mais, quand il eut arrêté la voiture devant la maison de style bavarois et que les dindons surgirent des buissons comme à l'ordinaire, il fut bien obligé de parler :

– Ton père est mort cette nuit, dit l'oncle de Liesel en s'abandonnant aux larmes.

3

Une patrie pour Regina ?

Nairobi, mars 1946-mars 1947

« De toute ma vie, jamais je ne serai plus heureuse qu'aujourd'hui », nota Regina à l'encre rouge dans son journal. Elle souligna les mots « heureuse » et « vie » à l'aide d'un gros crayon noir. Pour finir, elle inscrivit encore en vert pomme bien luisant le mot « hourra ! » dans le coin supérieur gauche de la page. Elle coloria le point d'exclamation en jaune coing – non sans se dire que mister Whidett aurait à coup sûr considéré l'exclamation en question comme du slang, aurait blâmé le point d'exclamation comme un dérapage n'ayant rien d'étonnant chez les gens souffrant de débilité linguistique et l'aurait sanctionnée, s'agissant d'elle, d'une punition écrite. Regina sourit avec la mélancolie des gens qui ne sont pas nés d'hier quand elle pensa à son maître si sévère et à la Nakuru School qu'il dirigeait. L'un et l'autre n'étaient plus que des souvenirs, certes pas encore recouverts de la dorure du temps, mais déjà assez débarrassés de leurs arêtes vives pour ne plus la faire souffrir. « Juste pour cette fois, Sir ! » dit au dompteur en matière de langue et de style, avec un ample signe de la main dans sa direction, l'élève la plus attentive qu'il ait jamais eue. Son ombre dansait contre le mur, elle parlait assez fort pour laisser libre cours à sa joie, mais assez bas pour ne pas réveiller son père.

Le calendrier suspendu à côté d'une gravure représentant l'hôtel de ville de Breslau indiquait qu'on était le 6 mars 1946. Depuis la cinquième heure de cette journée inoubliable, Regina Redlich, qui avait désiré avoir un frère depuis qu'elle savait prononcer le mot, n'était plus une enfant unique. Elle était obligée d'enregistrer par écrit le grand tournant de son existence à la lueur d'une vieille lampe à paraffine venant d'Ol'Joro Orok, car, trois heures auparavant, un orage aussi violent et assourdissant qu'un troupeau de gnous lancés au grand galop avait paralysé l'alimentation en courant de Nairobi, de toute façon déficiente en temps ordinaire, divisant la population en une classe de possédants et une classe de démunis. Les derniers avaient passé l'essentiel de leur existence dans des grandes villes, les premiers dans des fermes. La plupart de ceux-ci avaient en effet conservé les lanternes à l'aide desquelles ils avaient éclairé leurs maisons rustiques – auxiliaires qui n'avaient jamais failli à leur mission – et souvent aussi la paraffine nécessaire à leur utilisation. À l'époque déjà aussi superstitieuse que sa mère et sa grand-mère inconnue, Regina interpréta comme un présage particulièrement favorable, en un moment de si grand bonheur, de pouvoir apaiser l'éventuelle jalousie de la très lunatique déesse du Destin grâce à un éclairage rudimentaire. Elle qui depuis son plus jeune âge n'osait pas se fier à la main généreuse de la Fortune, elle ne doutait pourtant pas que la vie, après un long parcours semé d'épines, était désormais bien disposée à son égard et à celui des siens. Elle était tellement ivre de bonheur, un bonheur qui, de temps à autre, la frappait comme un coup de fouet, lui faisant vibrer le cœur comme un tambour, qu'elle n'arrivait pas à décider quel dieu il lui fallait remercier : celui qu'elle priait tous les soirs de faire en sorte qu'au moins un membre de sa famille restée en Allemagne ait échappé aux assassins ? Ou bien devait-elle remercier Mungu, le dieu omniscient résidant sur le mont Kenya, qui veillait sur les gens d'Ol'Joro Orok et qui ne l'avait jamais déçue depuis qu'elle était petite ?

Même s'il était rentré à la maison depuis une heure, son père avait toujours son uniforme sur lui. La chemise, un peu étroite et taillée dans une étoffe trop épaisse pour la lourdeur du climat de Nairobi, était humide et lui collait à la peau. Dans la lumière tremblotante de la lampe à paraffine, son pantalon kaki luisait d'un vert blafard. Une mouche courut d'abord sur son front, puis sur une des trois bandes – celle du milieu – qui symbolisaient son grade militaire. Le *sergeant* Redlich était allongé, les jambes pendantes, sur un canapé au tissu râpé dont il prétendait qu'il avait été confectionné pour un Pygmée et qu'il était même trop étroit pour sa fille pourtant malingre. Cet homme de quarante-deux ans, qui, malgré le chemin ardu qu'il avait dû parcourir, faisait beaucoup plus jeune que son âge, avait un visage fin et bronzé qui paraissait néanmoins pâle et fatigué jusque dans le sommeil. Les cheveux noirs étaient collés par la sueur. Il gémissait de temps en temps, mais sans ouvrir les yeux. Une fois, il cria « Père ! » et, une autre fois, le nom de sa sœur, ce qui consuma d'un seul coup toute la joie qui habitait Regina : deux semaines plus tôt était arrivée à Nairobi la lettre apportant la confirmation que son grand-père et la fille de ce dernier avaient été assassinés, le premier en Russie par un homme en uniforme SS, et la deuxième dans le camp de concentration de Belzec.

Ces sons inhabituels réveillaient Rummler qui ronflait dans son sommeil. Chaque fois, l'énorme chien blanc qui en avait vu d'autres donnait quelques coups de queue sur le sol, avant de grogner et de repartir sans transition pour des contrées offrant une herbe aussi grasse, des odeurs et des bruits aussi excitants que ceux de sa jeunesse, une jeunesse de chien depuis longtemps disparue. Comme tous les membres de la famille Redlich, Rummler avait un passé. Avant de s'abandonner au flegme confortable de l'âge, il avait été un chasseur doué et intrépide.

Seul un observateur attentif et de surcroît précisément informé des événements de la journée aurait pu découvrir que Walter Redlich, encore plongé dans le sommeil de l'épuisement, souriait. L'ancien avocat et notaire de la localité de Leobschütz, en Haute-Silésie, qui, dans son exil africain, avait connu tous les stades du désespoir et du doute, était revenu à la vie après des années d'une obscurité cruelle. Cette journée de mars lui avait apporté, à lui aussi, la confirmation qu'abandonner l'espoir était un péché que Dieu pardonnait rarement. Quatre ans auparavant, Regina, alors âgée de dix ans, lui avait demandé pourquoi sa mère avait mis au monde un enfant mort, et Walter, n'ayant pu retenir ses larmes même devant sa fille, avait répondu : « Parce que le bon Dieu ne l'a pas voulu, Regina. Il nous a oubliés. »

La douleur de ces longues journées ne l'avait plus quitté. Quatre ans plus tard encore, bien que submergé de bonheur, son plus cher désir accompli, il s'était souvenu comment Jettel et lui, dans les nuits froides d'Ol'Joro Orok, avaient pleuré ensemble l'enfant mort-né, aucun d'eux ne trouvant un mot de réconfort pour l'autre. Avait-il été envahi par la joie dans le couloir de l'Eskotene Nursing Home, à Nairobi, quand le docteur Gregory lui avait tapé sur l'épaule et l'avait félicité pour la naissance d'un fils en pleine santé ? Il avait cherché appui contre un pilier et baissé la tête. Des heures plus tard, tenant dans ses bras ce fils aux cheveux noirs, qui avait encore les yeux bleus en cette première journée d'existence, Walter Redlich s'était remémoré les histoires vieilles comme l'humanité ainsi que l'histoire de son couple, qu'aucune conflagration mondiale ne saurait effacer, et il avait prié Dieu de lui pardonner de ne pas avoir su obéir comme Abraham et s'incliner comme Job.

Au terme d'un long sommeil réparateur, la mère de ce fils tard venu qui s'appellerait Max Ronald Paul avait été réveillée par un orage qui resterait pendant des années en bonne place dans la chronique de la capitale du Kenya : il avait sévi de manière particulièrement violente au-dessus de l'hôpital, déracinant trois gros cèdres dans le jardin aussi vaste qu'un parc. L'accouchée tenait dans ses bras l'enfant dont la vie ne se comptait encore qu'en heures, mais elle pensait à sa mère et à la joie qui aurait été la sienne d'avoir un petit-fils. Sa mère n'avait eu que deux filles, ce qui expliquait peut-être qu'elle ait été à l'origine d'une plaisanterie en vogue dans la famille : « Tous les enfants sont un bonheur, les fils sont simplement un bonheur plus grand encore. » Elle était morte quatre ans auparavant dans un camp qu'elle n'avait pu évoquer autrement que d'une périphrase, la dernière fois où elle avait réussi à donner signe de vie : « Nous devons partir pour la Pologne. »

Dès 1942, Walter avait su : « Ça veut dire Auschwitz. » Bien que généralement incapable, bon gré mal gré, de faire montre de courage, Jettel Redlich trouva insupportable, le jour où elle venait de mettre un fils au monde, l'idée de céder à la pression des larmes. Son cœur renâclait quand sa tête voulait à tout prix rester à Breslau. « Non, supplia-t-elle, pas aujourd'hui. Elle ne l'aurait pas supporté. Elle n'a jamais été égoïste. » Et Jettel, effectivement, revint dans le présent. Sans les blessures habituelles. Ce grand saut audacieux jusqu'à Nairobi transmit à son corps une chaleur qu'elle avait souvent souhaité ressentir durant une grossesse difficile, la plupart du temps en vain. Son sourire rendit à Jettel sa jeunesse, sa beauté et, bien qu'il n'y eût nulle part un miroir, sa coquetterie. Elle laissa sa tête libre de s'abandonner à la détente et, sans que cela lui occasionne la moindre fatigue, se demanda comment il se faisait que, en dépit des efforts exigés par une naissance qui avait traîné en longueur, elle ne se sentît pas épuisée. Ce qui l'étonnait davantage encore, c'était d'avoir attendu ce fils pendant quatre ans, de l'entendre à présent respirer contre son oreille, et de néanmoins penser à sa fille. Elle ferma les yeux, mais elle eut beau s'efforcer d'obliger les images à suivre la direction qui lui paraissait convenable, c'était toujours un instant précis de cette journée qui s'imposait à elle.

– Regina, dit Jettel à haute voix, un peu avec l'irritation de quelqu'un qui désire être tranquille mais qu'un souffle de vent suffit à déranger.

Son fils, qui dormait jusque-là, ouvrit les yeux.

Cette image était celle de sa fille à son arrivée à l'hôpital, en compagnie de Walter, debout devant son lit, un peu hésitante, muette de bonheur, un bonheur qu'elle ne parvenait même pas à concevoir. Jettel et Regina s'étaient regardées, mais leurs yeux n'étaient pas ceux d'une mère et de sa fille : ils étaient ceux de deux femmes ayant parcouru ensemble une route fort peu ordinaire. Peu habituée à analyser des situations et à en dégager les significations importantes, Jettel n'avait fait que sentir, fort intuitivement, ce qui s'était passé. Regina – dont elle avait pourtant toujours cru qu'elle était la fille de son père – et elle-même étaient soudées l'une à l'autre d'une manière indéfinissable.

– Tiens, avait dit Jettel d'un ton badin et sans d'ailleurs se refuser à la plaisanterie, mais en fait inconsciente que toute plaisanterie participe de la réalité. (Tout en parlant, elle avait sorti du creux de son bras son fils qui tétait à vide avec béatitude, le lui tendant par-dessus la couverture du lit.) Tu devras prendre grand soin de lui. Et n'oublie pas que tu as toujours voulu avoir un bébé.

Regina avait eu l'intention de rassurer sa mère : elle pourrait peut-être oublier son propre nom, mais elle n'oublierait pas une seule seconde, sa vie durant, combien elle avait souhaité avoir des frères et des sœurs. Elle s'était déjà humecté la langue et elle avait ouvert les lèvres, mais elle n'avait pas eu le temps de formuler cette réponse qui lui paraissait tout à fait de circonstance et même un peu spirituelle. Ayant flairé le piège – avec la méfiance du juriste qui s'aperçoit que deux êtres sont en accord total, risquant de l'obliger lui, le troisième larron, à écouter derrière la porte fermée –, le père de Regina, avec détermination, s'était avancé vers le lit d'un grand pas, puis, précautionneusement, il avait pris des mains de sa femme le fils si ardemment désiré et avait déposé dans les bras de sa fille le petit paquet sentant bon le bébé et surmonté d'un bonnet bleu clair.

– Tiens, prends, Regina, avait-il déclaré. C'est uniquement à ton intention que j'ai conçu ce magnifique garçon. Quand il sera grand, il prendra soin de toi au cas où tu ne trouverais pas de mari. Tu es en effet beaucoup trop nigaude pour te prendre en main quand je ne serai plus là.

Quatre jours plus tard, elle avait encore dans l'oreille chaque mot de l'étonnante critique paternelle. Elle inscrivit les deux phrases sur la dernière page de son journal, cette fois sans rien souligner et sans coloriage pour les égayer. À vrai dire assorties d'un commentaire qui était la preuve incontestable qu'à quatorze ans Regina avait déjà une prescience des fondements de la psychologie plus grande que son père ne le soupçonnerait jamais : « Caïn et Abel, écrivit-elle, avaient bien moins de raisons de ne pas s'aimer. » Un additif accordait néanmoins l'absolution à son père pour l'appréciation peu flatteuse qu'il avait portée sur sa personne : « Par nigaude, nota-t-elle en connaisseuse pleine de compréhension, il veut dire réservée. »

Jamais l'ombre d'une jalousie n'est venue, depuis ce jour, troubler les rapports entre la sœur et le frère. Ce fut la grande différence d'âge – différence gratifiée d'un hochement de tête désapprobateur par les voisins des Redlich – qui épargna aux deux enfants les bassesses de la jalousie. Regina aimait Max comme une mère son enfant. Durant la première année de sa vie, elle lui raconta chaque jour – en jaluo, la langue d'Owuor que ses parents n'avaient jamais apprise – combien elle l'avait désiré et combien il était important pour elle de ne plus avoir à porter seule le fardeau des rêves d'avenir de ses parents.

– Tu vas devoir t'apercevoir bien assez tôt, s'excusait-elle auprès du bébé assis sur ses genoux, de ce que signifie être un enfant de *refugees*. Ils ne peuvent pas regarder par la fenêtre sans penser au passé.

Jamais la fillette de quatorze ans ne ressentit comme une charge de veiller au bonheur de ce frère. Bien qu'il eût une *aja* [1] – une des trois femmes d'Owuor, venue de son village natal près de Kisumu, à la demande de ce dernier, deux jours après la naissance –, c'était Regina qui, aux heures lourdes de la mi-journée, le poussait dans sa voiture d'enfant dans le jardin du Hove Court. Elle ressentait comme un succès personnel chaque compliment adressé à l'enfant.

Toutefois, la grande déception à cet égard vint de son amie Liesel. Max avait déjà dix mois qu'elle n'était toujours pas venue le voir. Les élèves internes de la High School pouvaient passer un dimanche après-midi sur quatre dans des familles amies. Il va de soi que les Redlich invitèrent Liesel chez eux, ne serait-ce qu'en reconnaissance de l'hospitalité avec laquelle sa famille avait accueilli Regina dans leur ferme de Londani pendant sa scolarité à Nakuru. Mais Liesel n'avait cessé de décliner les invitations de Regina, souvent avec une assez grande brusquerie. Plus que le refus lui-même, c'était le ton sur lequel il était émis qui blessait Regina et la décontenançait.

– Depuis la mort de son père, se plaignit-elle un jour auprès de ses parents, Liesel n'est plus la même qu'avant.

– Moi aussi, je ne suis plus le même depuis que j'ai appris la mort de mon père.

– Mais tu n'es pas jaloux que d'autres aient un père et toi non. Parfois je me dis que Liesel m'en veut que tu sois en vie et que son père soit mort.

– Ne pas être jaloux, c'est une chose qui s'apprend, Regina. Et il y a des gens qui ne l'apprennent jamais.

– Je n'aime pas les gens jaloux.

– Et moi, je n'aime pas les gens qui imputent à autrui des choses qui ne sont pas vérifiables. Nous autres juristes appelons ça une condamnation *a priori*.

Regina n'avait pas la moindre idée de ce que son père voulait lui dire ; elle ne l'aurait pas davantage compris s'il avait discuté avec elle en anglais. Peu après, elle renonça à inviter son amie les

1. « Nounou ».

dimanches de sortie. Bien que trouvant désagréable une pareille tactique, elle parvint à ne plus évoquer le sujet. De manière inattendue, ce fut Liesel qui le remit sur le tapis – à la grande stupéfaction de Regina – à la fin d'un cours de mathématiques où avaient été rendues les compositions mensuelles. Immédiatement après la remise des copies, Liesel avait donné à entendre – avec une certaine malice – que le devoir proposé n'avait pas été d'un niveau suffisant pour elle. Pourtant, à l'indéniable satisfaction de ses condisciples et contrairement à son habitude, elle s'était laissé ravir la meilleure note en raison – comme le fit savoir le professeur avec une plus grande malice encore – « d'une erreur tout à fait indigne du niveau de Liesel ». Un peu intimidée, balançant les bras, geste qu'elle avait cessé de faire depuis longtemps quand elle parlait, elle s'était dirigée vers Regina à la récréation et avait déclaré, comme si c'était la chose la plus naturelle du monde, qu'elle aimerait voir le bébé.

Avec son sens précoce des nuances linguistiques, Regina avait certes noté que Liesel avait dit « le bébé » et non « ton frère », mais elle embrassa son amie avec tant de spontanéité et de fougue que toutes deux chancelèrent. Elles effectuèrent quelques pas de danse malhabiles en poussant des rires perçants. Depuis leur conversation à la gare de Nakuru, elles n'avaient plus eu l'occasion de rire en même temps, alors que cette simultanéité était de toute éternité un présage de bonheur. Ce qu'exprimaient leurs yeux ne laissait pas de place au moindre malentendu. Elles pensaient l'une et l'autre à cette journée où, voici onze mois de cela, elles étaient parties dans des directions différentes – et pas seulement en raison de la configuration du réseau ferré kenyan.

– Nous étions encore des enfants, se souvint Liesel.

– De quoi parles-tu ? répondit Regina jouant la comédie. Quand et où ?

– Tu te fais vieille, Regina. Il fut un temps où tu arrivais à poser quatre questions en cinq secondes.

– *Sorry, Madam*. Ça ne se reproduira pas. Pourquoi ? Pourquoi avions-nous ri ?

Le dimanche suivant, Regina mit à son frère la brassière bleu cobalt qui, comme chacun pouvait le confirmer – et personne d'ailleurs ne s'était dérobé à ce devoir –, faisait de lui le plus bel enfant entre Le Caire et Le Cap. Elle lissa le duvet noir de ses cheveux à l'aide de la brosse d'argent sur laquelle était gravé le nom de Regina – une brosse ayant accompli le trajet entre Leobschütz et Nairobi, via Mombasa et Ol'Joro Orok, et longtemps utilisée au seul profit de l'ours en peluche qui avait lui aussi effectué ce long voyage. Regina assit son frère dans la voiture d'enfant du fond de laquelle les quatre enfants de leurs voisins de droite et le garçonnet des voisins de gauche avaient déjà sondé le monde qui les entourait. La grande sœur appuya le bébé, fort satisfait de son sort, sur un coussin de satin vert brodé qui venait, lui, de Breslau et lui donna à tenir son hochet. Le *sergeant* Walter Redlich, avec du bois et du fer-blanc, avait bricolé le premier jouet de son héritier mâle, puis l'avait rempli de minuscules cailloux. Cette espèce de crécelle allait survivre à tous les Redlich, à l'exception de Regina. Afin d'éviter que l'instrument de musique chargé de tant de souvenirs tombe entre les mains de personnes ignorant son histoire, celle-ci le jeta à la poubelle le jour où son monde s'effondra.

Il y avait encore au moins une demi-heure jusqu'à l'arrivée prévue du bus amenant Liesel de l'école au Hove Court. Cet ancien hôtel où logeaient presque exclusivement des émigrés avait depuis peu son propre arrêt de bus. En sa qualité de membre des forces armées royales de la Grande-Bretagne, Walter avait été chargé par les autres résidents de faire la demande d'un arrêt supplémentaire auprès des autorités compétentes.

– C'est parce que tu es *sergeant* que tu dois faire ça, s'était réjouie Regina.

– Non, l'avait-il contredite, c'est parce que je sais lire et écrire.

Plus tard – non sans une certaine fierté –, il aimerait à vrai dire raconter les choses ainsi : « Ce fut mon premier succès dans ce pays. Il fallait bien quelqu'un ayant obtenu deux diplômes d'État en droit et ayant passé son doctorat pour rédiger une aussi belle requête. »

Tandis qu'elle attendait le bus, repoussant à intervalles réguliers l'impatience dans sa poitrine, comme le lui avait appris Owuor à la ferme, Regina pensait à son père. Depuis la naissance de son fils, il était transformé. Il riait, ce qui ne lui arrivait guère à la ferme, ne se plaignait plus de ce que l'école de Regina fût trop chère, jouait au skat[1] avec M. Schlachter et le vieux Gordon, buvait à l'occasion un verre de bière et, bien que n'omettant jamais de dire qu'il échangerait bien sa dernière chemise contre une «vraie bière», il se léchait toujours les babines après la première gorgée. C'était cette affaire de dernière chemise qui fascinait tout particulièrement Regina. Avant d'entrer dans l'armée, son père n'avait jamais eu que trois chemises. Maintenant, il rentrait chez lui, le vendredi, avec un sachet de friandises et d'autres merveilles qu'on ne trouvait qu'au NAAFI, le magasin ouvert aux seuls ressortissants de l'armée; à dire vrai, ce père nouveau qu'elle admirait tant, ce père aux multiples chemises, semblait partir très souvent et très soudainement pour un safari dans lequel sa fille n'était pas autorisée à l'accompagner, ce à quoi elle n'était pas habituée. Pourtant, ces brusques départs n'éveillèrent jamais ses soupçons. Elle n'éprouva pas non plus de méfiance quand elle prit conscience que ses parents se disputaient encore plus souvent à Nairobi qu'à Ol'Joro Orok et que, pareils à des enfants surpris à commettre une bêtise, ils se taisaient dès qu'ils s'apercevaient de sa présence.

Pour surveiller l'arrivée de Liesel à l'un des endroits qu'elle préférait et prolonger ainsi le plaisir de l'attente, elle s'assit sous un palmier. Il était le seul à pousser au bord de la route. En dépit de la sécheresse qui durait déjà depuis plusieurs mois et du sol ingrat où il devait puiser sa subsistance, l'arbre avait des feuilles vertes et pleines de sève. Des coléoptères aux ailes vertes aussi s'y dissimulaient. Les nuages avaient emprunté des voiles délicats aux fées des airs auxquelles Regina croyait quand elle était enfant. Ils tournoyaient dans l'immensité bleue sans perdre leurs contours. Le vent n'était qu'un chuchotis. Il était néanmoins assez fort pour pousser devant lui une fleur de jacaranda au travers de l'herbe haute. La jeune beauté était partie à l'aventure avec trop de hardiesse; maintenant, condamnée à mort, elle lançait obstinément des éclairs violets, entourée de géants marron qui n'avaient à craindre ni la tempête ni la canicule. Une seule nuit de pluie leur suffirait pour retrouver le vert de l'espoir et de leur jeunesse. Au bord de la route

1. Jeu de cartes à trois joueurs très répandu en Allemagne *(N.d.T.)*.

poussaient des cactus armés de solides aiguillons. Un vandale avait gravé dans leurs larges feuilles, avec une épine, des figures grimaçantes et furieuses ainsi qu'un pistolet. Ces cactus maltraités avaient des fleurs délicates, d'un jaune clair qui, même à l'heure de midi, quand toutes les créatures épuisées capitulaient devant la chaleur, attiraient les abeilles.

Regina prit dans la voiture d'enfant deux citrons cueillis dans le jardin du Hove Court avant cette brève promenade et elle les lança en l'air en même temps. Sa grand-mère, à croire ce que Jettel en avait raconté à sa fille quand subsistait l'espoir que les deux femmes restées à Breslau réussissent à échapper aux assassins allemands, savait jongler avec trois balles.

– Je n'y arriverai jamais, dit Regina, constatant qu'elle n'avait rattrapé que le plus gros des deux citrons.

Elle les avait d'ailleurs lancés trop haut.

Elle avait parlé très fort. Il était apaisant de trouver dans sa propre voix un réconfort quand, pas mieux que les citrons, on ne parvenait à envoyer ses pensées dans la direction voulue. Elle frotta les fruits l'un contre l'autre jusqu'à ce que les épaisses écorces cèdent et libèrent l'arôme de la pulpe. Satisfaite, Regina noya dans le parfum rafraîchissant de l'agrume le trouble qu'elle venait de ressentir et n'avait pas encore identifié comme la mélancolie de quelqu'un ayant précocement mûri.

– *Aja*, chanta son frère tout en chassant une mouche d'un coup de hochet.

Deux oiseaux roucoulaient dans un buisson opulent, aux baies d'un rouge de feu. Leur plumage noir étincelait dans la lumière crue ; ils avaient un long bec rouge.

– Ils sont beaux, constata Regina.

Elle répéta en kikuyu la phrase qu'elle avait d'abord formulée en swahili, parce que les Kenyans utilisaient le même mot pour « beau » et « bon ».

– *Aja*, confirma Max.

C'était le seul mot qu'il savait dire. Il lui suffisait pour rendre compte du panorama intégral de son existence.

Le bus surgit du virage en lançant un interminable coup de Klaxon éraillé. Les garde-boue étaient rouillés, les fenêtres n'avaient plus de vitres, une portière avait perdu sa poignée. Le véhicule avec, sur le toit, des cartons bien ficelés de toutes les tailles, des régimes de bananes, une petite baignoire en tôle remplie d'oranges jusqu'à ras bord et une cage pleine de poules en furie, se dirigeait vers la station à une telle vitesse que Regina fut certaine qu'il poursuivrait son chemin sans s'arrêter. Ce qui arrivait fréquemment. Les chauffeurs se sentaient confortés dans leur fierté et leur prestige de pouvoir décider à leur guise qui serait autorisé à descendre de leur bus, où et au bout de combien de temps. Le bus transportait rarement des Européens. Or, les conducteurs n'avaient que peu d'estime pour les gens assez désargentés pour ne pas rouler dans leur propre voiture. Pour ces seigneurs du volant, taquiner aux arrêts des gens qui, dans toute autre situation, pouvaient s'en remettre à la blancheur de leur peau, était un plaisir rare.

Le cœur de Regina cognait contre ses côtes. Elle se mit à compter les coups et sentit la déception la prendre à la gorge. Sa bouche devint toute sèche. Pestant, elle enfonça les ongles dans un des citrons qu'elle avait gardés à la main. Mais ce qu'elle n'espérait plus se produisit alors. Infiniment soulagée, mais également honteuse de s'être comportée comme un enfant et d'avoir laissé paraître ses sentiments sur son visage, elle s'aperçut que le bus stoppait – au moins cinquante mètres après l'arrêt et au seul endroit où la route n'était pas pavée. Il fallut attendre un petit moment pour voir le nuage de terre rougeâtre soulevé par les pneus retomber, libérant la vue et permettant à Regina de constater que deux personnes se dirigeaient vers elle. Deux ombres dansaient devant ses yeux, se transformant un très bref instant en une seule colonne noire et chancelante, puis se séparant à nouveau.

Regina ravala le soupir qui menaçait sa fierté ; se préparant à mettre la déception en fuite, elle se mordit les lèvres jusqu'à sentir la douleur, pressa les paupières l'une contre l'autre, se leva et gratta le sol avec ses pieds. C'est alors qu'elle reconnut Liesel, juste à temps pour éviter que sa camarade s'aperçoive qu'elle avait trop vite perdu espoir et s'était comportée comme si on ne lui avait pas appris à l'école à garder en toute situation le contrôle de soi. Ces derniers mois, Liesel ne s'était pas contentée de prendre de la taille. Par rapport à l'époque de Nakuru, sa robe de cotonnade à carreaux rouges et verts était non seulement bordée d'un nouveau galon vert masquant l'ourlet qu'on avait été obligé de défaire, mais elle était également très tendue au niveau de la poitrine. Regina gaspilla quelques secondes à souhaiter que ses robes deviennent enfin trop étroites au niveau de la poitrine et pas uniquement trop courtes du bas. Aussi ne reconnut-elle la compagne de Liesel qu'avec un temps de retard qui lui fut particulièrement désagréable quand elle comprit de qui il s'agissait.

Liesel ne prit même pas le temps de dire bonjour à son amie.

– Les parents de Vicky sont allés à Kitale, débita-t-elle avec hâte, comme si ce qu'elle avait à dire lui encombrait la gorge et demandait à être éliminé sur-le-champ, et le moteur de leur voiture y a rendu l'âme. Ils sont obligés d'en attendre un neuf à Kitale. J'ai pensé que ta mère ne serait pas fâchée si j'amenais Vicky avec moi. Sinon, elle aurait dû rester seule à l'école pendant tout un dimanche de sortie.

– Elle sera sûrement contente, mentit Regina en croisant les doigts. Sûrement, reprit-elle pour se donner du courage.

Même à la ferme, sa mère était catastrophée quand des hôtes débarquaient sans avoir prévenu. « La place des hôtes arrivant à l'improviste, c'est sous la table », avait-elle coutume de dire, citant un certain oncle Thomas, de Hambourg, qu'elle-même ne connaissait que par ouï-dire. Regina, qui ne pouvait deviner à l'époque qu'elle hériterait de sa mère son horreur des surprises, fut bien consciente d'avoir parlé de manière trop précipitée, tout comme venait de le faire Liesel. Et vraisemblablement aussi à voix trop haute, se dit-elle, accablée. Elle se sentit maladroite et inexpérimentée, pareille à un jeune chien lancé à la poursuite de sa première proie, ayant le souffle trop court pour contrôler sa dépense d'énergie et prenant ensuite l'air stupide que seul peut avoir un petit chiot sans expérience. Regina se demanda même si elle n'avait pas bégayé. Elle serra les dents. Il lui parut tout à fait invraisemblable que Liesel, à qui rien n'échappait, pas même les détails les plus insignifiants, n'ait pas remarqué son dilemme. Elle essaya de lui adresser un sourire qui ne soit pas celui d'une petite fille embarrassée, mais qui soit digne de l'actrice Esther Williams dont toute la classe s'était entichée. Un de ses films, célèbres pour ses déshabillés sportifs, passait justement au Capitol. La diva en maillot de bain ne cessait d'y sourire dans toutes les directions avant d'effectuer un de ses admirables plongeons dans l'eau bleue et étincelante d'une piscine.

Regina sortit la main droite de la poche de sa jupe pour la tendre à Vicky, mais elle arrêta son geste en chemin. Cette fois au moins, ses réflexes ne l'avaient pas trahie. À la toute dernière seconde, elle s'était en effet souvenue que seuls les *refugees,* et en aucun cas les Anglais, se tendaient la main pour se saluer. Quelques semaines auparavant, on avait donné un film où un groupe de femmes du vieux continent étaient assises autour d'une table ronde, devant un morceau de tarte aux fraises qui, à lui seul, valait le déplacement jusqu'au cinéma. Puis une femme avait rejoint les premières, une blonde plantureuse, vêtue d'une veste verte aux merveilleux boutons argentés et coiffée d'un chapeau de couleur claire sur lequel une plume noire se balançait. Au rythme de sa poitrine. La femme à la plume avait tour à tour tendu la main aux convives. Certaines d'entre elles s'étaient même levées pour accomplir le rituel. Le public n'avait pas boudé son plaisir ni ménagé ses rires. Regina non plus, mais elle n'avait pas osé applaudir car, juste au moment où l'amusement était à son comble, elle n'avait pu s'empêcher de regarder son père. « Il est grand temps », avait-il murmuré. Elle n'avait pas la moindre idée de ce qu'il avait voulu dire, mais un peu de la joie que lui procurait le film s'était envolée.

Démoralisée de constater que, même après cet incident, elle n'avait pas définitivement vaincu l'habitude de la poignée de main, elle tira sur une de ses mèches de cheveux. Mais Vicky aurait même pardonné au roi George VI ou à Churchill, s'ils avaient fait mine de lui tendre la main en cet instant étonnant qui devait lui assurer pour toujours une place dans la chronique des souvenirs de Regina ! N'importe quel impair, n'importe quel manquement à la distinction des mœurs anglaises lui auraient échappé ! Vicky – Sedlacek de son nom de famille ! –, qui rêvait d'un manoir anglais, d'un maître d'hôtel en livrée, de femmes de chambre en tablier blanc empesé et d'un duc comme époux, avait déjà à moitié disparu, bras et tête enfouis, dans une voiture d'enfant bringuebalante qui abritait les débuts dans la vie d'un sixième rejeton de *refugees* sans ressources.

Max, à dix mois et sept jours, était incontestablement un garçon, un garçon ayant déjà fortement développé le sens de l'éternel féminin auquel aucun homme ne résiste. Fou de joie, il balança hors de sa calèche bourgeoise le hochet bricolé avec adresse par la main paternelle. Il avait un sourire qui laissait voir toutes ses dents, trois au total. De ses mains déjà assez fortes pour saisir avec vigueur, toujours exultant, il fourrageait dans les cheveux soyeux de Vicky, séduit par leur finesse, des cheveux d'un blond décoloré par le soleil. Il se garda de dire «*Aja*» comme à l'ordinaire, préférant jouir de l'instant à la manière d'un homme et se taire comme un gentleman. S'il avait déjà su siffler à l'époque, les oiseaux d'Afrique auraient entendu comment une créature humaine, bien que dépourvue de plumage et d'ailes, se livre à une parade amoureuse.

Regina était désarçonnée. Bouche bée, elle contemplait la scène avec des yeux trop grands pour leurs orbites. Elle avait passé six années avec Vicky à la Nakuru School. Elles étaient dans la même classe. Elles avaient dormi côte à côte et détesté miss Chart de concert. Ensemble, elles avaient espéré que l'école brûlerait de fond en comble et, durant toutes ces années, chaque jour avait été pareil au précédent, pareil au suivant. À la High School non plus, il ne se passait rien qui s'écartât de la norme. Rien de particulier n'avait uni les deux fillettes, si ce n'est la malchance d'être des enfants d'émigrés. Et voilà que Vicky – beauté suprême vêtue d'une robe d'un jaune citron agrémentée de volants se balançant sur la jupe, pareille à celle des enfants de bonne famille qu'on voit, sur les tableaux de maître, souper sous des lustres – voilà que Vicky venait de conquérir le cœur de Regina. Son frère, un bébé pour certains, pour elle un prince à qui le monde appartiendrait un jour, couché dans la voiture d'enfants, au comble de la joie, gargouillait de bonheur, tenant dans ses mains les cheveux d'une jeune personne à qui la Fortune accordait des faveurs chaque jour renouvelées et qui, sa vie durant, ne désirerait rien d'autre que se regarder dans la glace et y prendre plaisir.

Vicky avait développé la faculté de se faire aimer de tout le monde depuis son entrée à l'école de Nairobi. Tous – hommes, femmes, enfants, adolescents ou vieillards – tous succombaient au charme magique émanant de cet être gracieux mais résolu.

D'ordinaire plutôt réservée et méfiante en présence de femmes dont la jeunesse et la beauté la troublaient, Jettel allait vivre quelques minutes plus tard, chose fort rare chez elle, un moment de totale absence de jalousie. Portant, autour de sa taille de guêpe, une large ceinture de velours parfaitement accordée à l'azur de ses yeux et, sur le corsage plissé et autour des courtes manches bouffantes transparentes, de minuscules rubans bleus, Vicky sortit Max de sa voiture. On ne décelait pas une ombre de désagrément, le moindre froncement sur le nez bien fait de la belle. Vicky tenait dans ses bras le petit paquet humide, plein de l'odeur caractéristique et pénétrante des nourrissons, comme elle aurait porté une coupe précieuse, destinée à récompenser les vainqueurs et, dans le cas particulier, à fêter une reine avec qui nul être sur terre ne saurait jamais se mesurer.

– Elle tient l'enfant comme les hommes portent la Thora à la synagogue, dit Liesel avec un air de dégoût. Où madame a-t-elle pu aller prendre modèle ?

– Moi, ça me plaît, sa manière de le porter, dit Regina, défendant la longiligne protectrice de son frère. Et comment se fait-il que ce soit précisément toi qui saches comment on porte la Thora à la synagogue ?

– La chouchou de mister Whidett est-elle de nouveau en train de pinailler sur les mots ? Ou bien ferais-je fausse route ? Dis-moi, tu n'irais pas à la synagogue depuis quelque temps ?

– Tous les vendredis soir. Avec mon père. Depuis la naissance de mon frère.

– Ah bien ça alors ! C'est donc effectivement un miracle que je sache ce qu'est une Thora. Moi, une enfant unique !

Quand le trio arriva au Hove Court – Regina poussant devant elle le landau vide, mécontente d'avoir manifestement vexé son amie, et Liesel avec la mine renfrognée de celle qui vient de se faire mettre en boîte –, Vicky entonna en anglais la célèbre chanson pour enfants où il est question d'un mouton noir avec trois sacs de laine. Le petit air sans prétention monta, net et harmonieux, jusqu'à la cime des arbres comme si jamais encore un être humain n'avait chanté. Juste avant d'arriver au logement des Redlich, entre la haie luxuriante aux fleurs rouge sang et la plate-bande bordée de pierres blanches où des œillets roses à longue tige exhalaient leur enivrant parfum de cannelle, la jeune chanteuse entonna *Weißt du, wie viel Sternlein stehen?*[1]. Jamais, malgré l'interrogatoire en règle auquel elles soumirent l'artiste, Regina et Liesel ne réussirent à savoir ce qui avait poussé leur camarade de classe à chanter une chanson allemande. L'accentuation de chacun des mots était parfaite; il n'y avait pas non plus le moindre doute qu'elle avait chanté cette chanson plus souvent qu'à son tour. Jusqu'à cet après-midi de revirements et de découvertes déconcertantes, Regina et Liesel auraient juré que Vicky n'avait jamais manqué aux égards et au respect qu'elle devait à son si joli nom anglais.

– J'avais toujours pensé, chuchota Liesel à l'oreille de Regina, après avoir mangé un premier morceau de gâteau, qu'elle n'aurait jamais avoué, même sous la torture, qu'elle comprenait un traître mot d'allemand.

– Le firmament! pouffa Regina. Entendre ce mot dans la bouche de lady Vicky. J'ai cru que je rêvais.

Jettel, qui n'aimait pas les visites inopinées, surtout quand le gâteau était déjà tranché et qu'on ne pouvait couper les parts en deux sans les abîmer, se tenait depuis un petit moment déjà devant sa porte ouverte. Avant même que la chanson fût terminée, elle aperçut le petit Max dans les bras de Vicky. Elle se mit à pleurer. Ses épaules tremblaient. Quand elle se précipita vers Vicky, elle était très pâle, et elle faillit buter contre la marmite d'eau bouillie pour le dîner qu'Owuor avait posée devant la porte afin qu'elle refroidisse. Elle sourit pourtant quand Vicky lui donna l'enfant. Jamais encore Regina n'avait vu sa mère se comporter de la sorte. Elle lui paraissait embarrassée comme une petite fille, pensive, absente, mais en même temps, chose étrange et inexplicable, heureuse aussi.

– Ma mère, dit Jettel, chantait toujours cette chanson à ma petite sœur. Tous les soirs. Je ne pensais pas la réentendre un jour. Merci, Vicky. Tu ne peux pas savoir ce que tu viens de faire pour moi. Sa voix n'avait pas retrouvé sa fermeté.

D'un geste hésitant, elle caressa la joue de Vicky.

---

1. « Sais-tu combien il y a d'étoiles au ciel ? » *(N.d.T.)*.

– Merci, répéta-t-elle.

– Comment sais-tu que c'est Vicky ? s'étonna Regina.

– Qui cela pourrait-il être, sinon ? La princesse Elizabeth ou Marlene Dietrich peut-être ? Tu nous as toujours raconté que Vicky était la plus belle de vous toutes.

Au lieu d'exiler sous la table le visiteur inattendu, comme l'oncle inconnu de Hambourg le recommandait en cas de nécessité, Jettel, hôtesse pleine d'imagination, aimable, charmante, chaleureuse même, proposa de porter les deux couvertures vertes, le service à fleurs, le café et le gâteau dominical sous l'arbre au pied duquel la très enviée Mrs Malan et ses ravissantes filles avaient l'habitude de prendre le thé. Mrs Malan habitait dans une villa dont les *refugees* du Hove Court racontaient qu'elle comportait deux salles de bains, chacune dotée d'une baignoire dorée et d'un bidet. Elle ne portait que des saris de soie, de longues robes rouge vif, brodées de fil doré. Lydia Malan était l'épouse du propriétaire du Hove Court. Elle passait pour sociable, car elle souriait même aux locataires, totalement impécunieux à ses yeux, de son mari. « Comme nous jadis aux parents de nos bonnes », avaient coutume de se confier ces dames originaires de Hambourg, de Berlin, de Vienne, de Breslau, de Cottbus et de Chemnitz.

En ce dimanche à marquer d'une pierre blanche, les Redlich oublièrent que, s'ils étaient impécunieux, ce n'était pas seulement aux yeux de Mrs Malan. Exactement comme la souveraine indienne désireuse de se montrer à son peuple, ils organisèrent un pique-nique, se souciant comme d'une guigne de le tenir en un lieu bien au-dessus de leur condition. La famille Redlich et ses deux jeunes invitées avaient pris place à l'ombre d'un arbre géant qui sentait la résine et dans le feuillage duquel un oiseau faisait sa cour, bien décidé à trouver une partenaire avant la tombée de la nuit.

– Il ne nous manque que les coupes à champagne de la haute société indienne, dit Walter avec gaieté.

Il leva sa tasse, s'apprêtant à lancer un clin d'œil à sa femme, ce qu'il n'avait plus fait depuis avant la naissance de son fils, mais ses yeux s'égarèrent en route. Durant un instant de griserie, ils s'abandonnèrent à un souvenir lointain et, les images et les époques s'entremêlant dans sa tête, s'arrêtèrent sur Vicky.

Jettel, magnanime, fit semblant de ne pas remarquer le petit flirt de son mari. Après tout, Vicky était encore une enfant et son invitée par-dessus le marché, comme elle s'en persuada elle-même aussitôt.

– Lydia Malan, dit-elle, s'abandonnant pleine d'assurance à son imagination, se séparerait certainement des perles de son nez et de la chaîne en or qu'elle porte à son cou si nous acceptions de lui vendre notre service en porcelaine de Saxe. Mais elle peut en faire son deuil. Je ne me séparerai pas d'une seule tasse. Pourquoi, sinon, aurais-je trimballé tout ça de Breslau jusqu'ici ?

– Et acheté une robe du soir au lieu d'un réfrigérateur, lui rappela Walter qui demeura néanmoins aimable en cet inoubliable dimanche, même en abordant ainsi un sujet scabreux entre tous.

Jettel n'était pas disposée à relever le gant pour une dispute dont chaque mot était connu avant même l'ouverture des hostilités. Elle regarda avec satisfaction les assiettes pleines. Comme si son instinct de femme l'avait avertie, deux jours auparavant, qu'elle aurait plusieurs invitées, il y avait un *Streuselkuchen*[1] comme seule – cela ne fit pas l'ombre d'un doute chez les Redlich durant toutes les années de leur exil – une Silésienne savait les faire. Et, sur le plus grand plat à viande du service, étaient disposés les minuscules petits pains qu'Owuor, depuis l'époque d'Ol'Joro Orok, réussissait mieux que personne.

Tous ceux qui étaient venus rendre visite aux Redlich à la ferme, que ce soient les Weyl ou les Groag, et même Mrs Rosenkranz pourtant si difficile, affligée d'éternelles douleurs de la vésicule biliaire et d'une fille non moins difficile qu'elle, tous avaient loué les petits pains bien levés d'Owuor. Les compliments des gourmets caressaient encore ses oreilles. À présent, vêtu de la chemise blanche lui descendant, par-dessus son pantalon, jusqu'aux genoux et de l'écharpe rouge que, pour servir, il ne nouait autour de sa taille que dans les grandes occasions, il était appuyé à l'arbre du rire. Il veillait attentivement sur la famille qui était la sienne depuis longtemps et le resterait toujours. Des *Eierhäckerle* d'un jaune vif, véritables merveilles, témoignaient de ses talents culinaires. Contrairement à

1. Gâteau au levain recouvert de petits morceaux de pâte sablée *(N.d.T.)*.

Liesel, originaire de Bavière, qui ignorait donc jusqu'au nom de ces chefs-d'œuvre, Vicky, à la surprise générale, savait avant même d'avoir goûté une première bouchée qu'il s'agissait d'une spécialité très recherchée, avec de l'œuf haché et des oignons coupés menu. Walter fut enthousiasmé. Songeur, il contemplait Vicky en se passant la langue sur les lèvres.

– Ma mère y met aussi toujours un peu de moutarde, racontait celle-ci. Et parfois également de la ciboulette.

Une nouvelle fois, elle avait parlé allemand de manière aussi naturelle que si elle n'avait jamais appris l'anglais. Liesel et Regina échangèrent un hochement de tête perplexe, mais durent donner leur langue au chat.

– Potsdam, c'est en effet déjà à l'est, confirma Walter d'un ton de contentement. Là-bas, on sait très bien ce qu'est un *Häckerle*.

– Et comment t'est-il venu à l'idée que Vicky est de Potsdam ? explosa Regina. Tu ne peux tout de même pas tout savoir.

Elle s'aperçut qu'elle était jalouse. Et désemparée.

– C'est elle qui me l'a dit. Il y a en effet des gens qui savent où ils sont nés.

– Je le sais, moi aussi. À Sohrau. Oh, je raconte n'importe quoi, corrigea-t-elle, nerveuse. (Elle rougit, furieuse de laisser voir qu'elle était contrariée.) C'est la langue qui m'a fourché. Je sais parfaitement que je suis née à Leobschütz.

– Il y a des gens qui savent d'où ils sont originaires sans que la langue leur fourche.

– Arrête d'embêter ta fille, la défendit Jettel. Elle ne sait pas plus à quoi ressemblait Leobschütz que Sohrau. Ce ne sont pour elle que des mots vides de sens.

– Je ne l'embête pas. Je veux simplement la mettre en état de se défendre. Sinon elle se laissera marcher sur les pieds quand elle sera mariée, comme son père.

– J'aimerais avoir autant de soucis que toi.

– Tu as oublié de dire : et autant d'argent que Rothschild.

Les deux derniers à s'associer aux festivités arrivèrent à quatre pattes et se joignirent sans prononcer un mot au cercle réuni sous l'arbre. Le premier était un jeune chien, le fruit noir et pataud d'un mélange de setter Gordon, de Ridgeback et de divers autres congénères apparentés. Il avait une oreille et demie, une queue touffue, et son nez n'eut pas plus tôt pris le vent qu'il manifesta un grand intérêt à la fois pour les spécialités silésiennes et pour Rummler. Le chien de la maison, malgré l'ancienneté de ses droits acquis, était bien trop flegmatique pour subodorer un rival dans le premier congénère venu ; ayant brièvement flairé le chiot sans malice, il reprit son sommeil sans même prendre la peine de chasser les mouches de sa tête massive. Ce fut à vrai dire Jettel qui préserva chez le bébé chien sa confiance naturelle envers le monde l'entourant : elle interdit à Owuor, armé d'un couteau, de se précipiter sur l'animal dont le seul crime avait été de s'apprêter à lécher une assiette. Malgré les larmes qu'elle avait versées à l'arrivée de Vicky et bien qu'ayant toujours très nettement devant les yeux les images qu'avait fait surgir des profondeurs de sa mémoire la chanson des étoiles du firmament, Jettel était détendue, sereine par moments, capable de rire d'elle-même, chose qui n'arrivait pour ainsi dire jamais et qui stupéfia plus encore son mari que sa fille.

– Je n'aime pas les chiens, dit-elle.

La phrase, prononcée pour la première fois quand Rummler, l'éternel baveur, était arrivé à la ferme, appartenait désormais au répertoire familial. Tout en regardant Vicky en soupirant, Jettel entreprit de caresser Rummler de la main gauche, de l'autre le chiot en train de s'empiffrer.

Le deuxième invité surprise fut un petit garçon kikuyu à moitié nu, à peu près de l'âge de Max, mais, obligé qu'il était de grandir sans voiture d'enfant, beaucoup plus habile de son corps que celui-ci. Il paraissait déjà avoir compris qu'il était utile de faire preuve de souplesse intellectuelle, surtout dans des situations inhabituelles. À la différence de Max qui intriguait toutes les mères du voisinage parce qu'il ne manifestait pas le moindre besoin d'explorer le monde extérieur à sa voiture d'enfant, le petit Kikuyu savait déjà marcher à quatre pattes. Il avançait à une vitesse impressionnante. Il eut surtout le bon goût instinctif de se présenter en premier lieu à la dame de la maison.

L'enfant avait la peau étonnamment sombre et il était très vigoureux. Il portait un maillot de corps en coton blanc qui ne lui descendait même pas jusqu'au nombril, mais pas de culotte. Quand on découvrit le garçonnet nu-pieds, il était en train de sortir en rampant d'un buisson, sans même se blesser aux épines. La tête baissée, il traversa à quatre pattes un sentier couvert de cailloux blancs, puis la pelouse. Avant d'avoir atteint son but, il ne regarda ni à gauche ni à droite. Ce voyageur décidé paraissait sûr de sa route. Il repoussa de côté, des deux mains, le jeune chien qui essayait de lui barrer le chemin, puis mit le cap directement sur Jettel. Il saisit sa sandale blanche et, examinant ses ongles de pied recouverts d'un vernis rouge, il s'étonna bruyamment. Un instant, il se tint à la ceinture d'étoffe qu'elle avait nouée lâchement autour de sa taille. Puis, tirant sur ses bras qui révélaient une stupéfiante force musculaire chez un enfant qui ne marchait pas encore, il se hissa et, gloussant de satisfaction, se glissa sur les genoux de Jettel. Après avoir conquis cette position, il écarquilla à un tel point ses immenses yeux qu'ils semblèrent encore plus grands et plus sombres qu'ils ne l'étaient en réalité. Battant des mains et de plus en plus joyeux, il laissa Jettel le gaver du plus gros morceau de gâteau restant sur le plat. Le gourmet intrépide avait trois dents, un bracelet fait de minuscules perles colorées autour du poignet et, autour du cou, un collier de petites billes de bois rouge.

– Toto, dit Jettel en riant, tu es vraiment un charmant petit garçon. Aurais-tu échappé à ta mère ?

Elle caressa de la main la tête ronde et chauve du jeune charmeur. Quand son estomac fit savoir qu'il était rassasié, elle versa dans sa propre tasse ce qui restait de lait dans le petit pot et le lui fit boire. À la grande indignation d'Owuor, la *memsahib,* d'ordinaire si pointilleuse sur l'état du linge – il n'avait même pas le droit de cracher dessus pour l'humecter au repassage – essuya la bouche d'un rejeton de la tribu des Kikuyu avec une serviette que lui, un Jaluo, avait lavée la veille !

La tendresse redonnait au visage de Jettel sa jeunesse. Ses yeux brillaient encore des larmes versées une heure plus tôt au souvenir de sa mère. Se levant, elle serra un instant contre son corps l'enfant qui lui entourait le cou d'un bras et lui piaillait dans l'oreille, le berça en faisant quelques pas sous l'arbre, puis le posa avec précaution sur la couverture bleu clair où son fils s'occupait à sucer un petit canard en caoutchouc jaune. Ignorant que, dans le pays où il était né, on avait coutume de juger les gens d'après la couleur de leur peau, Max jeta le canard dans l'herbe. Il tendit les bras en direction d'un camarade de jeu que les canards en caoutchouc jaunes n'intéressaient pas, mais que fascinaient en revanche les boutons de nacre blancs. Les deux bambins se plongèrent aussitôt dans une de ces mystérieuses conversations que la science ne déchiffrera vraisemblablement jamais de manière satisfaisante. Celui qui avait la peau claire ne parlait que le swahili. Il criait «*Aja*» en direction des buissons et des arbres. Sur tous les tons. Le petit Kikuyu gargouillait et riait en répétant le mot qu'il entendait pour la première fois. Dans son milieu, c'étaient les mères qui s'occupaient des bébés, pas des *ajas*.

– *Aja*, criait le duo en chœur.

– *Aja*, fredonnait Vicky qui avait fait une chanson de ces deux syllabes.

Walter la regarda un tout petit peu trop longtemps, ses rêves l'entraînèrent dans la mauvaise direction et il se mit à penser à la Lorelei. Son fils et son compagnon de jeu à qui le canard en caoutchouc plaisait maintenant assez pour qu'il se mette lui aussi à le sucer ne se lassaient pas de s'agripper. Même quand le chien, enfin rassasié lui aussi et prêt à goûter aux merveilles du monde, se faufila en aboyant entre les petits, de sorte qu'ils tombèrent à la renverse l'un et l'autre, confondant un bref instant leurs bras et leurs jambes, ils continuèrent à jubiler, tout à leur joie de vivre.

Plus tard, quand elle repenserait au pique-nique sous l'arbre de Mrs Malan – et cela lui arriverait durant son existence entière et plus fréquemment qu'il ne l'aurait fallu pour son cœur –, Regina reverrait toujours les scènes joyeuses de cet après-midi d'insouciance, parées des tons pastel que seule la lumière diffuse d'Afrique est capable de dispenser. Dès qu'elle serait assaillie par les plus nets de ces souvenirs gravés en elle à l'eau-forte, elle fermerait les yeux pour chasser les images douloureuses, mais elle ne parviendrait jamais à leur échapper. Toujours elle reverrait son frère et le petit Kikuyu, assis sur une couverture de laine bleu clair, tendant les bras l'un vers l'autre, en direction de la vie.

Mais Regina, à ce moment-là, ignorait encore tout du fardeau que l'Afrique oblige ceux qui aiment le pays et ses habitants à porter leur vie durant. Elle disposait encore d'une demi-heure d'enfance. Elle ignorait également tout de la magie africaine qui refuse à jamais aux amoureux du pays la consolation d'oublier ce que leurs yeux ont vu. Quiconque s'est laissé séduire un jour par l'Afrique ne trouvera jamais de couteau pour trancher les liens qui l'attachent à ce pays. Le nez retient prisonniers les parfums de l'Afrique, les oreilles ses mélodies. En voyant le chiot sauter entre les deux bébés – l'animal s'essayant à aboyer et les enfants à parler –, Regina se laissa emporter par un rêve aussi vieux que l'humanité. Elle n'aurait pu exprimer ce qui la remuait dans aucune des langues qui lui avaient été données. Il n'y avait en elle qu'un vague désir, l'envie d'échapper au caractère éphémère des choses à l'instant de la joie totale, l'envie de garder à jamais ce que ses yeux voyaient.

– Ah, soupira-t-elle lorsqu'elle pria l'instant qui passait de s'attarder.

Elle perçut des voix. Elle était encore en train de se retourner quand elle prit conscience que ce n'étaient pas des voix lointaines mais qu'elles venaient de tout près. Même si elle réussissait à réprimer la jalousie qui germait en elle et surtout à se persuader que rien d'extraordinaire n'était arrivé, elle entendit battre son cœur. Elle ressentit une brève douleur, une douleur aiguë, et elle comprit. Walter s'entretenait avec Liesel. La jalousie ne se contentant pas d'embraser son corps et son visage, mais aiguisant aussi ses sens, Regina ne douta pas une seconde qu'ils étaient en train de parler mathématiques. Son père manifestait beaucoup d'intérêt pour les mathématiques. À Ol'Joro Orok, elle l'avait entendu parler de Pythagore à son ami Kimani, en plein travail de repiquage de jeunes plants de pyrèthre. En outre, ce père peu ordinaire laissait rarement passer une occasion de regretter à haute voix que sa fille soit à ce point brouillée avec les chiffres et la géométrie. Son ironie ne l'avait jamais vexée, jamais elle n'avait pris ombrage de l'incompréhension qu'il jouait avec des mimiques exagérées. Cet homme dont l'humour donnait à son existence des couleurs originales ne provoquait chez elle que le rire. Et voilà qu'en ce jour, apparemment un des plus beaux de sa vie, son manque de confiance en elle et sa jalousie venaient lui gâter la joie que lui avaient toujours procurée ses bons résultats scolaires. Ce père – qu'elle aimait tant qu'elle aurait pu le suivre jusqu'au pôle Nord sans émettre une plainte – n'aurait-il pas préféré avoir une fille douée pour les mathématiques, comme Liesel, plutôt qu'une fille inventant des histoires, apprenant de la poésie par cœur et tenant un journal intime ?

Regina fut comme prise de malaise quand elle commença à s'imaginer les diverses scènes du drame qu'elle se jouait et que, par-dessus le marché, il lui vint à l'esprit un poème dans lequel un père tuait sa fille d'un coup de couteau, mais elle résista à la tentation de solliciter l'attention de ses parents en s'abandonnant à une petite indisposition. Elle s'assit, se tenant bien droite, raidissant les épaules et s'exerçant à la magnanimité. Elle se promit de ne pas envier à son amie, pour qui les mathématiques et la physique avaient tant d'importance, les attentions d'un père qui avait pour fille une rêveuse à l'imagination trop vive.

– Trop vive, se gronda Regina sans remuer les lèvres.

De manière inattendue, la jalousie ne tarda pas à s'apaiser pour n'être bientôt plus qu'un petit tas de cendre. Pour se récompenser de tant d'altruisme, elle autorisa ses pensées d'abord, puis ses yeux et ses oreilles, à retourner en safari à Ol'Joro Orok. Mais les gens de là-bas riaient bruyamment et leurs rires, pareils au tonnerre, revenaient en écho des montagnes. Et les babouins, de leur côté, poussaient des cris si perçants dans la forêt qu'il fallut un long moment à Regina pour s'apercevoir que Liesel ne parlait absolument pas mathématiques. Elle parlait de son père et elle était justement en train de dire :

– Je n'ai pas pu parler de lui depuis sa mort. Surtout pas avec Regina. Elle ignore en effet ce que c'est de perdre son père. Je n'ai même pas pu lui dire au revoir.

Regina n'entendit pas ce que répondait Walter, mais elle le vit étreindre brièvement Liesel. Tous deux se sourirent. Comme des adultes. Comme un homme et une femme ! Indignée, Regina sentit, tandis qu'elle les observait, que son front, ses oreilles et ses joues s'enflammaient de plus belle et qu'elle était hors d'état d'éteindre l'incendie. Elle avait les yeux rivés sur la poitrine de Liesel. Le haut de sa robe tirait davantage encore qu'à l'arrêt des bus. Toujours brûlante, Regina ressentit le besoin de palper son propre corps, mais elle n'osa pas et, de sa main droite, elle fit un trou dans la poche de sa jupe. Elle se mit à penser à Ondine, cette mystérieuse et fabuleuse créature qu'elle aimait depuis toujours. Elle essaya de tirer au clair pourquoi c'était précisément Ondine qui lui était venue à l'esprit, cet être que l'amour avait fait sortir de l'eau pour venir vivre sur la terre, mais ses idées étaient encore plus affolées que son cœur.

Longtemps avant la naissance de son frère, elle avait raconté la merveilleuse histoire à Owuor. Il ne cessait depuis de la réclamer. Regina se souvint comment, à la ferme, debout sur une jambe à côté du réservoir à eau, il criait : « Je suis Ondine ». Elle s'entendit rire aux éclats. Quand on riait avec Owuor, on oubliait le mot signifiant la douleur. Très consciente de ce qu'elle faisait, elle entreprit de dévider, fil après fil, l'écheveau de ses souvenirs. Elle était tellement occupée à trier le passé et l'avenir qu'elle fut la dernière de tous à entendre la voix criarde de la Belle au bois dormant, une voix glapissante, méchante, menaçante ! Chacun connaissait la Belle au bois dormant. Chacun savait qu'elle était l'envoyée du diable.

– Espèce de racaille, glapissait la messagère diabolique. Espèce de sale racaille !

Cela faisait un an seulement qu'Erna Landsberger, la gérante du Hove Court, pour qui Mr Malan était un dieu et tous ses locataires ses sujets, avait été baptisée la Belle au bois dormant. Ce jour-là, c'était à la jeune Mrs Levy qu'elle s'en était prise, prétendant qu'elle avait abîmé la clôture du parterre de roses avec les roues de sa voiture d'enfant. La ci-devant Landsberger, aussi forte qu'un bouledogue exclusivement nourri de viande, avait esquissé un geste laissant croire qu'elle voulait bousculer la jeune femme. À cet instant précis, M. Levy avait fait son apparition, un petit homme taciturne, un nain, bègue de surcroît. Lequel nain s'était métamorphosé, juste au bon moment, en un géant, en un ogre courageux, en Goliath en personne. Goliath avait bousculé la gérante – non, il l'avait projetée jusqu'au beau milieu de son précieux parterre de roses, en plein dans les épines ! Les spectateurs l'avaient huée et sifflée et avaient applaudi à s'en écorcher les mains. Mais quelqu'un avait fait plus de bruit que tous les autres réunis : Walter Redlich. C'est lui qui avait hurlé « La Belle au bois dormant[1] » et qui, tout en hurlant, avait fait le salut militaire devant Erna Landsberger en train de gigoter, comme si son jupon retroussé avait été l'Union Jack. Salut qu'elle ne lui avait jamais pardonné.

– C'était à prévoir ! hurlait-elle à présent en montrant du doigt les deux enfants sous l'arbre de son employeur. Il y a des gens qui n'apprendront jamais ce qui se fait et ce qui ne se fait pas dans ce pays. Ils resteront toute leur vie des *bloody refugees*[2]. *Sergeant* Redlich, comment osez-vous laisser, dans cet hôtel, votre fils sur la même couverture qu'un négrillon crasseux ? Si je ne savais pas que vous repartez en Allemagne dans deux mois, j'en tirerais des conséquences bien différentes. Aussi me contenterai-je de vous dire : vous avez exactement cinq minutes pour faire disparaître ce marmot.

Quand Walter se leva, aucun des spectateurs qui s'étaient déjà rassemblés nombreux sur les lieux du spectacle ne douta qu'il allait imiter M. Levy et secouer comme un prunier la dame Landsberger, surnommée la Belle au bois dormant. Chacun attendait le moment grandiose où le *sergeant* Redlich allait réduire à jamais au silence cette maudite engeance ou au moins la pousser devant lui et la jeter dans la fosse aux ordures puantes. Mais Walter passa devant la Belle au bois dormant sans la regarder. Il n'avait d'yeux que pour celle vers qui il se dirigeait et qu'il souleva comme s'il s'était agi d'un enfant, la serrant contre son corps frémissant. Les ailes de son nez frémissaient elles aussi.

– Je suis désolé, Regina, chuchota-t-il, je ne voulais pas que ça se passe ainsi. Je ne voulais pas que tu l'apprennes de cette façon. Je me disais toujours que j'avais encore le temps. Ton père est un misérable lâche. Je ne me le pardonnerai jamais.

Ce fut à cet instant que Regina prit pour la première fois conscience que l'amour et le mensonge sont frères. Elle cessa de pleurer et elle réussit même à sourire quand elle se fut séché les

1. La Belle au bois dormant s'appelle, dans le conte allemand, *Dornröschen* (« petite églantine »), littéralement « petite rose aux épines », d'où le jeu de mots de Walter Redlich *(N.d.T.)*.

2. « Satanés réfugiés. »

yeux. Entre deux battements de cœur, il lui vint même à l'esprit qu'il avait vraiment été très utile d'apprendre la discipline et le courage à la Nakuru School.

– L'Allemagne, dit-elle, ce n'est tout de même pas le pôle Nord !

4

Le départ de Leah

Nairobi, 1949

– Il est temps, dit Rifka.
– De quoi ? demanda Rachel.
– Ma foi, de quoi pourrait-il bien être temps ?

Ces trois phrases dans lesquelles personne, hormis les sœurs Goldstayn, n'aurait pu discerner un sens quelconque, appartenaient à l'ample rituel de leurs soirées. Depuis des années, le protocole à suivre pour prendre congé de la journée écoulée n'avait pas varié, avec toujours les mêmes phrases et les mêmes gestes au demeurant fort ressemblants entre eux. Il s'était d'ailleurs enrichi d'une rubrique après l'arrivée de Leah chez elles. Depuis le premier petit déjeuner pris en commun, près de quatre ans s'étaient écoulés – trop lentement au gré de Leah qui avait grande envie d'en avoir terminé avec sa scolarité à Nairobi, beaucoup trop rapidement au goût de Rachel et de Rifka. Une rapidité qui leur faisait peur.

Avant d'aller au lit, elles vérifiaient que Leah avait de l'eau pour la nuit et que ses pieds ne dépassaient pas de la moustiquaire. Des personnes devenues veuves à vingt ans du fait de la malaria avaient tout de même de bonnes raisons de faire preuve d'une extrême prudence. Si, exceptionnellement, une seule des sœurs se rendait au chevet de Leah et que celle-ci paraissait plongée dans un sommeil suffisamment profond pour ne pas, le lendemain, justifier le souci que se faisaient pour elle ses hôtesses, la visiteuse se risquait même à effleurer du doigt une épaule délicate. Ou le front. Toutes deux avaient cette audace, chacune croyant toutefois être la seule à faire connaître au Tout-Puissant, à la dernière heure du jour, le besoin profond de dispenser de la tendresse qui l'habitait depuis toujours.

Le rituel vespéral des Goldstayn commençait dès que la pendule au cadran orné de lis et à la corniche surmontée de hérauts jouant de la trompette indiquait qu'il était dix heures et demie. Cette magnifique pièce, devant laquelle la clientèle, aussi bien que le personnel, avait l'habitude de s'arrêter avec admiration, était un souvenir de la regrettée tante Bela.

– Elle a eu la grande chance de mourir à temps d'une intoxication provoquée par un poisson avarié, avait coutume de raconter Rachel depuis la guerre. Dans son lit.

Les deux nièces concevaient comme une obligation personnelle de souligner la dignité des circonstances de la mort de leur tante Bela. Celle-ci s'était non seulement montrée toute sa vie d'une extrême générosité, mais elle avait aussi fait preuve d'une rare perspicacité, d'un véritable don de voyance, comme les événements l'avaient prouvé. Aurait-elle eu l'idée sinon, immédiatement avant sa mort – dont elle ne pouvait absolument pas se douter en août 1939 –, d'expédier de Varsovie à Nairobi l'admirable pendule ?

Pendant que Rachel finissait de ranger la corbeille à couture ou bien, certains jours, se voyait dans l'obligation de redresser les tableaux au mur, Rifka entreprenait d'exécuter le programme rituel. Elle apportait un thé chaud au vieux M. Eppstein, assis dans la partie de la pièce en encorbellement et occupé chaque jour que Dieu faisait à écrire des lettres adressées aux quatre coins du monde, mais dont personne ne savait s'il les envoyait réellement. Le thé, accompagné d'une petite liqueur de miel maison, était servi dans un verre. On ne pouvait espérer trouver des verres semblables dans aucun des magasins de Nairobi, mais on pouvait avoir toute confiance en M. Eppstein. Ses mains ne tremblaient pas, pas encore du moins. C'était des bronches qu'il souffrait. Et il savait apprécier à leur juste valeur les objets provenant de son ancienne patrie.

– Ils sont en effet encore plus vieux que moi, plaisantait-il souvent. Et ils ont eu de la chance en plus.

– Comment un verre à thé pourrait-il bien avoir de la chance, monsieur Eppstein ?

– Un verre à thé a-t-il des souvenirs ? Ou de la famille qu'on a assassinée ?

Après avoir approuvé de la tête et aidé le vieil homme à replier l'*East African Standard* dont il ne parvenait pas, à son grand regret, à épuiser le contenu en raison de l'insuffisance de ses connaissances en anglais, Rifka inspectait avec Rachel les tables déjà mises pour le lendemain matin. Il avait été possible de constituer le service du petit déjeuner grâce aux bons contenus dans les paquets d'une marque de cigarettes. Les dames Goldstayn ne fumaient certes pas, mais elles autorisaient leurs hôtes à le faire, et ils se faisaient un plaisir, en retour, de manifester leur reconnaissance en mettant de côté leurs bons, pour ensuite prétendre plaisamment qu'ils étaient propriétaires d'une partie des ustensiles de ménage de la maison. Leur fierté de ménagères commandait à Rifka et à Rachel de vérifier chaque soir si les petites coupes à confiture étaient bien remplies et si l'extérieur des verres à sirop n'était pas trop poisseux, risquant alors d'attirer les fourmis rouges. Ensuite, leurs chemins se séparaient pour quelques minutes.

C'est à la cuisine que l'œil vigilant de Rifka trouvait à s'employer. On avait malheureusement de bonnes raisons de ne pas se fier totalement aux employés, même à ceux d'entre eux qui travaillaient dans la maison depuis des années. Depuis la fin de la guerre et le relâchement des mœurs qu'on avait ressenti un peu partout, il était arrivé que des gens sur qui on avait toujours pu compter jusque-là récupèrent sans vergogne les restes de la cuisine. Le problème n'était à vrai dire pas celui des quelques aliments ainsi détournés de leur destination, il résidait dans le fait que la vaisselle, après avoir ainsi séjourné dans les logements du personnel, cessait d'être casher. Indépendamment de l'impression désagréable laissée par de tels agissements, rendre aux assiettes et casseroles abusivement utilisées la « pureté » qu'exigeaient les prescriptions diététiques juives était ensuite un travail harassant.

Pendant que Rifka se livrait à son inspection prolongée de la cuisine, Rachel vérifiait de son côté que toutes les fenêtres, et surtout la porte d'entrée, étaient bien fermées, autre signe du changement d'époque, signe qu'une ère de mœurs dissolues venait de s'ouvrir. À la fin des années quarante, que les Européens devaient après coup – puis un peu plus tard les Indiens aussi – considérer comme les dernières années heureuses, le nombre des agressions et des cambriolages nocturnes avait nettement augmenté. Et jamais le personnel domestique n'était présent lors de tels incidents ! En revanche, il s'avérait que des armoires pourtant constamment tenues fermées étaient grandes ouvertes justement le jour du cambriolage, leurs clés ayant par ailleurs mystérieusement disparu. Depuis peu, Rifka et Rachel vérifiaient chaque armoire avant d'aller se coucher. Un jour, une pensionnaire – une jeune femme qui se mêlait un peu de ce qui ne la regardait pas et dont il se disait qu'elle avait été deux fois fiancée avec un homme tout à fait convenable et qu'elle avait été plaquée les deux fois – leur avait demandé si ce rituel perpétuellement identique ne leur apparaissait pas comme le symbole même de la monotonie de l'existence.

– La jeunesse a besoin de vie, avait répondu Rifka, chapitrant l'impertinente demoiselle, les gens plus âgés ont eux besoin d'habitudes.

Depuis ce jour, la phrase que Rachel trouva si bien venue et pertinente qu'elle la répéta à haute voix au beau milieu de la nuit, réveillant du même coup sa sœur, se retrouva fréquemment citée, en des circonstances diverses. Ce fut d'abord Rachel qui subodora que la régularité des journées, jadis si prisée, était en train d'enlever son sel à la vie. Pourtant, une unique phrase prononcée par Rifka n'allait pas tarder à faire germer en elle le soupçon que celle-ci se livrait à des réflexions du même ordre. Quand cette dernière tint le propos qui allait être à l'origine de tant de changements, elle était en train de contempler d'un air mécontent le carré des jeunes plants de salades. Il n'y avait à la vérité rien à reprocher à ces salades bien vertes. Pas le moindre ver et un seul scarabée. Et pourtant, Rifka murmura :

– Même la meilleure des cuisinières ne saurait faire de bonne soupe avec une poule trop maigre.

Il ne faisait pas de doute que la phrase n'était pas destinée à d'autres oreilles que les siennes, mais Rachel l'entendit néanmoins. Au bout d'un laps de temps où le silence fut trop épais et trop lourd d'interrogations pour qu'elle pût faire semblant de croire que les paroles de sa sœur n'avaient servi qu'à qualifier un état d'esprit momentané, elle répliqua :

– Qui sait si une soupe ratée ne l'est que par la faute d'une poule trop maigre ? Peut-être que la cuillère dont se sert la cuisinière est rouillée.

Malgré le caractère insolite et quasiment indéchiffrable de cette conversation, elle se révéla néanmoins, à beaucoup plus long terme, bénéfique d'un double point de vue. À partir de cette date, Rachel l'économe accepta, au marché couvert, de dépenser plus d'argent que précédemment pour acheter de quoi confectionner une soupe de poule digne de ce nom. Plus décisif encore fut que les deux sœurs trouvèrent le courage, même en des jours tout à fait ordinaires où le Tout-Puissant n'exigeait ni recueillement ni pénitence, de parler d'autre chose que des prix de la viande ou des tracas qu'apportait par exemple le fait qu'on ne trouvait plus d'orge à acheter dans toute la ville. C'est au cours d'une journée comme celle-ci, une journée sans importance – c'était un jeudi et, à part planter de nouveaux bulbes d'oignon dans le potager et accrocher dans la salle à manger les rideaux fraîchement lavés, le programme ne prévoyait rien de particulier –, que Rifka dressa un inventaire de leur existence. Elle se tenait justement sous le merveilleux arbre aux goyaves odorantes quand elle constata à voix haute que le ciel de Nairobi – un ciel qui, à leur arrivée voici presque quarante-cinq ans, lui était apparu d'un bleu bienfaisant et incitant à la bonne humeur – était bien loin d'être aussi clair et éclatant que jadis. Si la remarque appelait une réponse, il convenait qu'elle fût mûrement pesée. Un peu troublée par une considération qu'elle jugeait de nature plus philosophique que météorologique, Rachel secoua les mains pour en faire tomber la terre. Elle rejeta dans le carré d'oignons un lombric qui s'était égaré dans sa main droite et elle dit :

– Aïe !

Cette brève syllabe, utilisable dans presque toutes les circonstances de la vie, fut répétée deux fois. Même de fins connaisseurs des finesses linguistiques auraient eu les plus grandes difficultés à déterminer si Rachel, en cet instant, s'étonnait de l'escapade de sa sœur dans les régions de la symbolique céleste ou si elle ne faisait que partager les souffrances du ver de terre qui, dans son inconscience, s'était exposé à un danger mortel. Certes, quelques secondes seulement après son troisième « aïe », Rachel hocha la tête en direction de sa sœur. Hochement qui était suffisamment appuyé pour ne pas être confondu avec une approbation superficielle.

– Ce n'est pas une histoire de lunettes, reprit Rifka, satisfaite d'avoir été si rapidement confirmée dans son impression. Les lunettes n'y sont pour rien.

– Ce sera bien de toujours faire le strudel aux herbes le lundi, comprit Rachel. Préparer la pâte des strudels est toujours un gros travail. Le travail distrait l'esprit. Notre défunte mère disait toujours qu'une femme doit toujours avoir les doigts occupés, qu'une femme qui pense devient cinglée.

– Quelqu'un qui n'arrive pas à oublier est-il automatiquement quelqu'un de cinglé ?

– Chez les autres, non.

– Ils n'ont rien à oublier, les autres.

Personne n'aurait été en mesure d'interpréter cette conversation sur les relations entre le strudel aux herbes et la santé mentale, ni les gens sensibles ayant vécu les mêmes choses qu'elles, ni les balourds qui ont toujours une réponse en réserve pour toutes les questions, y compris celles qui ne sont pas posées. Les sœurs Goldstayn ne connaissaient en effet personne à qui elles auraient pu avouer de leur plein gré pourquoi le jour situé entre le dimanche et le mardi leur pesait au point de les amener à désormais régaler leurs hôtes de strudel aux herbes dès le début de la semaine. Jadis, le lundi, en tout cas le premier du mois, avait été une journée de réjouissances. Avant la guerre, ce lundi avait représenté pour Rifka et Rachel la merveilleuse confirmation qu'elles avaient de bonnes raisons et le droit de ressentir chaque jour fierté, satisfaction et reconnaissance. Au début du mois, Rachel et Rifka Goldstayn, arrivées dans ce pays avec leur seule maigre dot et devenues veuves à vingt ans à peine, se rendaient ensemble à la poste. En l'honneur de ce très précieux moment de leur existence, elles s'y rendaient revêtues de leurs plus beaux habits, chaussées de leurs souliers les plus coûteux et coiffées du chapeau spécialement prévu pour le climat tropical, dont elles avaient fait l'acquisition sur le bateau, durant la traversée.

– Un chapeau va toujours, avait coutume de dire Rifka. Les têtes en effet ne grossissent ni ne maigrissent. La seule chose qui puisse augmenter dans les têtes, c'est l'intelligence.

Elles se rendaient à la poste à pied : elles n'allaient quand même pas prendre un bus ou un pousse-pousse ! Afin de prolonger leur plaisir, elles se souciaient peu de ce que le trajet fût raide et poussiéreux, au travers de quartiers qui, même à l'époque la plus calme qu'ait jamais connue la capitale, étaient considérés comme peu sûrs pour des femmes blanches. Pour leurs sacs à main essentiellement. L'audace n'avait jamais fait défaut à Rachel et Rifka avait toujours pris soin de porter autour du cou l'argent qu'elles emportaient avec elles.

– Étrangler, avait-elle l'habitude de dire avec le ton de bravade railleuse qui, jadis, avait convenu à merveille à son état de jeune veuve, c'est en effet une chose qu'*Il* a interdite.

– Dans quelle langue ? répondait généralement Rachel.

Parfois elle se contentait d'un bref : « À qui ? »

Derrière le guichet de la poste était assis un Indien, un jeune homme mince aux yeux noirs comme du charbon, arborant une moustache lustrée. Il avait aussi une tignasse dans laquelle Rifka aurait aimé plonger les mains, ce que sa sœur devinait fort bien, car elle éprouvait la même envie. Quand il les accueillait, le jeune homme donnait toujours l'impression que la visite des Goldstayn le comblait d'aise. La cérémonie était immuable. L'air sérieux, elles lui remettaient une enveloppe blanche, en papier kraft, portant comme lieu de destination Cracovie, le mot « Pologne » souligné deux fois à l'encre rouge. Elle contenait une longue lettre pour leur frère et leur belle-sœur, et, à l'intention du fils de ces derniers, il y avait aussi un chèque d'une valeur de sept livres anglaises. Le fils en question n'était pas seulement le neveu le plus âgé de Rachel et de Rifka, mais aussi l'enfant prodige dont le monde, selon les dires de ses parents pleins d'espoir, « entendrait » parler un jour. Beaucoup et bientôt !

Ses tantes, qui avaient l'esprit de famille, s'étaient toujours gardées de faire observer que le neveu en question n'était certainement plus un enfant et qu'à la vérité le temps des applaudissements du monde était déjà passé. La mort – la mort, inconcevable, de millions d'êtres – avait pris le pouvoir. On ne pouvait plus utiliser le verbe « entendre » pour évoquer le sort des Juifs que le Créateur n'avait pas fait fuir d'Europe à temps. Pour ceux-là, il n'y avait ni tombes, ni prières des morts, il n'existait même plus de traces qu'ils aient jamais vécu. Les assassins portaient des uniformes allemands. Rachel et Rifka Goldstayn ne surent jamais où ni comment leur neveu, ses trois frères et sœurs et ses parents avaient péri.

Quatre ans après la fin de la guerre, les sœurs se raccrochaient toujours à la folle illusion qu'à Cracovie, ou dans un de ces camps dont elles ne pouvaient entendre le nom sans que leurs yeux s'emplissent de larmes, un miracle s'était produit et qu'au moins un membre de leur très nombreuse famille avait survécu au massacre dans leur pays natal. Elles perdirent tout espoir à l'occasion d'un Yom Kippour, le jour où les Juifs se souviennent de leurs morts. Elles étaient trop pieuses pour se révolter ou chercher à savoir le pourquoi des choses. Elles se demandaient pourtant de plus en plus souvent, chacune de son côté dans un premier temps, puis ensemble après la conversation à propos de la soupe de poule, pour qui elles avaient à vrai dire besoin de l'argent qu'elles gagnaient. Ce genre de réflexions ébranlait les fondements de leur existence. Sans cesse se posait la question du sens de leurs actes et de leur vie. Cela leur enlevait force et assurance. La source où ces femmes travailleuses avaient toujours puisé leur grande joie de vivre commençait à se tarir. Jeunes, elles n'avaient jamais évoqué les maux de l'âme. L'âge venu, leur corps punissait ce silence. Les bronches de Rifka devenaient aussi fragiles que celles de M. Eppstein. Quand elle se relevait, elle boitait, et le soir, sentant dans ses reins le poids de la journée, elle avait besoin d'une bouillotte. Chaque fois qu'elle prenait un bain, elle avait peur de ne pas pouvoir sortir de la baignoire et de devoir appeler sa sœur à l'aide. Elle en vint à ne plus porter que des chaussures dans lesquelles il lui suffisait de glisser les pieds sans avoir à se baisser. Rachel, elle aussi, abandonna le combat du laçage. Elle se plaignait de plus en plus souvent de ce que les journaux étaient écrits en caractères plus petits que dans sa jeunesse et de ce que le docteur Harvey, le jeune remplaçant du dentiste auquel elles étaient habituées – le docteur Landmann, originaire de Vienne –, ne se donnait pas la peine de plomber une dent, toujours disposé à l'arracher sur-le-champ.

– Et pour manger, constata Rachel, je mets beaucoup plus de temps qu'avant.

– Pour faire la cuisine aussi, remarqua Rifka, chez qui un des maux de la vieillesse se manifestait sous la forme d'une langue de mieux en mieux affilée.

Les deux sœurs ne parlaient plus que rarement d'avenir. Sans qu'elles soient en mesure d'exprimer cette idée, il leur paraissait stupide et sacrilège de porter le regard trop loin en avant. Quand on s'enquérait de leur santé, l'une comme l'autre répondait néanmoins d'une voix toujours ferme et sans soupirer : « Ma foi, on vit ! » À vrai dire, il leur coûtait beaucoup plus d'efforts qu'auparavant de faire bonne figure, en particulier quand elles avaient à formuler ces quatre mots.

Rifka et Rachel n'exprimèrent jamais ce qu'elles ressentaient et redoutaient, mais aucune des deux ne doutait de ce qu'elles étaient arrivées au bout du chemin. Un chemin qui avait toujours été semé d'épines et qui n'avait cessé de monter. C'en était assez. À quoi bon continuer ? Un soir qui n'avait pas été différent des autres – peut-être un peu plus étouffant et peut-être aussi un peu plus fatigant, car le vieux M. Eppstein avait été indisposé et avait réclamé plus d'attention que les sœurs, en raison de leur fatigue, ne pouvaient lui accorder sans prendre beaucoup sur elles –, Rifka demanda pourtant :

– Pourquoi continuer ?

Elle ne baissa même pas la tête pour le dire, et elle prononça ces deux mots à voix haute, comme si la question allait de soi et n'avait rien d'incongru, comme si le seul fait de la poser n'était pas déjà un péché.

– Pourquoi pas ? demanda Rachel en retour.

Elle n'avait jamais été femme à fournir une réponse rapide. Petite fille déjà, il lui fallait pour les questions les plus simples un délai de réflexion digne d'un érudit. « Je ne te demande pas de m'expliquer le monde, l'avait un jour grondée sa mère, je voudrais seulement savoir ce que tu as fait du nœud que tu avais dans les cheveux. » Et, là encore, Rachel avait demandé : « Pourquoi ? »

Même si elle avait l'esprit toujours ailleurs, irritée d'avoir posé une question sur le sens de la vie, question inadmissible chez une vieille femme, Rifka sentit immédiatement que Rachel, cette fois, n'avait pas voulu seulement la gratifier d'une de ses réponses absurdes sous forme de question. En effet, Rachel ne quittait pas des yeux la porte derrière laquelle dormait Leah, comme si elle venait d'y découvrir une inscription manuscrite. Ce n'était certainement pas un hasard. Bien sûr, pour n'importe quelle autre personne à Nairobi, le regard figé de Rachel n'aurait pas été une information cruciale. Mais Rifka, malgré son âge, avait toujours un œil d'aigle. Là où d'autres ne décelaient qu'un petit fil isolé, elle voyait tout un réseau de fils entrecroisés.

– Mais nous ne pourrons rien faire quand les choses en seront arrivées là, dit-elle.

– Pourquoi pas ? redemanda Rachel.

– Mais elle n'a encore rien dit.

– Parce qu'elle ne sait vraisemblablement pas encore ce qu'elle veut faire. À son âge, est-ce que nous savions ce que nous voulions faire ?

– Nous nous sommes mariées, soupira Rifka, voilà ce que nous avons fait. Tu n'es tout de même pas si vieille que ça, et ta mémoire ne peut pas flancher à ce point ! Nous n'avons pas attendu jusqu'à ce que nous trouvions un homme à notre goût. On nous a mariées.

– Les filles ont aujourd'hui leur petit caractère. Elles se servent de leur tête et prennent leur temps pour se marier.

– Elles attendent. Jusqu'à ce que se présente celui qui leur convient.

C'était la dernière année de Leah à la High School, et ensuite la famille Rubinstein n'aurait plus aucune raison de la laisser habiter chez les deux sœurs. Pour finir, elle voudrait étudier. En effet, les jeunes filles étaient de plus en plus nombreuses à poursuivre des études, même les juives qui se seraient jadis contentées d'épouser un homme sortant de l'université. Il n'y avait pas d'université à Nairobi. Mais qui, mieux que le vieux Rubinstein, pourrait se permettre d'envoyer étudier au loin sa petite-fille, la joie tardive de Rifka et de Rachel, le soleil de leurs vieux jours ? Depuis la fin de la guerre, en effet, le monde entier était ouvert aux gens riches. Et pas seulement pour faire des études. En Angleterre et en Amérique par exemple, ce n'était pas seulement dans le domaine des universités que l'offre excédait la demande. Dans une seule ville, même une ville d'importance moyenne, habitaient plus d'hommes juifs en âge de se marier que dans tout le Kenya. Pour ne rien dire d'Israël !

– Ce serait une belle bêtise de sa part de ne pas envoyer notre Leah à l'étranger, dit Rifka.

– Peut-être qu'elle trouvera un mari avant et qu'elle restera ici, se prit à rêver Rachel.

Sa sœur le remarqua aussitôt, elle ne s'était pas laissé le temps de réflexion habituel avant de répondre. Plus remarquable encore, elle avait cligné des yeux. Elle avait l'air d'une jeune fille niaise cachant un secret tout aussi niais ; elle paraissait plus jeune que depuis de longs mois, les joues rouges et les yeux clairs. Les deux sœurs, retardant le moment d'aller au lit alors qu'il était amplement l'heure de le faire, restaient là, sans rien dire. Au lieu d'aller se coucher, Rachel alla chercher les verres à liqueur, pas les petits, dans lesquels M. Eppstein buvait son petit coup du soir, mais les grands en cristal taillé, avec un long pied. Rifka les remplit presque à ras bord. Elles s'abstinrent de porter un toast, chacune croyant un peu que l'autre n'avait besoin de la liqueur de miel que pour des raisons de santé. Puis elles dirent pourtant toutes les deux en même temps « Notre Leah », s'attardant ensuite un peu trop longuement à goûter cet instant de communion qui, chez les femmes en général et chez les sœurs jumelles en particulier, témoigne de leur détermination à faire usage de toutes leurs forces pour atteindre un objectif commun.

Elles se mirent à l'œuvre avec empressement, comme si, dans les rêves éveillés, l'important était de réaliser le plus rapidement possible les divers points programmés. Le mercredi, elles se rendirent en ville immédiatement après le déjeuner. Dans Delamare Avenue, pour un prix qui leur aurait permis sans problèmes de s'offrir deux *drinks* alcoolisés au Thorn Tree, le splendide café du New Stanley Hotel, elles achetèrent une épaisse revue. Sa « une » les avait attirées, car elle présentait des créations de mode du monde entier, mais – circonstance fort regrettable – les villes de New York et de Londres avaient été apparemment, aux yeux des journalistes, les seules parties de l'univers dignes d'être évoquées. Or, les sœurs Goldstayn s'accordaient à trouver qu'on rencontrait à Nairobi plus d'Anglaises qu'on ne l'aurait souhaité et que New York n'était plus ce qu'elle avait été, depuis que l'admirable Mrs Roosevelt qui, en tant qu'épouse du président, détenait le pouvoir de décision, avait dû le céder à Mrs Truman.

– Et elle a toujours l'air d'une *aja*, constatait généralement Rifka. Mis à part qu'elle est blanche.

Tout en déplorant ainsi le déclin général du monde occidental, elles se retrouvèrent devant l'unique magasin de chaussures de Nairobi. Depuis peu, il s'y vendait à nouveau des produits d'importation. Les dames avec qui les sœurs Goldstayn jouaient au canasta un mardi sur deux depuis trente ans y avaient fait leurs emplettes. Rifka, appuyant la tête contre la vitrine, en savoura la fraîcheur.

– Pourquoi les vieux pieds ont-ils toujours des désirs de jeunesse ? soupira-t-elle.

– Les vieux pieds ont de jeunes œil-de-perdrix, rectifia Rachel avec douceur. Ne penses-tu pas que ces sandales rouges nous iraient bien ?

– Pourquoi devrais-je penser quelque chose si tu as déjà pensé pour deux ?

Afin de pouvoir procéder ultérieurement à des échanges, Rifka acheta des sandales blanches et Rachel des rouges ; le sentiment d'avoir à présent chacune deux paires de chaussures neuves leur rendit un peu de leur vivacité de jadis, lorsqu'à quatorze ans elles avaient obtenu de leur mère qu'elle leur achète des robes de couleur différente. Elles entendirent l'une et l'autre la voix de leur mère et remercièrent le Tout-Puissant de leur accorder la faveur de ne pas avoir à feuilleter seules, à leur âge, l'album de leur jeunesse. Ce stimulant achat de chaussures fut suivi d'une visite chez un coiffeur qu'elles avaient menacé, la fois précédente, de ne plus remettre les pieds chez lui en raison des prix éhontés qu'il pratiquait. L'artiste de Bombay les remercia de cette rupture de serment en réalisant des coiffures qui les rajeunirent extrêmement et en leur adressant des flatteries qui caressèrent leur amour-propre mieux que cela n'aurait pu se faire dans un salon parisien.

En raison des préparatifs du sabbat – la levure n'était pas assez fraîche et il s'en était fallu d'un cheveu que la tresse au pavot hebdomadaire ne fût pas levée –, ce furent là, jusqu'après le dîner du vendredi, les seules entreprises d'envergure. Mais, ce moment crucial enfin arrivé, Rifka et Rachel – de façon toute fortuite, comme en témoignaient à la perfection leurs mines innocentes – firent comparaître devant leur tribunal des jeunes gens juifs réunissant la double qualité de n'avoir apparemment ni pris encore de parti très arrêté ni d'avoir été fermement promis.

– Je n'aurais jamais cru que ça en fasse autant, dit Rachel en se frappant la poitrine. C'est par là que nous aurions dû commencer depuis longtemps.

Le samedi matin, elles se rendirent à l'office divin, ressentant comme un message céleste à ne pas négliger le fait que Leah, indisposée, avait dû rester à la maison. Elles laissèrent plus de forces que d'habitude dans la rude côte qu'elles devaient grimper à pied à cause de l'interdiction de se servir d'un véhicule le jour du sabbat. Il faisait en effet déjà, à dix heures du matin, une chaleur aussi torride et insupportable que s'il avait été midi. Les sandales étaient beaucoup moins confortables qu'elles ne l'avaient paru en vitrine. Rifka avait un léger mal de tête, Rachel la nuque raide. Elles parlaient peu. Si elles s'étaient mutuellement avoué leurs pensées en cet instant, elles se seraient une nouvelle fois étonnées de constater à quel point leurs rêves étaient semblables : Rachel voyait Leah en robe blanche sous le baldaquin nuptial ; Rifka, elle, la voyait entrer avec son jeune époux dans une petite maison que, de chez elles, on atteignait à pied en dix minutes à peine et qui était à vendre depuis des mois. Le grand-père de Leah n'apparaissait que de manière marginale dans les rêves éveillés des deux sœurs, même si Rifka avait appris une semaine auparavant qu'il avait émis le souhait que sa petite-fille, au terme de sa scolarité, fasse enfin la connaissance de sa famille en Amérique.

Un vent torride rendait l'atmosphère encore plus pesante et oppressante, la terre était friable et noire, et la cour d'entrée de la synagogue avec sa fontaine tarie, en pierre grise, emmagasinait la chaleur, pareille à une fournaise. Le bâtiment lui-même offrait aux fidèles l'agrément d'une fraîcheur qui, sous les tropiques, est reçue comme un souhait de bienvenue particulièrement chaleureux. À l'entrée, disposés à l'intention des participants au service divin, on trouvait des boissons froides et des bouts de tissu humides. Quand, l'après-midi, les sœurs rapportèrent à Leah cette attention qui prouvait bien, selon elles, qu'on pouvait compter en toutes circonstances sur le bon cœur juif, celle qui leur était aussi chère que la prunelle de leurs yeux se mit à rire à gorge déployée, à leur immense étonnement, expliquant à deux reprises, coup sur coup, d'une voix qu'elle ne contrôlait plus :

– Le prêtre goy de Nakuru le faisait lui aussi. Chez lui, il y avait à chaque fois de l'eau froide suivie d'un ardent *Notre Père*.

Mais, de toute façon, le service divin, et plus encore le kiddousch qui lui succédait, avec de l'eau-de-vie et du poisson – au pays natal, il y avait toujours eu, lors de la petite réception suivant la dernière prière, un excellent hareng mariné et de la vodka ; à Nairobi, malheureusement, il n'y avait qu'un méchant hareng saur accompagné d'un médiocre brandy –, étaient des moments de l'existence bien propres à apporter le réconfort et à réchauffer le cœur. Mais, avant même cette réception, de premiers succès avaient été enregistrés : pendant la lecture hebdomadaire d'un passage de la Thora, la vieille Mrs Greenspan, qui, chose fort enviable vu son âge, circulait beaucoup d'une maison à l'autre et pour qui même les visites chez des connaissances de rencontre étaient un authentique élixir vital, apprit à Rachel que le jeune Harry Rose se trouvait « dans d'absolument fort bonnes dispositions » et qu'il était par ailleurs « un garçon vraiment très convenable ». Le jeune Rose, précisa-t-elle, était dans la pleine force de l'âge et il représentait la plus grande réussite dont sa mère, une dentiste à la clientèle florissante tout de même, pouvait se prévaloir. Il exploitait avec beaucoup de bonheur, depuis des années déjà, une ferme spécialisée dans la production du lait, à Rumuruti, et avait des « projets d'expansion ». Mrs Greenspan ignorait malheureusement dans quelle direction cette expansion devait se faire, mais, à chaque précision qu'elle apportait, son enthousiasme grandissait pour une mission dont Rachel lui donna à entendre qu'elle n'aurait certainement pas à la regretter en cas de conclusion heureuse. Mrs Greenspan s'offrit à fournir d'autres informations d'ici le prochain sabbat.

– Ah, il faut tout de même que je vous dise, se rappela-t-elle soudain, qu'il boite un peu.

– Mais seulement quand il marche, pouffa Rachel qui avait si visiblement rajeuni pendant le service divin, et avant même qu'il eût été terminé, que Mrs Mayer chuchota à sa voisine, Mrs Gordon, que les jumelles se portaient en définitive beaucoup mieux qu'« on ne le racontait ».

– Qui raconte ? interrogea Mrs Gordon avec insolence. C'est vous qui racontez. Vous passez votre temps à raconter, et après vous vous étonnez que d'autres racontent que vous ne cessez de raconter.

Au même moment, Rifka, dont les joues s'étaient empourprées comme celles de sa sœur et qui ne ressentait même plus le moindre mal de tête, apprenait des choses d'une extrême importance de la bouche de Mrs Bloomingdale qui passait pour quelqu'un de particulièrement bien informé. Ladite Mrs Blumenthal avait été naturalisée trois ans auparavant et ne portait que depuis cette date le joli nom anglais dont beaucoup estimaient qu'il ne convenait pas à une femme juive, encore moins à quelqu'un parlant l'anglais avec un accent saxon. Mrs Bloomingdale, donc, connaissait un jeune homme du nom de George White, habitant Ngong, un jeune homme « tout à fait convenable, modeste et si travailleur qu'il faudrait presque lui donner le fouet pour qu'il s'accorde un seul moment de repos ». Il y possédait sa propre plantation de café : « juste à côté de celle de la baronne danoise un peu fêlée qui avait fait faillite et ensuite écrit un livre pour la raconter ». Alors qu'une tempête survenue en pleine période de récolte avait récemment occasionné de grosses pertes dans les plantations de café, Mr White, un homme vraiment béni des dieux, semblait avoir néanmoins fait une excellente récolte.

– Récolte d'argent ou d'aventures ? voulut savoir Rifka.

– Des deux, admit Mrs Bloomingdale, un peu à contrecœur.

Regardant autour d'elle depuis l'observatoire protégé que constituaient les bancs réservés aux femmes, elle sortit de la poche de sa veste en lin vert tilleul une main chargée de trois bagues à chaque doigt et elle montra de l'index l'occiput d'un petit homme chétif qui disparaissait presque derrière le large dos de son voisin. Mrs Bloomingdale expliqua que le petit homme était le cousin au deuxième degré de l'excellent Mr White. Peut-être pourrait-elle inviter ces deux messieurs à dîner, un jour ou l'autre. Mrs Goldstayn et sa très estimée sœur souhaiteraient-elles venir aussi ? Peut-être même avec leur ravissante pupille ?

– Cela me paraît un peu trop rapide, éluda Rifka. Et puis Leah n'est pas notre pupille. Elle a un grand-père, et pas n'importe quel grand-père.

Il s'avéra que le grand-père en question, quand il s'agissait de sa petite-fille, n'avait ni les yeux ni les oreilles dans sa poche et qu'il était même au courant de tous les bruits qui couraient. À l'occasion de son premier voyage à Nairobi après ces événements, il ne prit même pas la peine de faire comme si devait se dérouler une conversation banale, avec, envers les dames, ses habituels compliments qui sentaient un peu son charmeur de la vieille école, alors que son deuxième moi était un balourd des colonies. L'ours mal léché de Thika, crochant les pouces de ses deux mains sous sa large ceinture et réprimant en lui la moindre vibration de joie et d'émotion, bien qu'il entendît Leah rire dans le jardin, conféra à ses traits une expression qui devait, à ses yeux, évoquer la mimique de Churchill prononçant son célèbre discours sur la sueur, le sang et les larmes. Au lieu de lancer un tonitruant «*Jambo*» en clignant de l'œil à la Clark Gable, ce qu'il faisait depuis des années pour mettre en valeur son tempérament juvénile, le visiteur indigné – arrivé deux heures plus tôt qu'annoncé – dévisagea les sœurs Goldstayn comme si elles avaient dix ans et qu'il venait de les surprendre en train de voler du pudding au chocolat.

– Si quelqu'un, ici, marie ma petite-fille, ce sera moi, dit-il. Prenez-en bonne note. À dater d'aujourd'hui. Et pour toujours.

Il parlait à voix basse, comme ne réussissent à le faire les hommes de sa stature qu'en obligeant chacun de leurs muscles à leur obéir.

– C'est encore une enfant, argumenta-t-il en faisant un signe de tête en direction de Leah qu'on entendait rire un peu plus loin.

– Nous n'avons pas dit le moindre mot à qui que ce soit.

– Pas le moindre mot, ça équivaut, chez les bonnes femmes, à tout un dictionnaire. S'il me revient une nouvelle fois aux oreilles que vous recueillez des informations sur des jeunes gens et que, par-dessus le marché, vous faites comme si je vous avais chargées de le faire, ma Leah ira loger à l'hôtel. Et je dirai pourquoi à qui voudra l'entendre. Si ma princesse désire se marier, nous organiserons un concours. Comme dans les contes. Et les prétendants devront faire la preuve de leurs capacités.

À l'instant même où la manœuvre d'intimidation grand-paternelle atteignait son apogée, la gracieuse princesse surgit d'un épais buisson littéralement couvert d'églantines. Elle avait sur elle une courte robe kaki très ajustée. Depuis un passé fort récent, toutes les jupes et tous les corsages de Leah dévoilaient des rondeurs invisibles quatre semaines plus tôt. La robe vert olive était originale, mais d'une parfaite discrétion. Aucun couturier n'aurait pu mettre en relief de manière plus ravissante la beauté et le teint de la jeune fille en kaki : elle avait tout de la rose sauvage, une rose n'ayant bien sûr pas encore perdu ses pétales mais attirant déjà les adorateurs à l'aide d'une baguette magique venue du pays des elfes. Un instant, le grand-père resta muet d'étonnement, un homme le temps d'un battement de cils, un chasseur. Puis, bien qu'il ait eu besoin d'une main pour s'essuyer les yeux, il ouvrit grands les bras de l'amour. De seconde en seconde grandissaient en lui la mélancolie et la conscience de la fuite du temps. Ce fut une douleur violente.

– Chaque fois que je te vois, lui dit-il sur un ton de reproche, tu as encore gagné quelques années.

– Et toi, tu les as perdues, Aba, répondit-elle, mentant à l'homme qu'elle appelait son père.

Déjà suffisamment au fait des choses, elle réussit à transformer en toux le soupir qui montait en elle.

– Et qui m'expliquera très tranquillement, interrogea-t-elle en prenant le ton offensé de l'impopulaire professeur d'histoire, qui doit me marier, quand, à qui et pourquoi ?

– Tu nous as écoutés en cachette !

– À mon âge, ne pas écouter en cachette, ce serait vraiment se donner de mauvaises cartes dans la vie. Avant d'avoir le temps de dire ouf, on se retrouve promise – par des gens qui n'ont aucun droit à cela – à un bonhomme à qui on ne confierait pas un chien sans y être obligé. Partout, ce ne sont que mères à l'affût qui aimeraient bien placer leur fils entre de bonnes mains. Ce qui n'est pas mon cas. J'ai une hérédité chargée. Il est notoire que ma mère – et mon père aussi, donc – a fait un mariage d'amour.

– Et ça a donné quoi ?

– Moi, dit Leah en riant, mais elle sentit le goût du sel dans sa gorge quand elle embrassa son grand-père.

Tous – à part Leah, la rose sauvage – se sentaient un peu penauds et, avant même de déjeuner, ils s'offrirent un petit alcool de réconciliation. Lequel alcool s'avéra beaucoup plus efficace que l'habituelle liqueur de miel et facilita énormément les engagements de chacun à ne plus nourrir une seconde l'idée saugrenue de chercher, en plein vingtième siècle, « à bazarder une jeune fille juive, intelligente et cultivée, comme s'il s'agissait de la première gourde venue d'un village polonais ». Cette comparaison avec les usages matrimoniaux de la Pologne natale était le fait du vieux Rubinstein qui, au demeurant, en était parti depuis bien trop longtemps pour avoir gardé en mémoire tous les détails des coutumes en question. La volonté de compromis, fort sympathique, et fort rare aussi de manière plus générale, dont firent preuve les deux sœurs fut le fruit d'une réflexion : il faudrait certainement qu'à l'avenir elles agissent de manière moins voyante, en coulisse, si elles ne voulaient pas que Leah disparaisse de leur vue à la fin de sa scolarité.

– Je vais tout de même encore bien peser ce projet avec le jeune White, se jura Rifka avant de s'endormir. La manière dont Mrs Bloomingdale m'a parlé de lui m'a vraiment fait bonne impression.

Les choses n'en arrivèrent point jusque-là. En effet, dans le jeu de la vie et du hasard, les dés furent jetés, pour ce qui est de Leah, un certain 14 mai 1948. À dire vrai, elle s'était juré de ne pas parler avant la fin de sa scolarité de son désir de vivre dans l'État d'Israël qui venait d'être fondé. Mais elle avait été terrifiée par l'exemple d'une de ses condisciples qui n'avait même pas pu terminer ses études à la High School parce qu'un candidat au mariage, bien sous tous rapports, s'était manifesté. Et la discussion entre son grand-père et les sœurs Goldstayn avait achevé de la persuader qu'il fallait faire vite. Elle réfléchit toute la nuit. La solution qu'elle finit par trouver lui parut un chef-d'œuvre. Elle se sentait enfin débarrassée d'un poids qui mettait son cœur et ses nerfs à l'épreuve depuis des mois.

Le grand-père Rubinstein, qui restait rarement plus d'une journée à Nairobi, ne s'était pas, comme d'habitude, fait ramener en voiture à Thika, après avoir passé la nuit dans son propre hôtel de la Valley Road. Pour montrer qu'il n'était plus fâché contre les sœurs Goldstayn en raison de leurs penchants et de leurs visées d'entremetteuses – en fait, il avait pour elles une profonde vénération –, il avait accepté leur invitation à manger le lendemain soir.

– Vous n'aurez pas à vous en mordre les doigts, promit Rifka.

– Pourquoi un homme devrait-il se mordre les doigts de manger chez vous ? Alors que les restes y sont meilleurs que le repas entier chez d'autres.

– Chez moi, on ne vous a encore jamais servi de restes, monsieur Rubinstein.

– En voilà un aveu ! De quoi ne m'avez-vous pas privé !

En l'honneur de Rubinstein, il y avait de la langue de bœuf dans une sauce aigre-douce à la cannelle et aux raisins secs, un mets dont il raffolait particulièrement et que sa belle-fille, expliqua-t-il quand il vit arriver le plat décoré de fines tranches de betterave rouge, n'avait encore jamais réussi comme le réussissait sa défunte épouse.

– Peut-être n'a-t-elle pas assez d'imagination pour la cuisine, dit Rachel.

– Pour ça non plus, confirma Rubinstein.

– Et elle n'a jamais les épices qu'il faut, compléta Leah. Ima ne connaît que le sel et les oignons.

Elle était occupée à pêcher un raisin sec dans l'épaisse sauce couleur chocolat. Deux fois déjà, elle avait en vain essayé de piquer le grain avec sa fourchette. Pour Rifka et Rachel tout au moins, mais aussi pour Warani, un Kikuyu grisonnant qui servait les repas dans la maison Goldstayn depuis vingt ans et pour qui Leah était l'hôte le plus affable devant lequel il ait jamais posé une assiette, c'était là une scène absolument quotidienne. Leah était calme, aimable, gaie et spirituelle. Elle donnait en cet instant l'impression de considérer l'immobilisation définitive du grain de raisin rétif comme un travail hautement responsable, dont la réussite conditionnait son bonheur futur. Elle jouait sa partie avec une telle perfection que la bonne humeur de la tablée ne fit que grandir. Mais, au moment où la conversation des trois autres cessa de porter sur l'énorme savoir ménager que requérait la préparation d'une langue de bœuf, dérivant vers le nouveau chantre venu de Pretoria – il était de plus en plus difficile de l'inciter à accélérer le rythme de ses chants au cours du service divin afin que les fidèles puissent arriver à l'heure au déjeuner du sabbat –, Leah leva les yeux. Elle serra en même temps le poing gauche, geste que Warani fut le seul à remarquer parce qu'il était capable d'enregistrer le cours des choses aussi bien sous que sur la table. Il y avait de la tension dans ses traits. Une expression de détermination qui ne pouvait échapper à aucune des personnes présentes. La mimique de Leah paraissait presque un peu vulgaire, peut-être même brutale. Il était indéniable que miss Rubinstein, jeune fille à la bonne éducation, héritière de la plus grande plantation de café du pays et de deux hôtels de luxe ainsi que d'un *lodge* à Naivasha, préparait un Trafalgar. Ce fut en tout cas un jeu d'enfant, pour la douce et charmante princesse de son grand-père, de mettre en ébullition toute la tablée en proférant cinq mots soigneusement pesés.

– Je vais épouser Maurice Chevalier, annonça-t-elle.

Bien que, dans une des chambres voisines, miss Jermyn, qui devenait dure d'oreille, ait à l'instant remonté son gramophone pour le faire jouer le vieux tube de guerre, *Don't Fence Me In*, avec un volume sonore qui frisait la provocation et que, dans la pièce d'à côté, les bronches de M. Eppstein se soient manifestées deux heures avant l'heure habituelle, il s'établit autour du plat de langue de bœuf un silence total, un silence effrayé, un silence effrayant. Rifka posa sa fourchette et son couteau. Elle entendit une cloche annoncer d'un tintement sourd la fin de toute espèce de vie. Rachel eut les plus grandes peines du monde à avaler ce qu'elle avait dans la bouche. Elle avait le visage écarlate et brûlant. Même s'il n'avait pas compris l'importance et la portée de l'annonce de Leah, le vieux Warani était sensible à l'atmosphère chargée de la pièce. Gêné, il gardait les yeux fixés sur les deux salières en argent qu'il avait astiquées le matin même avec tant de soin. Il écrasa sur son bras gauche une mouche qui l'agaçait depuis un petit moment, et il se passa la langue contre la dernière molaire qui lui restait.

Rubinstein fut le premier à se ressaisir. D'un geste énergique, il arracha la serviette que Rachel, habituée à se préoccuper de la tenue vestimentaire de ses clients, lui avait attachée autour du cou avec un gros nœud. Un instant, il se demanda si le plus court chemin menant au but ne serait pas de céder à son envie de secouer vigoureusement sa petite-fille pour lui enlever de la tête ce qui avait bien pu venir s'y nicher. Mais Rubinstein n'avait de sa vie levé la main contre une femme et, à l'égard de Leah qu'il aimait davantage qu'aucun de ses fils, il n'avait même jamais émis la moindre menace. S'efforçant de contrôler l'agitation et le désarroi qui s'étaient emparés de son corps, il contracta tous ses muscles au point que chacun d'eux devint douloureux. Il lui fallut prendre plusieurs profondes inspirations avant de réussir à vaincre l'impression que sa peur allait exploser en hurlements que personne, autour de la table, ne manquerait d'entendre.

– Je suppose, dit-il aussi lentement que cela lui fut possible, que ton fiancé était précédemment un fils de Moïse tout à fait ordinaire.

Ce n'était pas une mauvaise manœuvre du tout qui lui était venue à l'esprit, juste à l'instant où il allait se retrouver mat, se dit le grand-père manœuvrier, ne laissant à personne le soin de le féliciter. C'était effectivement une méthode extrêmement habile pour découvrir, sans sacrifier le moindre pion, si le galeux qui avait l'intention de lui voler sa Leah était juif ou non. Où, pour l'amour du ciel, la prunelle de ses yeux avait-elle bien pu faire la connaissance d'un homme doté d'un nom français ? Le Kenya était tout de même une colonie britannique. Les Français étaient certes en Algérie. Et au Maroc aussi. De toute façon, c'étaient là des pays à des mondes d'ici. Les Belges n'avaient-ils pas eux aussi des noms à consonance française ? Au fait, quelle partie de l'Afrique était belge ? Quand il finit par se rappeler que c'était le Congo, Rubinstein se sentit accablé par davantage que le poids des ans. Il avait aussi le sentiment d'être devenu incapable d'embrasser la vie et le temps.

– Comment donc s'appelait-il déjà, ton mister Moïsche ? soupira-t-il.

– Chevalier, répondit Leah, mais elle ne put retenir plus longtemps le rire qui montait en elle.

L'hilarité jaillit comme une cascade entre des rochers. Certes, elle avait bien conscience qu'il lui restait un immense chemin à parcourir, mais elle ne pouvait s'arrêter de rire. Elle regarda d'abord les deux sœurs, puis son grand-père. Elle eut assez de courage pour faire un clin d'œil à Warani et un sourire à Rifka. Puis elle se mit à chanter la célèbre chanson de Maurice Chevalier, *Isnt't It Romantic ?*. Un regard lui suffit pour se rendre compte que son grand-père n'avait jamais entendu cet air-là. La musique était pour lui exclusivement associée à la synagogue et à la prière. Un jour, à huit ans, elle s'était plantée devant lui et avait chanté à tue-tête *God « Shave » the King*[1]. Il n'avait pas cillé, n'ayant même pas remarqué que c'était une parodie.

– Tu n'as donc jamais entendu parler de Maurice Chevalier, Aba ? demanda-t-elle pourtant. C'est un chansonnier français très célèbre. Et un acteur formidable. Il remporte à Hollywood un succès immense. Crois-tu qu'un homme comme ça épouserait une jeune fille juive ? En plus, il est vieux comme Mathusalem.

– Vraisemblablement plus jeune que moi de plusieurs dizaines d'années. Ce n'est pas de très bon goût, Leah, de tirer profit de l'ignorance d'autrui. Crois-tu que le Tout-Puissant a donné leur intelligence à ceux qui en ont pour qu'ils se moquent des imbéciles ?

– Je suis navrée. Je n'avais pas vu les choses comme ça. Ce n'était qu'une petite plaisanterie.

– Et qu'est-ce que tu voulais exactement me dire ? N'ai-je pas mérité que tu me parles comme tu parlerais à un homme ?

– Ne vous énervez pas comme ça, monsieur Rubinstein ! C'est mauvais pour le cœur.

– Quand un homme est trop vieux pour s'énerver, il n'a plus besoin de cœur, madame Rifka.

Leah se pencha très bas sur son assiette. La tentation était forte de secouer la tête, de prétendre qu'elle n'avait effectivement voulu faire qu'une simple plaisanterie et de repousser à un moment plus favorable – quand elle serait seule avec son grand-père et pourrait plus aisément lui expliquer les mobiles d'une jeune fille qu'il considérait encore comme une enfant et qui n'en était plus une – la conversation dont la nécessité, pas plus tard que cette nuit, lui était apparue si pressante. Mais sa mémoire ne l'autorisa pas à différer cette mise au clair, car elle entreprit, sur un mode lancinant, de lui rappeler que les premiers candidats au mariage avaient déjà été évoqués dans des conversations, et Leah ne doutait pas une seconde que les efforts pour la marier s'intensifieraient de mois en mois. Une grande sensation de chaleur lui parcourut le corps. Elle avait

1. Littéralement, « Dieu rase le Roi » *(N.d.T.)*.

le front brûlant. Elle leva toutefois les yeux de son assiette avec l'esprit de bravade qui, à la Nakuru School, lui avait toujours donné la force de supporter la vue de la viande de porc sans laisser transparaître son dégoût. Rifka et Rachel la fixaient toujours avec le regard de femmes se tenant au bord d'une tombe encore ouverte. Leah but une gorgée d'eau. Avec le calme d'une adulte, elle regarda l'homme qui était à la fois son père et son grand-père, à qui elle devait une existence aisée et à l'aune duquel, ce qu'elle ignorait encore, elle jaugerait désormais tous les hommes qui entreraient dans sa vie. L'amour qui l'habitait la rendit faible.

– Je m'étais dit, éluda-t-elle en implorant en vain le ciel pour qu'il lui accorde une langue légère, que si tu éprouvais d'abord une grande frayeur à l'idée que je voulais me marier, tu supporterais mieux ensuite une frayeur moindre.

– Aurais-tu l'intention d'entrer dans la diplomatie, Leah ?

– Non, dit-elle en riant, étonnée de pouvoir rire, au moment crucial, comme la petite fille qu'elle avait été jusqu'au 14 mai 1948. Quand j'aurai terminé l'école, je partirai pour Israël.

Pour la première fois de sa vie, le vieux Rubinstein renonça au dessert dans la maison Goldstayn, alors que c'était de la mangue conservée dans du vin de raisin sec fait maison, dessert pour lequel il aurait même couvert à cheval la distance entre Thika et Nairobi, exploit qu'il avait accompli plus d'une fois dans sa jeunesse. Une douleur acérée lui avait coupé le corps en deux moitiés.

Il avait toujours su que les enfants ne peuvent être que prêtés à un homme. Ce qui avait été le cas du père de Leah, son fils préféré. Un jour, sans expliquer pourquoi, il était parti pour l'étranger, désireux de prendre possession du monde, puis il était mort à Paris. Rubinstein, pressentant ce qui allait se passer, avait-il alors admiré Abraham, un père qui avait d'emblée compris qu'un enfant appartient à Dieu ? Abraham avait été prêt au sacrifice et il avait posé son fils sur la pierre, l'offrant à Celui qui le lui réclamait.

– Comment disais-tu qu'il s'appelle, déjà ?

– Qui ça ?

– Eh bien, qui veux-tu que ce soit ? Le vieil homme que tu veux épouser à Paris ?

Il fallait que Leah fût dans un embarras extrême pour se laisser berner. Et, effectivement, elle crut que son grand-père si avisé, ce protecteur roué et supérieur à tout un chacun, avait subi un choc et que, pris de court par la soudaineté avec laquelle elle avait cru pouvoir lui annoncer une mauvaise nouvelle, il s'était laissé fourvoyer. Elle pensa qu'il était encore effectivement quelque part entre rêve et compréhension. La honte vint ravager sa conscience. Elle se risqua néanmoins à le regarder. Voyant ses yeux briller, elle dut alors s'avouer que rien de tout cela n'était exact. Son humour l'avait sauvé, ce mélange extraordinaire d'ironie, protectrice du cœur, et d'intelligence aiguë qui préserve en toutes circonstances l'équilibre de la tête. Et c'était également l'humour qui l'avait sauvée. Jamais encore Leah n'avait été aussi reconnaissante envers son grand-père, jamais elle ne s'était sentie aussi proche de lui. À l'abri de la nappe, sa main trouva la sienne et la serra. Il eut pour elle un hochement de tête de connivence et ils se turent. Comme un couple d'amoureux. Comme Roméo et Juliette avant que l'alouette ne chante. Comme Philémon et Baucis quand les dieux leur eurent promis qu'aucun des deux ne devrait mourir avant l'autre. L'histoire était très ancienne. Mais Leah la vivait pour la première fois. Ce soir-là non plus son grand-père ne rentra pas à la ferme.

Ils restèrent assis dans le jardin jusqu'au moment où apparurent les trois premières étoiles, veilleurs célestes d'une nuit tropicale que le vieil homme et la jeune fille n'oublieraient jamais. Leah se balançait avec légèreté sur une planche peinte en vert que Rifka avait fait attacher aux branches maîtresses d'un cèdre, pour que les enfants des visiteurs puissent jouer. Si ses pieds touchaient rarement le sol, son esprit, lui, ne le quittait pas.

– Pourquoi Israël, Leah ? Il y a de la vie juive partout. Un de mes frères habite Londres. Il a une femme merveilleuse qui t'accueillerait comme si tu étais sa propre fille, et il a bon cœur aussi. Tu pourrais poursuivre tes études. Ou bien chercher un mari. Je me suis laissé dire que les deux choses vont de pair de nos jours.

– Ne disons-nous pas, tous les ans, dans nos prières pour la Pâque juive : « L'année prochaine à Jérusalem » ?

– Des prières, Leah ! Qu'est-ce que des prières ? Je me demande s'il est intelligent de s'en remettre au Tout-Puissant pour chaque chose. J'ai l'impression que, ces derniers temps, on le surmène un peu.

– Tu ne penses pas vraiment ce que tu dis.

– Non, avoua le vieux Rubinstein. Les Juifs qui pensent comme ça ne peuvent pas résister.

– Résister à quoi ?

– À la vie.

– J'aurai dix-sept ans en septembre. Ça fait quatorze ans déjà que je sais ce que signifie, lors de la Pâque, la formule « L'année prochaine à Jérusalem ». Pourquoi parler d'une patrie pour tous les Juifs si nous ne voulons pas vivre dans cette patrie ?

– Mon Dieu, Leah. Le pays est en guerre. Il ne connaîtra jamais la paix.

– Mais jamais non plus l'antisémitisme. J'en rêve depuis le jour où on m'a mise à l'école.

– Ne me demande pas d'oublier de penser à moi. À mon âge, on a désappris à dire adieu.

Leah sauta de la balançoire. Quand ses pieds touchèrent le sol, elle sentit en elle la force de la jeunesse. Elle s'assit sur le banc aux côtés de son grand-père, la tête contre son épaule comme aux jours de son enfance. Il sentait ses cheveux, et il remercia le Créateur de ce que les souvenirs qui endormaient sa douleur fussent aussi bons. Ils entendaient des chuchotements qu'ils ne comprenaient pas, et chacun pria le ciel que seul son propre cœur fût durablement blessé. Quand la nuit fut sur le point de céder enfin la place au jour, elle fut consolée en songeant que, parvenus à la croisée des chemins, ils avaient décidé, par amour, d'avoir l'un pour l'autre des égards. Leah promit de ne pas partir pour Israël avant d'avoir fait la connaissance de sa famille de Londres et de New York.

– Et, ajouta le grand-père, tu m'emmèneras ! Quand le vieil homme que je suis aura-t-il encore la chance de voyager à travers le monde en compagnie d'une jeune femme ? Je mordrai tous les hommes jeunes qui s'aviseront de porter les yeux sur ma petite-fille.

Six mois plus tard, le *Princess Alexandra* appareillait. Il parcourut la distance entre Mombasa et Southampton dans le temps record de dix-neuf jours. Il y avait à bord une foule de jeunes gens d'excellente humeur, aussi ardents que de jeunes taureaux. La plupart d'entre eux étaient en uniforme et rentraient chez eux. Leur joie de vivre bouillonnait comme les vagues qu'ils contemplaient avec mélancolie tout en rêvant de femmes. Un de ces jeunes hommes, un blond ingénieur de Sheffield, faillit entrer en conversation avec Leah alors que le bateau était encore en mer Rouge. Bien que ce fût un jour de grand vent qui ballottait furieusement le navire, elle s'était penchée très loin par-dessus le bastingage pour observer les poissons volants. Un instant, elle donna l'impression qu'elle allait passer par-dessus bord. Le lieutenant de Sheffield accourut, mais le vieux barbu qui ne quittait jamais son chapeau, même à table, fut plus rapide que lui. Il était étonnamment fort et agile. Le sauveteur anglais, coiffé sur le fil, fut fort étonné quand il entendit Rubinstein déclarer d'une voix très nettement audible en dépit de la tempête :

– Le capitaine est-il vraiment à la hauteur ? Notre Moïse, lui au moins, avait veillé à ce que son peuple n'ait pas le mal de mer en traversant la mer Rouge.

5

Vicky et le Viking

Nairobi, 1950

– Je ne peux me rappeler qu'un seul grand désastre dans ma vie. C'est la fois où j'ai renversé du ketchup à la tomate sur ma robe blanche toute neuve. J'étais alors, au jour près, deux fois plus jeune qu'aujourd'hui, et j'ai eu la certitude que le monde allait s'écrouler. Je me suis vue arriver à la porte du ciel, un ange montrant du doigt ma jupe dégoûtante et me criant : « Tu ne rentreras pas dans cet état. » J'ai terriblement pleuré.

Ainsi discourait Vicky Sedlacek, le soir de son anniversaire, assise dans le bar du Thor's Hotel, un lieu apprécié de tous, jeunes et vieux. Quand les trois jeunes gens qu'elle ne connaissait que depuis deux heures se mirent à rire de bon cœur, comme si l'anecdote était vraiment aussi charmante et spirituelle que le croyait Vicky, elle portait cette fois encore une robe à manches longues. Une robe en batiste également. En ce jour, à vrai dire, aucune tache ne ternissait la couleur de l'innocence. La jupe flottante et le corsage étroit étaient les vestiges d'un rêve de petite fille. Très tôt, Vicky avait nourri le dessein de devenir ballerine, entre enfance et mariage, et de conquérir les cœurs du monde entier. À présent, son large décolleté offrait à ses admirateurs des aperçus qui suscitaient en eux des sensations beaucoup plus fortes que l'image, d'ailleurs étrangère à leur monde intérieur, d'anges scandalisés par des taches de ketchup.

– Je n'avais encore jamais vu des seins pareils, s'émerveilla un des jeunes galants.

– Moi, si. Mais uniquement au cinéma à dire vrai, chuchota en retour son copain.

Le garçon à la veste zébrée, les yeux perdus dans une tout autre contrée de ce pays, servit les premiers *sundowners* dans de grands verres posés sur un plateau en argent : du gin avec du citron, la boisson nationale de la colonie. Vicky avait maintenant dix-huit ans et elle n'était donc plus obligée de solliciter, pour chacun de ses faits et gestes, l'accord de personnes qui, de son point de vue, étaient loin de comprendre le monde aussi bien qu'elle. Pour parler de manière aussi charmante de son passé, en termes bien choisis, et réussir à faire oublier qu'elle n'en avait encore aucun, elle était assise dans un fauteuil à oreilles recouvert de peluche rouge. Le siège démodé mettait en valeur sa jolie silhouette et soulignait à merveille la finesse de ses traits. On aurait pu croire que l'artisan auteur de ce fauteuil massif avait eu pour seule intention de créer le trône convenant à une jeune et charmante princesse.

L'enfant dotée de la grâce des elfes, qui tenait autrefois chacun sous son charme grâce à ses fossettes et à ses cheveux blonds et soyeux, s'était muée en une beauté épanouie. Quiconque avait la chance de contempler, les yeux grands ouverts, l'épanouissement de ce rare bouton de rose ne pouvait s'imaginer que des cheveux gris, des rides ou un double menton pourraient un jour déparer cette apparition céleste. Chez personne, l'image de Vicky ne pouvait être associée à l'idée du caractère éphémère de l'existence.

Dans le bar du Thor's, à la différence de nombre de ses semblables dans le pays, le motif de la décoration n'était pas la chasse. Il n'y avait aux murs ni les habituels trophées, ni les omniprésentes photos de safaris. Alors qu'il était l'un des plus anciens hôtels de Nairobi et qu'Hemingway en personne avait pris place au bar dans un passé relativement proche, le Thor's n'exhibait pas l'inévitable tableau du poète et chasseur posant fièrement devant un cadavre de lion. Enclave distinguée permettant à ses hôtes de se retirer totalement de l'existence coloniale et de sa monotonie, le bar était aménagé dans le style des clubs anglais raffinés, où les seuls signes de vie que donnent des gentlemen d'un autre temps, dissimulés derrière le *Times*, sont les bruissements de journal qu'ils s'autorisent. Comme on le sait, ils ne se les autorisent qu'en de très rares occasions, par exemple s'il leur arrive d'entendre une voix de femme retentir dans leur domaine réservé.

Au bar du Thor's, on s'était mis au goût du jour. Les femmes, même non britanniques, y étaient les bienvenues. Le gérant, comme ceux qui le jalousaient n'oubliaient jamais de le souligner, était un «répugnant filou» à qui des hommes convenables n'auraient même pas confié leurs maîtresses, mais l'unanimité se faisait pour considérer qu'il connaissait parfaitement son métier. L'artiste en question, originaire de Vienne, était d'avis que la présence de femmes, plus particulièrement de femmes jeunes et séduisantes, exerçait une influence favorable sur le chiffre d'affaires d'un bar.

– Chez une femme, avait expliqué le débrouillard Viennois à son patron pas entièrement convaincu, ni la nationalité ni l'accent ne jouent le moindre rôle. Croyez-moi, Sir, je viens d'un pays où pas un homme, avant de s'abandonner au plaisir, ne demande à une femme de lui montrer son passeport.

Vicky était la meilleure preuve de la justesse de cette assertion reposant sur une conception des affaires encore inhabituelle à Nairobi. Les trois jeunes hommes qui lui tenaient compagnie auprès de la cheminée, allumant cigarette sur cigarette et toussant de plus en plus fort après chacune d'elles, tant ils étaient inexperts en la matière, avaient aussi bu au-delà de leurs facultés de résistance à l'alcool. Dans cet état peu susceptible de mettre en valeur leurs talents oratoires, ils s'en remettaient, dans la mesure du possible, à l'objet de leur commun désir pour entretenir la conversation. Vicky avait allongé devant elle ses jambes de gazelle au hâle délicat, de manière à pouvoir aisément poser sur son genou droit son verre de *whisky on the rocks.* L'alcool était de la sorte à la fois assez proche d'elle pour donner l'impression qu'elle avait l'habitude de boire et qu'elle aimait cela et assez éloigné de son nez sensible pour ne pas l'incommoder. L'héroïne de la fête, bien que d'excellente humeur, était en effet incapable de supporter l'odeur du whisky. En passe d'obtenir un passeport anglais, avant un an en tout cas, elle déployait de grands efforts pour accoutumer son palais aux us et coutumes des buveurs de la colonie, mais elle ne parvenait pas davantage à supporter le gin que le whisky et, si elle se voyait contrainte un jour de boire un brandy, elle avait besoin de tout son self-control pour ne pas s'ébrouer ensuite comme un chien sortant de l'eau.

L'un des jeunes et preux chevaliers avec qui elle fêtait son anniversaire se serait-il risqué à l'interroger sur ses préférences en matière d'alcool, Vicky aurait peut-être avoué, dans un moment d'inattention, qu'elle détestait l'alcool et surtout la gueule de bois du lendemain matin. Mais, dans les milieux de Nairobi que fréquentait Vicky après avoir eu le bonheur d'enfin échapper à la High School honnie, on posait rarement des questions, en tout cas jamais de questions revêtant le moindre caractère d'importance. Tout au plus, une conversation s'était-elle trop longtemps nourrie d'anecdotes futiles et de blagues mille fois ressassées, s'autorisait-on à s'interroger à propos des récentes prévisions météorologiques, des tableaux de chasse des derniers safaris, occupation en vogue croissante, ou d'éventuels projets de voyage. Tout le monde – que ce soient les fils de fermiers fêtant pendant quelques semaines dans la capitale la fin de leurs tristes obligations scolaires ou la jeunesse de Nairobi persuadée, dans sa confiance naïve, qu'elle était appelée à tenir d'ici quelques années le haut du pavé dans la colonie et que, dans cette attente, elle avait l'unique devoir de profiter de la vie – tout le monde s'en tenait à une règle bien établie : il était vraiment vieux jeu et niais d'aborder des sujets sérieux au cours d'une conversation avec des personnes du même âge. Poser des questions d'ordre privé était le fait d'esprits bornés et *bourgeois*[1].

Certes, ce dernier mot, très récemment arrivé jusqu'à Nairobi, s'avérait, pour des langues anglaises, un peu difficile à prononcer, mais y compris des gens ignorant totalement sa signification aimaient à l'utiliser. On disait *bourgeois* d'un ton suffisant, les sourcils froncés, oublieux des habituels préjugés à l'égard des Français : hormis le fait que ces derniers avaient décapité leur roi avec femme et enfants et que, à Dunkerque, ils avaient manqué de la combativité voulue, ils mangeaient des cuisses de grenouille ou des escargots et avaient le front de faire la grimace à la seule idée qu'on puisse manger de la viande de mouton accompagnée de sauce à la menthe.

---

1. En français dans le texte.

Vicky ne redoutait pas d'être traitée de *bourgeoise*. Son aversion à l'égard des questions trop personnelles était récente. Elle provenait de sa peur de voir un jeune homme effronté ou une rivale jalouse tiquer sur le fait que la maman Sedlacek n'endormait pas sa petite fille en lui chantant *Rockbaby Baby* ou *Little Boy Blue*, mais *Guten Abend, gute Nacht*. Les dieux avaient amplement doté Vicky du talent de ne se représenter l'existence que sous les couleurs les plus gaies de la palette, et elle était fermement décidée à persévérer dans cette voie. L'avenir n'était pas pour elle un problème d'importance. Elle regardait derrière elle plus rarement encore. Même la journée de septembre 1938, qui avait pourtant été déterminante pour son destin, s'était transformée en un souvenir flou, baignant dans une lumière grise. Un souvenir pratiquement indolore. Sa mère, en revanche, se rappelait très nettement comment sa Vicky, petite fille allemande de six ans aux coquettes tresses, se prénommant encore Auguste Victoria, était rentrée de l'école en sanglotant, sans cartable et le front en sang. Parfois, la mère ressentait le besoin de parler de cette époque non seulement avec son mari, mais aussi avec sa fille, parce que les Sedlacek avaient pris conscience de leur judéité et que, comme tous les assimilés, ils avaient honte d'avoir cru trop longtemps que le pays des penseurs et des poètes ne pouvait connaître le mal. Erna Sedlacek avait toutefois appris en exil à ne pas importuner sa fille en lui faisant partager ce qui la tracassait.

Vicky n'avait pas non plus, pour les blessures plus récentes, la mémoire qui transforme trop prématurément les favoris des dieux en esprits hésitants, tourmentés et craintifs. La favorite de dame Fortune n'était que rarement en proie à l'hésitation, elle ne se torturait pas l'esprit – cela n'arriva que trop tard dans son existence – et elle n'éprouvait généralement pas la moindre peur, à moins qu'un chien ne lui bondisse dessus ou qu'un chat ne lui frôle les jambes, réaction atypique pour une fille élevée à la campagne, mais très caractéristique d'une enfant qui n'avait jamais ressenti comme un bienfait de Dieu le fait de vivre en plein cœur d'une nature lointaine et exubérante.

La plantation de thé paternelle, à Kericho, prospérait d'année en année. Les récoltes bénéficiaient de prix records. Trois années auparavant, la propriété avait été dotée d'une immense ferme qui valut à l'ancien architecte Siegfried Sedlacek une renommée nouvelle dans sa seconde patrie. Les étables qu'il avait conçues pour ses propres bêtes furent copiées dans les exploitations voisines. Jan de Wett, un Boer pour qui le moderne New Stanley Hotel de Nairobi, un bâtiment très dépouillé, représentait jusque-là le sommet de l'art, construisit à son tour un charmant pavillon de jardin sur le modèle de celui de son ami Sedlacek qu'il avait en si haute estime : celui-ci avait d'ailleurs conçu le sien en s'inspirant, hommage au passé, d'un pavillon du parc de Sanssouci. Vicky commença alors à deviner ce que son bannissement d'Allemagne avait coûté de talent et d'honneurs à son père, mais elle préféra cependant enregistrer de loin les exploits paternels. Elle colla avec soin dans un album les photos qui témoignaient de sa réussite.

Les intervalles entre ses visites à la ferme ne cessaient de s'allonger, ce qui chagrinait ses parents, mais ils surent se montrer compréhensifs. Ils continuaient à livrer à l'hôpital de Nakuru et à l'école de la mission de Naivasha leurs lapins enveloppés dans d'épaisses serviettes en damas conservées depuis l'Allemagne. Ils se rendaient à Nairobi uniquement lorsque leur fille leur manquait trop. Subissant de la part de ses parents, en raison de la rareté de ses visites à Kericho, de véritables agressions, violentes et soudaines, mêlant l'insatisfaction et le repentir, Vicky s'entendait néanmoins à apaiser rapidement sa conscience en s'extasiant auprès de ses amies, de ses admirateurs et de ses connaissances occasionnelles : « J'ai les meilleurs parents du monde. »

– Mes parents sont les « reps » idéaux, fut une précision qu'un jour, à l'intention de Liesel – et d'elle seulement –, elle ajouta à cet inventaire flatteur de sa vie de famille.

– Ma mère en est encore à cent lieues, avait soupiré Liesel en réaction à cette confidence. Récemment, sans rougir, elle m'a demandé si je n'enviais pas Regina. Cette malheureuse Regina précisément, coincée en Allemagne comme elle l'est !

Dans les milieux concernés, le mot « reps » était l'abréviation courante pour *Refugeesparents* – rôle que le Dr Walter Redlich se refusait absolument à endosser, ce qui le décida à retourner en Allemagne pour pouvoir parler dans sa langue maternelle sans que sa fille ait à rougir de lui. Les « reps » étaient des parents qui cessaient de se mêler de la vie de leurs enfants dès que ceux-ci étaient en passe d'atteindre l'âge adulte et qui, au milieu de Britanniques, prenaient aussi peu que possible la parole, dans la mesure où un accent allemand, la guerre terminée, était, plus encore qu'auparavant, une véritable provocation pour des oreilles anglaises. Les enfants, élevés dans les écoles du pays et très souvent devenus de vrais petits snobs, redoutaient comme une abomination le moindre indice révélateur de leur passé. Les parents les plus habiles à préserver la paix dans leur foyer étaient ceux qui s'abstenaient d'évoquer leur expérience personnelle avec leurs fils et leurs filles.

Les Sedlacek adoraient leur fille. Il ne leur serait jamais venu à l'esprit de l'importuner en essayant de lui inculquer les valeurs morales de leur ancienne patrie. Satisfaire les désirs de leur enfant unique était la seule joie les accompagnant dans la traversée de ce bas monde. Ils nourrissaient des espérances modestes : la santé pour eux trois et, quand l'heure en serait venue, un gendre juif, honnête et travailleur, qui gâterait leur fille comme ils l'avaient gâtée et qui, un jour, récolterait à Kericho les fruits de leur labeur acharné de Prussiens. Il était en fait assez peu question de l'avenir dans la famille, et on évoquait uniquement le passé quand Vicky était à l'internat. Ses grands-parents, du côté paternel et du côté maternel, trois oncles, leurs femmes et leurs enfants avaient été assassinés dans les camps de concentration allemands. Le savait-elle ? Voulait-elle le savoir ? Que représentait son destin de Juive pour une jeune fille éprouvant le besoin impérieux d'entrer dans un milieu pour lequel le Kenya était le centre du monde et l'anglais la langue maternelle de la terre entière ?

– L'essentiel, disait le père sans même prendre conscience du soupir qu'il ravalait, c'est que notre fille soit heureuse.

– Elle ne peut pas être autre chose qu'heureuse, souriait la mère avec fierté.

Quand, deux semaines avant son anniversaire, son père annonça sa visite à sa fille, celle-ci était donc très légitimement fondée à voir son père réagir avec sa réserve et sa bienveillance habituelles quand il apprendrait qu'il se produisait de profondes modifications dans la vie de son enfant gâtée. À l'époque, six mois après la fin de l'école et au terme de quatre mois passés dans la ferme familiale qui lui étaient apparus comme les plus longs de son existence, Vicky habitait dans une petite *boarding house*, pension de famille appartenant à des connaissances des Sedlacek. La propriétaire avait certes promis de «jeter de temps en temps un coup d'œil sur Vicky», mais elle avait cessé sa surveillance au bout de deux semaines. La condition mise par le père pour autoriser l'installation à Nairobi de sa fille avide de distractions et de plaisirs citadins avait été qu'elle sollicite son inscription dans une école de commerce privée ; l'établissement, à la grande joie de Vicky, avait mis encore plus de temps à répondre à sa requête que ce n'était la coutume dans le pays. Alors, une nouvelle fois, elle avait tiré le gros lot dans la loterie de la vie : son amie Daphne l'avait invitée à venir habiter quelque temps chez elle.

Daphne Jenkins, une ancienne camarade de classe de la High School, affligée de complexes d'infériorité, de mèches de cheveux lui tombant sur le visage, d'acné juvénile et d'accès de mélancolie, était une jeune fille dont les talents et l'apparence extérieure se situaient plutôt en dessous de la moyenne. Elle avait fréquenté une école privée à Limuru sans s'y faire une seule amie. Dès sa première journée à la High School, elle s'était entichée de Vicky qui, de son côté, se trouvait flattée que la fille d'une famille anglaise aisée s'intéresse à elle. Infiniment soulagés que leur fille si sensible et affrontant de si nombreuses difficultés se lie, même après la fin de sa scolarité, avec des jeunes gens, les parents Jenkins avaient accepté de bonne grâce que leur fille héberge Vicky.

John et Patricia Jenkins appartenaient à l'élite de la société. Ils habitaient une villa avec une piscine en marbre. Le jardin était si vaste que, du temps où Daphne était enfant, on avait dû lui faire effectuer le trajet entre sa pataugeoire et le parc à chevaux dans une voiture tirée par un poney ; quatre jardiniers africains et un spécialiste venu du pays de Galles entretenaient les parterres de fleurs, un ancien jockey, assisté de dix garçons d'écurie, prenait soin des chevaux. Daphne eut assez d'astuce pour ne pas citer une seule fois le nom de famille de Vicky. Elle savait que ses parents n'auraient jamais invité une jeune fille juive chez eux et qu'ils n'auraient en tout cas pas imposé ce genre de fréquentation à un homme comme Alan Thorndike, qui leur rendait des visites régulières.

Mais Thorndike n'avait pas que des préjugés. Il avait aussi des yeux et de l'imagination. La première rencontre entre lui et la «bombe blonde», comme il surnomma Vicky au cours d'une conversation avec son ami John, se révéla fructueuse pour l'une et pour l'autre. Une semaine seulement après avoir fait la connaissance de Thorndike, Vicky était entrée dans le monde des affaires de Nairobi grâce à la manière résolue et spontanée de ce dernier de saisir sa chance, aptitude qui lui valait l'envie générale. Seuls les aigris se livrèrent à haute voix à des insinuations concernant les détails de cet engagement.

Le père de Vicky avait appris avec quelque retard que sa fille si longuement et jalousement protégée, en qui il voyait encore une jeune fille ignorante et indifférente à l'argent, était devenue secrétaire dans le très distingué «Golf Club» de Nairobi. En totale contradiction avec son naturel, Siegfried Sedlacek avait laissé paraître son désarroi. Il avait d'abord pâli, puis rougi. Au lieu de tapoter d'un air approbateur la joue de sa fille comme celle-ci l'escomptait, il avait gardé le silence, un peu comme s'il n'avait jamais entendu dire que les jeunes femmes modernes gagnaient leur vie toutes seules et ne voulaient pas dépendre du bon vouloir de leurs pères. Les yeux rivés sur le bout de ses chaussures, il s'était mordillé l'ongle de l'index droit. Quand il avait enfin réussi à remuer la langue, sa voix tremblait. Pire encore, compte tenu du caractère scabreux de la situation, il s'était mis à parler allemand, alors qu'il savait parfaitement que cela indisposerait sa fille.

– Ne faut-il pas avoir fait un apprentissage quelconque pour travailler comme secrétaire ? avait-il demandé.

– Qu'est-ce que tu sous-entends par-là ?

– Je suis tellement vieux jeu. Je pensais à la sténographie, apprendre à taper à la machine. Que sais-je encore ? Un peu de comptabilité, peut-être ?

– Mon patron n'est pas un pépé allemand hors du coup, avait répliqué Vicky avec le sourire malicieux qui transforme habituellement les pères bien dressés en humbles domestiques. Il n'a même pas voulu voir mon dernier bulletin scolaire de la High School.

Pour ne pas l'énerver inutilement, elle parlait elle aussi allemand, sans s'imaginer qu'en fait c'était son accent qui irritait son père.

– En ce qui me concerne, avait-il grommelé, il n'y a encore jamais eu personne dans ce pays qui ait omis de me réclamer mes papiers. Même le médecin a voulu absolument voir écrit noir sur blanc qui j'étais, le jour où, avec une hernie étranglée et hurlant de douleur, j'ai été transporté dans l'hôpital que je fournissais en viande toutes les semaines, depuis des années.

– Bah, c'est une vieille histoire.

– Pas si vieille que tu le crois, mon enfant. C'est drôle. J'avais toujours pensé que les clubs de golf avaient des préventions envers les Juifs. Envers les Juifs et les Nègres, à ce qui se dit généralement.

C'est précisément dans le très coquet bar du Thor's que Vicky se souvint brusquement de cette phrase malheureuse, se rappelant aussi combien elle avait été peinée et fâchée du tour pris par la conversation. Son père était finalement plus *bourgeois* qu'elle ne le supposait, diagnostiqua-t-elle malgré le recul. Il n'était après tout qu'un père crampon comme les autres, se figurant avoir de son vivant des droits sur sa fille. Enfant, elle craignait déjà que ses parents allemands ne la couvrent de honte en lui faisant des mamours et des bisous devant ses camarades et ses professeurs anglais, sans parler des maudits sons gutturaux qu'ils émettaient chaque fois qu'ils ouvraient la bouche. Et voilà que, précisément le soir de son anniversaire qu'elle entendait savourer en toute tranquillité, cette dispute avec son père lui revenait à l'esprit ! Elle se revit se mordre les lèvres et secouer la tête parce qu'un petit mensonge, un moyen habile d'échapper au dilemme, lui était venu à l'esprit, mais qu'elle avait été trop fière pour lui mentir. Était-ce ainsi qu'on récompensait sa franchise ? La scène désagréable était aussi nette à ses yeux que si elle avait été filmée par le diable en personne. Avec Vicky et Siegfried Sedlacek dans les rôles principaux. Elle avait encore dans l'oreille chacun des mots échangés, sans compter les pénibles raclements de gorge et les soupirs écœurants.

– Jusqu'à présent, avait-elle déclaré du ton légèrement ennuyé de qui se voit contraint de dire des choses allant de soi, personne ne m'a posé de question à propos de ma confession.

Après avoir prononcé cette phrase qui lui était apparue remarquable, elle avait boudé davantage qu'elle n'en avait eu l'intention à l'origine, mais elle était vraiment en colère. Son père avait manifestement oublié qu'elle trouvait répugnantes les blagues que les émigrés se racontaient entre eux.

Ce qui avait perturbé la princesse Vicky, c'était de constater que son sujet, si bonne pâte et si accommodant d'ordinaire, se refusait cette fois à faire preuve de logique et de discernement. Ne comprenait-il donc vraiment pas qu'elle n'avait rien fait d'autre que se trouver un job de son propre chef? Consciente d'avoir fait ses preuves, elle avait souri puis caressé le front paternel, bien qu'elle n'ait pas éprouvé plus d'envie de sourire que de besoin d'échanger des manifestations de tendresse. Pendant un bon moment, elle avait même été persuadée de l'avoir amadoué, mais le feu qui couvait avait repris de la vigueur. La voix qu'elle avait entendue était désagréable, presque menaçante; elle lui était en tout cas étrangère.

– Dis-moi, ma chère Vicky, cet homme trop crédule qui t'a engagée comme secrétaire sans que tu aies les connaissances et les diplômes nécessaires serait-il naïf au point de penser que le nom de Sedlacek est d'origine anglaise?

– Pour mister Thorndike, je m'appelle Sell, avait-elle répondu avec un léger balbutiement.

Ou n'était-ce qu'un zézaiement? Toujours est-il qu'elle avait eu du mal à prendre l'air de celle qui vient d'énoncer quelque chose de tout à fait banal.

– Par tous les diables, qui est ce mister Thorndike? Un prêtre qui baptise les filles juives?

– Ce n'est pas la peine de te mettre tout de suite à hurler. Je ne suis pas quelqu'un qu'on baptise. Pas, en tout cas, sans mon accord. Je viens précisément de te dire que personne ne sait ici que je suis juive. En quoi ça regarde les gens? Pourquoi devrais-je embêter, avec un nom comme Sedlacek, des gens qui n'arrivent même pas à prononcer le mot *Kraut*? Au cas où ça t'intéresserait vraiment, sache que mister Thorndike est le *managing director* du club. Il est de plus incroyablement gentil et serviable. Il m'a déjà appris des tas de choses.

– Je veux bien le croire! Depuis quand, au fait, te peinturlures-tu le visage comme un Massaï?

Même parvenus à ce stade de leur discussion, ils ne s'étaient pas disputés. Le tocsin n'avait pas sonné. Seul le vent avait fraîchi.

Avant cette conversation avec son père, Vicky avait même envisagé de fêter son anniversaire avec ses parents à la ferme, de manger sous l'eucalyptus odorant des beignets et des brioches en couronne, avec une double couche de crème fouettée, et de savourer le plaisir de se retrouver en compagnie des seuls êtres auprès de qui elle n'avait pas à jouer la comédie. Elle ne le savait pas encore, mais elle avait laissé passer là l'occasion d'accepter ce qu'elle était vraiment.

Quatre jours avant son anniversaire, elle avait donc envoyé une carte postale à Kericho, informant ses parents qu'elle préférait «repousser à plus tard» sa visite, car, après mûre réflexion, elle en était arrivée à la conclusion qu'elle voulait passer cette journée avec sa seule amie, «en toute tranquillité et intimité». «Daphne aime avant tout être seule avec moi, avait-elle aussi écrit, et je ressens un fort besoin de lui manifester ma gratitude pour l'extraordinaire hospitalité qui m'a été accordée dans sa maison.»

– Cette noble demoiselle va-t-elle avoir dix-huit ou quatre-vingts ans? avait demandé Siegfried Sedlacek à sa femme.

Froissant la carte postale, il avait donné un coup de pied si violent dans une bûche de bois de la cheminée qu'une gerbe d'étincelles avait jailli.

– Laisse-la faire, avait dit sa femme en sauvant la carte postale des flammes d'un geste risqué. Les enfants doivent avoir jeté leur gourme avant qu'on puisse parler de nouveau avec eux. À dix-huit ans, j'étais exactement comme elle.

– À dix-huit ans, ma chère, tu étais sage et merveilleusement belle. Et je n'arrive pas à me souvenir de l'ombre d'un début de gourme chez toi. Le seul souvenir que je garde est celui d'un cœur d'or.

Vicky n'avait même pas menti à ses parents. Seule Daphne était en effet au courant de son anniversaire. Elle passa prendre son amie au club de golf avec un bouquet de roses qui aurait convenu à la fiancée d'un millionnaire, accompagnée du chauffeur de son père, en livrée vert mousse toute neuve provenant de chez Harrods à Londres, un galon d'or autour du col. Il était au volant d'une Buick qui avait été livrée à Mombasa une semaine auparavant seulement. Le chauffeur le plus superbe et le plus fier de tout Nairobi ôtait de temps à autre les mains du volant pour applaudir. En alternant des séries de coups de Klaxon et des concerts plus longs et entraînants, il avivait encore l'intense curiosité que l'apparition de la lourde voiture américaine dans Delamare Avenue avait suscitée. Les deux dames, assises à l'arrière, arboraient un sourire distingué.

Les spectateurs, transportés d'enthousiasme, n'entendaient pas se contenter d'admirer en silence. Ils étaient pris d'un besoin irrésistible de toucher la voiture brillant de mille feux dorés sous le soleil, de caresser les phares et de tâter les pneus. En quelques minutes, la ferveur du public provoqua un gigantesque embouteillage. Le chauffeur fut obligé de s'arrêter. Il le fit juste devant les pieds de Tommy Evans.

Tout ce qui comptait dans la ville connaissait Tommy. C'était un rouquin effronté et spontané. Il était surtout d'un tel sans gêne qu'il avait l'art incomparable, en quelques phrases seulement, de se faire des ennemis de ses meilleurs amis. Jeune garçon, il avait été invité à deux ou trois reprises chez Daphne pour des anniversaires ou des soirées de Noël. Mais, juste au moment où ces invitations régulières allaient se transformer en droit coutumier, il s'était aliéné toute espèce de sympathie dans cette maison. En une opération-éclair, il avait rasé dans la salle de bains les ours en peluche de son hôtesse ainsi qu'une précieuse poupée empruntée à la collection de la maîtresse de maison. Présentement, ayant ouvert la portière de l'auto neuve, il poussa un sifflement entre ses dents ébréchées qui, en dépit de ses vingt ans, le faisaient encore ressembler à un potache insolent, et il fit une révérence digne d'un page royal à Buckingham Palace.

– Mon Dieu, Daphne Jenkins ! s'écria-t-il. Tu n'as pas honte, Daphie, Daph, Daph ? Tu ne nous avais pas une seule fois soufflé mot de ta ravissante amie. Jamais encore je n'avais vu une pareille merveille se promener librement dans ces parages !

Vêtue cet après-midi-là d'un corsage lilas profondément décolleté qui la faisait paraître encore plus pâle qu'à l'ordinaire et pour lequel elle n'avait ni la prestance ni la silhouette voulues, Daphne était habituée à voir toutes les créatures masculines s'intéresser – leur cheval mis à part – à la seule Vicky. Elle se montra encore plus magnanime que de coutume.

– Je te présente Vicky, la secrétaire d'Alan Thorndike depuis un mois, et qui, à minuit, vient d'avoir dix-huit ans. Nous sommes en route pour le Thor's où nous avons l'intention de trinquer en l'honneur de cet événement.

– Ça alors, ça s'appelle avoir de la chance, gloussa Tommy. Ne pas revenir bredouille alors qu'on n'est même pas parti à la chasse !

– Aimerais-tu nous tenir compagnie ?

– Et nous protéger ? sourit Vicky. Je ne suis encore jamais allée seule dans un bar.

Tommy Evans était connu pour sa bonne humeur et ses talents d'organisateur. Et pour rien au monde il n'aurait laissé échapper l'occasion de passer la soirée au Thor's en compagnie de la fille la plus belle qu'il eût jamais croisée. Un seul regard dans les yeux bleus de la beauté blonde lui suffit pour s'imaginer des scènes qui lui firent venir des suées au niveau de la nuque et battre violemment le cœur.

– Nous allons faire une boum, annonça-t-il plein d'enthousiasme, s'affalant, à côté de Vicky, dans les coussins moelleux de la Buick – sans se rendre compte qu'il était en train de diviser ses chances par trois.

En moins d'une heure, et après un *sundowner* et un double whisky qui produisit chez lui autant d'effet qu'un triple, Tommy convoqua ses amis Jim Canon et Fred Morrison sur les lieux du *happening*. Eux aussi furent enthousiasmés par la perspective de passer une soirée avec la fille la plus riche de Nairobi ainsi qu'avec la plus belle qu'il leur eût été donné de voir, et de surcroît dans un bar fréquenté par l'élite de la ville et non, comme au New Stanley, par des touristes américains et par des nouveaux riches. Quand sonna la deuxième heure de l'ère nouvelle, le diabolique Tommy avait déjà posé la main sur le genou de l'héroïne de la fête, qui, dans une forme extraordinaire, n'arrêtait pas de pouffer de rire, tandis que Fred et Jim, d'un ton cérémonieux – avec force courbettes artistiques qui témoignaient on ne peut mieux de la valeur de l'enseignement gymnique de la très distinguée école privée d'Elburgon – la baptisaient avec le champagne le plus cher qu'avait à offrir le bar du Thor's. Avec une certaine muflerie, non dénuée, toutefois, d'une candeur touchante si on prenait en compte qu'il ne s'était pas encore écoulé cinq ans depuis la fin de la guerre, le joyeux trio des messieurs éméchés était tombé d'accord pour, en souvenir de l'arme miracle de Hitler, surnommer V1 la belle Vicky.

Si cette dernière salua cette goujaterie par des rires, c'est essentiellement parce que, en dépit du sort qu'avaient connu ses parents, elle ne s'était intéressée au déroulement de la guerre que de manière fort superficielle et qu'elle n'avait par conséquent pas non plus retenu que le missile en question était resté d'une efficacité très limitée. Elle se délectait de petits toasts gratinés au fromage, célèbre spécialité du Thor's, et, bien qu'elle en trouvât le goût étrange et décevant, sirotait son champagne d'un air de souveraine assurance. Aucun de ses quatre compagnons ne devina, même de très loin, la vérité : l'expérience de Vicky en matière d'alcool, dix-huit ans durant, s'était bornée à de l'eau chaude coupée de quelques gouttes de brandy. Ce breuvage, servi dans des verres d'Iéna résistants au feu, était l'arme absolue de sa mère contre les douleurs d'estomac, la grippe, les cauchemars et le spleen.

C'était une soirée extrêmement réussie, les cinq en étaient tombés d'accord. Même Daphne échappait au destin désespérant qui la condamnait en temps ordinaire à faire tapisserie. De temps à autre – poussé par un souci de confraternité et animé d'une certaine bienveillance à l'égard de ses amis se disputant avec lui les faveurs de la mystérieuse demoiselle en blanc qui, de son côté, se refusait absolument à divulguer son nom de famille –, un des jeunes gens faisait une pause et s'occupait de Daphne. Elle était ravie et il ne fallut que très peu de temps pour la convaincre de commander une seconde bouteille de champagne.

– Il ne faut pas, ça me gêne, protesta Vicky en serrant les poings si fort que ses jointures pâlirent, tandis qu'elle devenait écarlate. Je ne pourrais jamais me l'offrir, poursuivit-elle en balbutiant. Mon père me tordrait le cou s'il me voyait ici.

Elle regretta sur-le-champ son accès de franchise. Des images douloureuses fondirent sur elle comme un torrent furieux que la tempête fait sortir de son lit. Elle avait sous les yeux, mais doté de proportions gigantesques et de couleurs crues, le visage de son père apprenant son emploi au club de golf. Elle l'entendit répéter le nom d'Alan Thorndike, elle le vit secouer la tête et elle se vit elle-même rapetisser sans cesse, pareille à Alice au pays des merveilles. Cet instant de frayeur ne dura guère, assez toutefois pour qu'elle eût envie de retomber en enfance et de retrouver le temps où les remords n'existaient pas mais où il y avait des beignets, le temps des palabres sous l'eucalyptus de Kericho.

– Regardez, notre V1 est partie en safari, s'écria Tommy.

– Mais non, dit Fred, elle est en pleine métamorphose, elle sera bientôt la reine Bodicea.

– Qui c'est, celle-là ?

– Mince, on dirait que tu n'as jamais été à l'école ! Une reine anglaise dans la nuit des temps.

– Mais qu'est-ce qu'elle a à voir avec notre arme miracle ?

La chaleur de la journée frappait encore aux vitres des fenêtres. L'atmosphère, dans le bar, était lourde. Les meubles rembourrés paraissaient sur le point de se mettre à fumer. On mit en route tous les ventilateurs, car seul le grand, celui du milieu de la pièce, avait fonctionné jusque-là. Des serveurs en vestes bordeaux s'approchaient des tables, le visage impénétrable, tenant en équilibre des plateaux d'argent. Les glaçons tintaient dans des verres à grand pied. Vicky s'aperçut que la pièce était en train de perdre sa couleur. N'arrivant pas à identifier ce changement et encore moins l'inquiétude que cela suscitait en elle, elle voulut faire une plaisanterie, une plaisanterie aussi jolie et légère que celle qu'elle avait lancée avant de sombrer dans ses méditations, mais elle eut conscience de ne disposer ni de l'agilité verbale ni des traits d'esprit nécessaires. Elle pensa de nouveau à Kericho et à la brioche en couronne avec sa double couche de crème fouettée. Elle fut contrariée de ne pas connaître de mot anglais pour désigner ces brioches. Les chaises se mirent à tournoyer, un tourbillon emporta dans le néant les petites tables rondes, couvertes de cuir vert et décorées de galons dorés. L'une d'elles perdit un pied. Vicky ressentit un élancement entre les côtes. Quand la douleur eut disparu et qu'elle put de nouveau respirer normalement, elle comprit que ce n'étaient pas seulement ses yeux qui l'avaient entraînée sur une fausse piste : elle ne pouvait pas davantage se fier à ses oreilles, car elles étaient en train d'enregistrer une voix qui n'était pas celle de Jim, de Tommy ou de Fred et qui, à coup sûr, n'était pas non plus la voix geignarde de Daphne.

La voix qui lui parvenait du fond d'une vallée où s'écroulaient les meubles était une voix de basse très distincte qui, étrangement, résonnait tout contre son oreille. Elle couvrait le son du piano et même la voix de la chanteuse rousse et maigre comme un clou qui, pour la seconde fois de la soirée, s'escrimait à chanter la vieille rengaine de guerre *Keep the Homefires Burning.*

– J'aimerais bien savoir quel est le père qui ose tordre le cou à un aussi joli cygne ! proclama l'intrépide intervenant.

Sa mimique ne laissait pas la place au doute : cela ne le gênait manifestement pas le moins du monde de se mêler à la conversation d'inconnus. Au contraire. On ne pouvait manquer de voir qu'il avait plaisir à franchir les barrières des conventions. Il possédait la silhouette athlétique qui correspondait à ses manières hardies et, les deux mains au fond de ses poches, il se tenait appuyé à l'un des piliers sculptés à grands frais et censés évoquer les temples grecs. L'intrépide sauteur de barrières était tout au plus à dix pas de Vicky et de ses jeunes admirateurs.

– Ou alors ce terrible papa est-il Barbe-Bleue en personne ? s'enquit-il en ne regardant que Vicky.

Déjà, elle n'était plus celle qu'à l'instant elle était encore. Elle sentit sa peau s'enflammer, elle entendit dans un premier temps sa respiration, puis les battements de son cœur. Avant même que son corps se soit raidi, elle comprit que c'était un homme qui avait parlé de son cou et qui à présent, les yeux fixés sur son décolleté, s'humectait les lèvres. Ce n'était pas un blanc-bec comme Tommy, Fred ou même Jim qui, chaque fois qu'il allait adresser un compliment à Vicky, entrecroisait les doigts de ses deux mains. Tous les trois faisaient seulement semblant d'être des hommes, ce qu'ils se croyaient au demeurant, même s'ils avaient encore des boutons au menton et ne laissaient à personne d'autre qu'eux le soin de rire de leurs propres plaisanteries, aussi sottes qu'ennuyeuses.

L'étranger sortit les mains de ses poches. Prenant, sur une selle de velours rouge jetée par-dessus un éléphant en bois, le verre qu'il y avait posé, il en fit tourner les glaçons. Cupidon, jouant les compositeurs, transforma leur tintement en une mélodie qui troubla Vicky ; pour la première fois depuis l'incident du ketchup sur sa robe, elle ne sut que faire de ses bras. Elle regretta de ne pas porter un de ces bracelets d'argent qui, avec leurs pendentifs sonnant à chaque geste, faisaient alors fureur. Posséder un tel bijou était en effet le signe d'une grande aisance et prouvait, en tout cas, qu'on n'avait pas la malchance d'être une enfant d'émigrés.

Ce soupçon de jalousie dura jusqu'au moment où les yeux de Vicky se posèrent sur le visage au teint farineux de Daphne et sur son corsage lilas. Elle sourit, mais la vérité oblige à dire que ce ne fut pas en direction de Daphne. Elle cessa simultanément de chercher dans sa mémoire si elle avait déjà entendu parler de Barbe-Bleue. Au tout dernier instant, l'idée lui vint qu'ayant vu cinq minutes plus tôt encore les tables et les chaises danser, elle devait avoir la prudence de ne pas secouer la tête.

L'homme qui connaissait Barbe-Bleue prit des allumettes dans une coupelle posée elle aussi sur le dos de l'éléphant ; sortant une pipe à tête blanche de la poche de sa veste, il l'alluma, puis garda dans la main l'allumette jusqu'à ce qu'elle soit carbonisée. Le rougeoiement du tabac et l'odeur si agréable de miel qui se répandit soudain dans le bar enfumé impressionnèrent vivement Vicky. Elle n'avait jusqu'ici rencontré d'homme fumant la pipe qu'au cinéma. Celui-ci était en chair et en os. Il respirait, il lui avait adressé la parole et on avait l'impression qu'éclatant de rire il allait faire s'écrouler les murs, car c'était un authentique géant. Un géant jeune et fort qui n'avait certainement peur de personne, en tout cas pas de trois jeunes tout juste bons à s'esclaffer, avec des boutons au menton et un duvet peu ragoûtant sous le nez. Depuis l'arrivée sur terre de cet étrange et merveilleux géant, Tommy et Cie donnaient d'ailleurs l'impression que leur grand frère venait de leur voler leur jouet favori. Au premier mot du fumeur de pipe, ils s'étaient tus. Ils restaient là, immobiles, pareils aux lapins de Kericho attendant le coup fatal.

Contrairement à la plupart des messieurs présents, il ne portait pas un blazer bleu marine avec un écusson brodé, mais une de ces vestes kaki aux innombrables poches et aux larges pattes d'épaules qui étaient en train de conquérir le Kenya, mais qui juraient tout à fait avec les tenues et les usages de l'hôtel. Il ne faisait aucun doute que le géant à la pipe était un homme, un vrai, pas un de ceux qui se laissent dicter leur conduite par un portier indien à l'accent épouvantable. Il ne portait pas non plus de cravate. Sa veste ne tombait pas impeccablement. Révélatrice d'une certaine nonchalance, elle était d'une couleur si passée que personne n'aurait pu penser, sans outrecuidance, qu'il était un de ces débutants ridicules à qui les *White Hunter*[1] étaient littéralement obligés de pousser les lions et les léopards devant les fusils pour que, rentrés chez eux, ils puissent brandir des trophées de chasse sous le nez de leurs amis.

Vicky tira sur sa jupe. S'apercevant que son engourdissement s'estompait, elle saisit les petites boules dorées de sa ceinture, les frotta les unes contre les autres avant de les poser soigneusement sur ses genoux. Elle leva les yeux pour regarder l'homme à la veste kaki. Debout, les jambes écartées, les bras croisés, il avait les cheveux d'un blond si clair que, touchés par un rayon de lumière, ils lançaient des reflets blancs. Tout dans cet homme, les cheveux, la silhouette, les épaules larges et la nuque vigoureuse, lui parut étrangement familier.

– Pourquoi ? demanda-t-elle, mais il n'entendit pas.

Elle finit par se souvenir de sa troisième année à l'école de Nakuru, puis, immédiatement après, de l'image d'un Viking dans son livre d'Histoire. Elle avait toujours eu l'Histoire en horreur, mais le Viking lui avait fait une forte impression. Elle avait colorié le dessin, munissant l'homme venu du Nord inconnu de cheveux bleus et de lèvres d'un rouge très vif. C'est pour le bateau qu'elle s'était donné le plus de mal, utilisant pour la voile tous les crayons de couleur qu'elle avait pu trouver dans son casier – et, prise en flagrant délit, elle s'était retrouvée en train de copier cent fois la phrase « Je ne dois pas détériorer le matériel de l'école » et avait dû passer dans le couloir les trois heures d'Histoire suivantes. Elle rit à ce souvenir.

– Puis-je partager les raisons de votre joie ? demanda le Viking.

Il n'attendit pas la réponse. Chez lui, ce n'étaient vraiment pas les couleurs qui manquaient ! Le front et les joues étaient d'un rouge vif, et il avait les mains aussi bronzées que s'il était resté une semaine entière assis en plein soleil de midi. On pouvait déduire du teint de son front et de ses mains que cet adorateur du soleil n'était pas chez lui au Kenya. Ici, en effet, les Européens protégeaient leur peau, ne serait-ce que pour échapper au désagrément de se faire

1. « Chasseur blanc. »

prendre pour des Indiens ou des natifs de Goa, voire des Seychelles. Ni le prestige ni tout l'or du monde n'étaient de la moindre utilité pour ces derniers. S'ils s'avisaient de vouloir descendre dans un hôtel comme le Thor's, un portier de la même couleur de peau qu'eux les éconduisait poliment.

– *Cheers*[1], dit le blond géant du livre d'Histoire de Vicky.

Il ressemblait à présent à un chasseur ne manquant jamais sa cible et se trouvait juste devant le fauteuil rembourré au fond duquel Vicky tenait si majestueusement sa cour avant son apparition. Elle ne manifestait maintenant plus aucun intérêt pour ses sujets. Elle était bien trop fascinée par le fait que le Viking chasseur ne la quittait pas des yeux. Il n'était pas comme les trois jeunes garçons avec lesquels elle venait de passer les trois dernières heures. Un homme de sa trempe ne se comportait pas comme un paon faisant la roue ; il ne faisait pas non plus de l'épate avec la voiture de son papa. Ce qui impressionna aussi Vicky, c'est qu'il n'avait pas l'air de vouloir à tout bout de champ lancer une salve de bons mots. Il savait à coup sûr qu'une fille ne se passionnait ni pour les autos, ni pour les chevaux de course, ni pour le cricket et qu'elle se fichait éperdument de savoir si un chasseur avait déjà à son palmarès les cinq grandes pièces d'un tableau de chasse ou s'il lui manquait encore le buffle.

– *Cheers*, répondit Vicky.

Afin que les meubles ne reprennent pas leur danse, elle tenta de porter le verre à ses lèvres sans boire, mais elle n'y parvint pas. Par chance, le champagne ne pétillait plus. Il lui chatouilla pourtant le nez et lui parut avoir encore plus le goût de savon que précédemment. Elle ferma les yeux quand elle se sentit mal, mais resta assise bien droite, attendant que passe son envie de vomir. Vicky savait qu'elle était un peu ivre ; elle était aussi quasi certaine de rêver, et elle redoutait beaucoup que le héros au bateau viking, qui se moquait comme d'une guigne du stupide ordre vestimentaire du Thor's, eût disparu quand elle rouvrirait les yeux.

– Oh ! s'étonna-t-elle et, après un battement de cœur qui lui traversa le corps comme la foudre traverse un arbre, elle redit « Oh ! »

1. « Santé. »

en se frottant les yeux, semblable à un enfant sortant du sommeil en titubant.

Il se tenait toujours là, les jambes écartées, aussi solide qu'un roc. Sauf qu'il lui touchait à présent l'épaule, non pas précautionneusement, tel le fils du roi des contes qui n'ose même pas hisser la belle princesse sur son palefroi, mais avec vigueur et détermination, peut-être comme un père, à coup sûr comme un protecteur. Il avait des bras puissants. De la main bronzée posée sur la robe blanche de Vicky émanait une merveilleuse odeur virile, vraisemblablement celle du tabac de sa pipe, mais en aucun cas celle du savon âcre dont on se servait à Kericho parce qu'il était économique à l'usage et peu coûteux. Quand Kericho vint assombrir ses rêves, elle poussa un soupir.

– Si jeune et déjà si triste, miss Barbe-Bleue ?

– Ni triste ni jeune.

– Elle a dix-huit ans aujourd'hui, gloussa Tommy.

Ce furent les derniers mots de lui que Vicky entendit. Fred et Jim disparurent eux aussi comme par enchantement, puis ce fut le tour de Daphne qui, après lui avoir tapé sur l'épaule d'une main osseuse, lui chuchota :

– À plus tard, vieille jeune fille.

Avec intérêt et sans l'ombre d'un remords, Vicky regarda son amie sortir du bar d'un pas traînant, la tête rentrée dans les épaules.

– Enfin ! dit le chasseur blond décoloré. On y est arrivé. Comment une fille aussi séduisante que toi peut-elle avoir des amis pareillement soporifiques ? Et une amie qui ressemble au fantôme deux fois centenaire qui, en quatre ans, a fait fuir quatre de mes cuisinières. Alors que la dernière faisait le meilleur des puddings Yorkshire sur cette terre.

– Je croyais qu'un gentleman ne disait pas des choses de ce genre.

– Cela n'a tout de même rien d'immoral d'aimer le pudding Yorkshire !

– Je parlais de Daphne et du fantôme.

– Je me reconnais coupable, Votre Honneur ! Maintenant et à jamais. Je ne suis pas un gentleman. Je suis un homme.

Alors commença l'éternelle histoire, vieille comme le monde. Les séductions d'une nuit africaine laissèrent aux êtres appelés à la réécrire moins de chances que jamais de lui échapper. L'odeur des roses et des œillets montait du jardin de l'hôtel, des paons étaient perchés sur les arbres. Un ara convoqua tous les magiciens du monde et aucun ne manqua à l'appel. S'il y avait eu à Nairobi le balcon de Roméo et de Juliette, le rossignol aurait poussé pour l'éternité son chant d'allégresse à l'intention des amoureux et aucune alouette n'aurait osé annoncer l'aurore.

Vicky vit le dieu ailé bander son arc. S'imaginant qu'elle était la première à qui cela arrivait, elle se mit à rire quand la première flèche l'atteignit. Son cœur ne revint sur cette terre qu'une fois passé le délai accordé à la raison. Elle fit une dernière tentative pour échapper à l'ouragan amoureux et émerger du brouillard qui la rendait aveugle, sourde et muette. Elle réussit à appeler à l'aide ses parents, l'école, les maximes et les commandements réglant l'existence, et même le joug exécré qu'elle avait subi de longues années et sur lequel elle s'était néanmoins longtemps reposée. Une fraction de seconde, elle sut clairement ce qu'elle devait faire et dire, mais, quand elle se défendit, ce fut en recourant à la phrase classique, naïve et peu convaincue à laquelle recourent les femmes quand elles reculent devant le oui et craignent de dire non.

– Mais, chuchota-t-elle, je n'ai pas ma brosse à dents.

À un moment donné de cette nuit d'ivresse et de bonheur, dans la suite du Thor's la plus spacieuse, la plus élégante et la plus chère, enfouie au milieu de coussins blancs sentant le citron et sous des draps frais, au côté d'un homme dont les membres, brûlants comme le feu, étaient vigoureux et agiles, Vicky la jeune fille devint une femme. L'homme qui la fit femme était Casanova – celui qui sait tout de l'amour, sauf que l'amour a le mot « éternité » en horreur. À un autre moment, Casanova s'étant assis devant la fenêtre et Vicky ayant eu déjà assez d'instinct féminin pour feindre de dormir, elle pensa à son anniversaire, six ans auparavant, et aux chiens qu'elle voulait appeler Bingo et Baxter.

– Aimes-tu les setters irlandais ? demanda-t-elle le lendemain matin.

Ils prenaient leur petit déjeuner au lit. Le thé était aussi fort que la nuit écoulée et les ananas aussi doux que les promesses venues du ciel de l'amour.

– Pas particulièrement. Je trouve qu'ils ont les pattes trop fines, qu'ils ont un je ne sais quoi de décadent. Ça fait des années que j'ai des dogues danois.

– Ah bon, encaissa Vicky.

Il ne s'appelait pas non plus Howard comme elle l'avait rêvé jadis, mais Mortimer Horatio Archduke et il était issu d'une famille noble. Deux guerres mondiales et une dépression économique en avaient certes entamé la fortune, mais elle pouvait encore s'offrir le luxe d'entretenir les traditions. Les Archduke mâles avaient le choix soit d'entrer dans la vie active, soit de se satisfaire du métier de fils et de se retirer sur l'une des propriétés familiales. Mortimer Horatio s'était décidé, comme presque toujours, pour une voie moyenne qui, dans son cas, devint effectivement une voie royale.

Il avait quitté en héros les forces aériennes de Sa Majesté, avec le grade de *major*, ce dont, à douze ans, avec une prescience étonnante, Vicky rêvait déjà. Depuis, il habitait, dans le Sussex, une demeure du dix-huitième siècle qu'avec le penchant de sa classe à tout minimiser il appelait son «ermitage». Sur les quelques arpents de terre du domaine, il cultivait des roses primées lors de chaque concours ou presque et une espèce de chou de Bruxelles dont les petites têtes faisaient fureur et qui, à en croire les on-dit, trouvaient des acheteurs même en France. Il élevait des porcs dont la viande se vendait à des prix faramineux et des moutons à toison longue dont la laine était très estimée des connaisseurs. L'ermitage de Mortimer était par ailleurs un château, un de ces bâtiments laissant à son propriétaire le choix entre l'abandon en raison d'impôts trop élevés ou la soumission aux impératifs de l'époque. Mortimer se soumit. De bonne grâce et avec un instinct si sûr que ses deux frères se mirent à le jalouser pour sa réussite et que sa sœur tenta à intervalles réguliers de faire engager comme intendant dans la propriété du Sussex son mari malchanceux. D'avril à octobre, un grand nombre de pièces privées – garnies de meubles datant de l'époque de la reine Anne – étaient ouvertes au public, de même que le parc dont les arbres avaient déjà offert l'abri de leur ombre à Oliver

Cromwell. Quand le maître des lieux guidait en personne les visiteurs – il leur vendait aussi des gâteaux aux fruits et de la confiture de gingembre confectionnée selon une recette secrète qu'il tenait de sa grand-tante Imogen –, il n'oubliait jamais d'évoquer le fantôme tourmenteur des cuisinières.

Il rêvait depuis fort longtemps d'un safari dans les Hautes Terres du Kenya. Mortimer se l'offrit pour ses trente-cinq ans, dans l'intention aussi de se consoler de son divorce déplaisant et coûteux avec Priscilla, qui certes avait disparu pour toujours de son existence quand elle déménagea, mais qui n'était pas disparue seule puisqu'elle emporta un tableau de Turner, les bijoux de sa mère et – ce qui le blessa le plus douloureusement – toutes ses décorations gagnées à la guerre. Son opinion selon laquelle les femmes compliquaient inutilement l'existence s'en était trouvée renforcée. C'est justement la raison qui le fit choisir l'Afrique comme destination de son voyage et de ses aspirations.

– Je préfère les lions, dit-il à l'occasion du repas d'adieu donné dans son club. Ils n'exigent pas de déclarations d'amour et ils se battent loyalement.

Mortimer se limita à un voyage de quatre semaines à cause de ses moutons, auxquels il était sincèrement attaché, et de sa cousine préférée qui l'avait choisi comme témoin à son mariage. Les malicieux dieux africains contrecarrèrent ses projets. Cet homme pour qui romantisme et roman étaient des synonymes, cet homme qui s'était permis une dernière explosion de sentiments à dix ans, quand une pneumonie avait menacé de gâcher ses vacances d'interne, cet homme enfin qui, après s'être séparé de Priscilla et du collier d'émeraude de sa chère mère, avait renoncé pour l'éternité à toute vie à deux, eh bien cet homme était tombé amoureux. Ni d'une femme, ni d'un lion. Sa route avait croisé celle d'un destin typiquement africain, il avait subi une métamorphose d'une banalité aussi quotidienne entre Le Cap et Le Caire qu'une piqûre de moustique ou qu'un zèbre planté sur une route et refusant de céder le passage. Le continent que les ignorants qualifient de noir ne voulait pas le libérer. Chaque coucher de soleil auquel il assistait, chaque étoile découverte dans un ciel de velours, le paysage, son immensité infinie, les couleurs et leur plénitude lui faisaient oublier la raison première de sa venue dans ce pays. La flore et la faune lui faisaient perdre toute volonté. Les êtres avec qui il ne pouvait converser, mais qui le regardaient en riant comme s'il était le plus grand, le plus sage et le plus spirituel, le fascinaient. Mortimer Horatio Archduke, un homme qui avait eu toute sa vie le sens des proportions et qui, en tant que *major* dans les forces aériennes, avait toujours pris ses décisions sans hésiter, se laissait pousser au hasard devant lui, semblable aux nuages dans le ciel bleu du Kenya. Chaque fois qu'il revenait à Nairobi, il se promettait de s'occuper de son retour, mais, après son deuxième whisky et une conversation sur la séduction éternelle de l'Afrique avec des gens ayant les mêmes sentiments que lui, il abandonnait la partie.

– Ç'a été un coup de foudre, expliquait-il aux hommes grisonnants qu'il rencontrait dans les bars des lodges et des hôtels et qui avaient échoué là des décennies plus tôt.

– En Afrique, c'est toujours le coup de foudre, lui apprenait-on.

Quand la foudre le frappa sous les traits de Vicky, Mortimer perdit son cœur, mais aussi la raison. La jeunesse et la beauté de la jeune femme l'ensorcelèrent au point de le transformer en petit garçon prêt à partir à l'assaut du ciel, en frère de Cupidon et en fils de Vénus. La confiance que lui témoignait Vicky l'émouvait. Il était assez âgé pour se sentir flatté par l'adoration d'une créature si belle, si inexpérimentée et si avide d'apprendre. Jamais, avec Priscilla, il n'avait connu de nuits semblables, lui le gentleman-farmer, le guerrier rentré dans ses foyers ; il avait en revanche connu des journées fort désagréables. Même quand, en uniforme, il portait sur ses épaules l'avenir de l'Angleterre, aucune femme ne l'avait vénéré. Pour apprendre ce qu'était le sexe, il lui avait fallu attendre de rencontrer Vicky, petite fille innocente qui, la première nuit, avait encore rougi et ri avec gêne quand il avait défait les boutons de sa robe. Une semaine plus tard, en se levant, elle lui déclara :

– Je n'arrive pas à me rappeler comment étaient les choses avant toi.

Il lui proposa le mariage. Il fut lui-même surpris quand il le fit, mais pas mécontent et encore moins malheureux. Il considéra sa spontanéité comme inséparable de la magie africaine. Le soir, ils fêtèrent leurs fiançailles. Entre eux. Cette fois, dans le restaurant du Thor's, servis par le maître d'hôtel qui, bien que ne les connaissant pas, partageait si visiblement leur joie que les autres convives lançaient dans leur direction des coups d'œil envieux. Il avait à peine fini de servir les hors-d'œuvre que ce fin connaisseur de l'âme humaine avait déjà en poche un pourboire dépassant ceux de toute une semaine.

Quand ils partirent se coucher, le fiancé questionna la fiancée au sujet de ses parents. Vicky devint écarlate. Elle commença par bégayer un peu en évoquant la plantation de thé de Kericho, mais il eut des hochements de tête approbateurs comme si, pour lui, une jeune fille du Kenya ne pouvait qu'avoir des parents exploitant une plantation de thé, et sa gêne, fort agréablement, ne tarda pas à s'estomper. Mais, à son grand effroi, il revint le lendemain matin sur le problème de Kericho :

– Je vais devoir rendre visite à tes parents, déclara-t-il, tu n'as que dix-huit ans. Je ne peux pas tout simplement t'emporter dans mes bagages comme la fourrure du léopard que j'ai abattu.

Le ton de sa voix, mais surtout ses yeux laissaient transparaître que cette équipée lui était désagréable. Vicky comprit que son heure était venue. Elle se rappela à quel point son père avait l'accent allemand quand il était ému. Sa mère, à n'en pas douter, voudrait servir un « petit quelque chose à manger », et – plus certainement encore – dirait « un p'tit quèqu'chose ». Pour elle, les œufs durs marinés dans de l'eau salée étaient un mets raffiné dont elle avait toujours une bonne provision en réserve, et rien ne pouvait lui ôter de l'idée que le commun des mortels savait où se trouvait Sanssouci. Et pourtant, comme si le défi qu'elle devait subitement relever était semblable à tous ceux qu'elle avait affrontés jusqu'ici, elle se demanda si elle allait prendre la voie directe ou emprunter des détours pour parvenir au but. Elle ne contracta les épaules qu'une seule fois. Puis elle arrêta sa décision, avec un courage dont, depuis sa toute petite enfance, elle pensait être dépourvue. Elle prit la parole en souriant. Ses fossettes dansaient. Elle avait les yeux clairs, la voix paisible. Si elle avait eu une glace et pu constater à quel point elle était séduisante pendant qu'elle se faisait ainsi violence, elle aurait compris du premier coup d'œil l'injustice de l'existence : aux êtres jeunes et beaux sont épargnés les pierres et les épines du chemin !

– Mes parents, dit-elle d'un ton résolu, sont originaires de Potsdam. C'est également là que je suis née.

– Ah, bien ça alors ! Jamais je ne t'aurais prise pour une Américaine.

– Qu'est-ce qui te fait dire ça ?

– Le vieux Mory n'est pas aussi bête qu'il en a l'air. Et il a une mémoire de souris. Qu'est-ce que je raconte ? Une mémoire d'éléphant. Il n'oublie jamais rien. Dans le régiment, il y avait un type qui venait de Pottstown. Pour je ne sais plus quelle raison, j'ai appris que Pottstown était un petit bled près de New York. Pour l'amour du ciel, Vicky, qu'est-ce qu'il se passe ? Il n'y a pas de raison de pleurer !

6

La décision de Liesel

Londiani – Londres, 1950

– *Hapana*, dit en gigotant la petite fille que Liesel tenait sur ses genoux.

Elle serra le poing droit pour menacer un minuscule oiseau noir qui, dans un buisson de ronces, saluait joyeusement la fraîcheur vivifiante apportée par la pluie du matin.

Elle s'appelait June et elle jonglait avec les langues comme les autres enfants de la ferme jonglaient avec des cailloux ronds et lisses qu'ils lançaient en l'air et rattrapaient. Parfois trois d'un coup. Pour exprimer un non furieux, le mot swahili, avec ses trois syllabes mélodiques, convenait bien mieux que le «*no*» anglais avec son unique syllabe. Certes, June n'était pas près de pouvoir expliquer ce genre d'intuition. Depuis qu'elle savait parler, elle avait néanmoins témoigné d'un instinct très sûr pour les possibilités s'offrant à qui était capable de s'exprimer dans plusieurs langues. À quatre ans plus un mois, June possédait d'autres talents spécifiques de ce pays. Elle savait distinguer le blé du maïs, la camomille de la marguerite et du pyrèthre; elle connaissait par leur nom quatre-vingt-dix vaches, vingt bœufs, quarante moutons et toutes les dindes qui surgissaient des buissons en glougloutant dès qu'il arrivait des visiteurs. June avait récemment appris à faire des doubles nœuds, à compter jusqu'à vingt et à exécuter au crochet des mailles en l'air. Bien entendu, elle ne connaissait pas le mot «boulanger», mais la vue de beurre et de farine et l'odeur de levure libéraient en elle une énergie ne s'expliquant que par la force de la tradition. Quand bien même personne n'avait jamais raconté à l'enfant que son oncle, tôt décédé, et aussi son père, qui s'adressait à présent en dialecte bavarois à ses vaches et à ses moutons, avaient été autrefois boulangers en Allemagne, il était impossible, les jours de cuisson du pain, d'éloigner la petite June de la cuisine. Au ravissement ému de la famille, elle façonnait des petits pains, des bretzels et même des tresses – tâche pourtant si compliquée – avec autant d'habileté que si les temps anciens n'avaient pas été assassinés et que si, comme Liesel, elle avait grandi dans le fournil de la famille Freund, à Cham. La petite était gentille et sociable, aimée de son *aja* et du personnel de la maison comme des travailleurs dans les champs. De temps à autre, sa mère et ses tantes oubliaient que la prévoyante Liesel leur avait prescrit d'élever June comme une petite miss anglaise, disant «*thank you*» et ne faisant jamais, au grand jamais, de courbette. Quand les femmes de la maison n'arrivaient pas à rappeler leur langue à l'ordre suffisamment tôt, elles qualifiaient le petit trésor de Londiani de très affectueux mais très bavarois «*Herzerl*» ou «*Maderl*». Quand June leur souriait ou disposait ses poupées sur le bord d'un champ, les Africains la nommaient spontanément «*toto misuri*», ce qui, en swahili, signifiait, selon les cas, gentil ou bel enfant. Elle ne savait pas encore marcher qu'elle répétait déjà ces deux mots en babillant.

Cet après-midi-là pourtant, tandis que la terre fumait après la pluie et que l'herbe exhalait une odeur aussi douce que le miel, la gentille enfant tirait avec des gestes inhabituellement énergiques, voire furieux, sur les tresses de sa poupée. Elle n'arrêtait pas de murmurer des choses incompréhensibles. Pour qui disposait d'un minimum d'imagination, il ne faisait toutefois pas l'ombre d'un doute que cette bouche enfantine proférait de rudes malédictions et de terribles imprécations. June avait toutes les raisons du monde de laisser son cœur exhaler sa colère : elle éprouvait le premier chagrin de son existence. Jusqu'ici, le monde n'avait été pour elle qu'un livre d'images qu'on pouvait feuilleter selon son gré et ses humeurs. Mais, depuis dix minutes, elle savait, premièrement, que le monde était rond et, deuxièmement, qu'il était immense. Elle n'avait pas encore l'habitude, contrairement à sa sceptique cousine, d'exiger des preuves en présence de situations peu claires. Bien sûr, elle aurait accepté la seule idée de l'immensité du monde sans pour autant maltraiter sa poupée. Mais qu'en dehors de la ferme de Londiani, avec son lac artificiel où les canards nageaient en roulant, et de la maison aux grands balcons, d'où se balançaient au vent des fleurs rouges, il pût y avoir d'autres lieux habités par d'autres personnes, ça, June refusait de le croire. Elle était prête, s'il le fallait absolument, à accepter Nairobi comme alternative à Londiani, puisqu'elle avait déjà trop souvent constaté que sa chère Liesel – qu'elle avait appelée « maman » jusqu'à l'âge de deux ans, au grand dam de sa propre mère, et qu'elle n'appelait plus « tata » depuis six mois seulement – disparaissait du jour au lendemain ; on expliquait toujours cette circonstance fâcheuse en utilisant le mot Nairobi. Et voilà qu'aujourd'hui Liesel, qui savait pourtant mieux que quiconque sécher les larmes d'un enfant, avait elle-même parlé d'un grand bateau sur lequel elle devrait quitter Londiani, sans que June puisse l'accompagner.

– Et tu reviendras quand ?

– Pas avant longtemps, ma chérie, pas avant longtemps.

– Tu n'as pas le droit, protesta June.

Elle cracha d'abord en direction des dindes, puis du chat qui sommeillait au soleil ; elle retira à la poupée sa petite veste tricotée main avec un edelweiss brodé, puis la gifla. À deux reprises.

– Tu viendras me voir, la consola Liesel qui dut sécher les larmes de deux fois deux yeux.

– Tu pleures ?

– Les adultes ne pleurent jamais.

June était le grand miracle de Londiani, un miracle qu'on n'avait jamais cru possible et devant lequel on restait encore stupéfait, l'enfant unique et tard venu de Ruth, la tante préférée de Liesel. Le bébé était né quatre ans auparavant, pendant une nuit de tempête. Il avait deux semaines d'avance et n'avait même pas laissé le temps au père dans tous ses états de dégager la voiture prise sous un arbre déraciné et de mener sa femme à l'hôpital. La famille s'était d'abord fait beaucoup de souci, se demandant si l'enfant, dont les parents auraient finalement pu être ses grands-parents, serait doté d'une bonne santé. Pourtant, malgré son empressement indécent à se présenter, il pesait sept livres et il avait claironné le signal de fin d'alerte d'un poumon si vigoureux que le chien, effrayé par ce cri inconnu, avait glapi toute la nuit. Il restait toutefois un dernier souci.

Ce problème avait fourni matière à discussion pendant neuf mois au clan familial qui avait longtemps vécu en parfaite harmonie et dont les membres, après la mort du père de Liesel, s'étaient encore plus étroitement rapprochés les uns des autres. Qu'allait-il se passer si Liesel, qui avait tout de même été quatorze ans durant l'unique enfant de la communauté, devenait jalouse de sa cousine nouveau-née ? La première mesure préventive fut de lui laisser choisir le nom de l'enfant, pour la raison aussi logique qu'honorable qu'elle était la seule à s'y connaître dans le domaine des prénoms anglais. Liesel apprécia le geste à sa juste valeur, mais elle eut peur d'exprimer ses vœux réels. En souvenir de l'unique amie qu'elle ait jamais eue et voulu avoir, Liesel avait envie de proposer le nom de Regina. À ce moment-là, Regina venait de quitter le Kenya depuis trois mois, un laps de temps fort court dans la vie d'une jeune fille de quatorze ans dont l'univers sentimental n'est en règle générale pas encore assez figé pour effacer le passé et se tourner vers de nouveaux horizons. Mais Liesel comprit que la communauté de destin qui les avait soudées l'une à l'autre, Regina et elle, dès leur premier jour à l'école, était quelque chose d'unique qui, selon toute vraisemblance, ne saurait se renouveler.

Elle se félicita de s'être tue, car elle s'imagina très vite et très bien la tête qu'auraient faite les professeurs de la Nakuru School à l'entrée de sa cousine à l'école, dans six ans. L'image de professeurs écorchant par moquerie un nom allemand avait suffi pour aider la raison à triompher. Étant née en juin, l'enfant reçut le nom de June et, pour ménager une allitération qui correspondît au sens de l'ordre de Liesel, également celui de Josephine. De toute façon, le jour où le nom si lourd à porter de « Freund » céderait la place au nom agréable et facilement prononçable de « Friend » se profilait déjà à l'horizon. Tous les papiers nécessaires à la naturalisation étaient déposés, et Liesel bien décidée à s'appeler Liz quand l'heure serait venue.

June Josephine, blonde comme personne d'autre dans la famille, dotée d'un joli petit nez et d'yeux d'un vert lumineux, n'aurait pas à connaître ce que signifiait d'être l'enfant de *refugees*.

– Plus de passé, un avenir seulement, s'imaginait l'heureux père.

– La mauvaise religion seulement, répondait la mère qui, en règle générale, n'était pourtant pas du genre à chercher la petite bête.

– Oui, mais on ne la suspecte pas chez les blonds !

Grâce à l'engagement infatigable de la cousine – particulièrement motivée car elle avait dû, à six ans, vérifier en personne ce que signifiait d'atterrir dans un internat britannique sans connaître la langue du pays –, les parents, les tantes et les oncles ne parlaient allemand à la benjamine que dans des circonstances exceptionnelles rendant indispensable l'usage de la langue maternelle. En temps ordinaire, la famille utilisait un idiome qu'elle tenait pour un anglais parfait. Cela eut des conséquences que Liesel, à quatorze ans, n'avait pas pu prévoir, bien entendu. Dans toute la colonie, il n'y avait selon toute vraisemblance pas un enfant parlant le même salmigondis linguistique que la petite June Josephine Freund. Le baragouin dans lequel babillaient habituellement, avant leur scolarisation, les enfants d'émigrés – parce que, pour leurs parents, professer leur attachement à la langue de leur nouvelle patrie était une question d'honneur –, ce baragouin s'enrichissait, chez June, d'apports exclusifs empruntés aux membres du personnel de la maison ou aux ouvriers agricoles. Les premiers ainsi que l'*aja* parlaient swahili, les seconds jaluo. Le vacher qui, par principe, ne parlait à personne d'autre que ses vaches, faisait une exception pour June qui avait même le droit de le toucher et d'essayer ses bijoux. Il lui racontait d'étranges histoires en lumbva, la langue de sa tribu.

Pas la moindre trace de jalousie ne venait altérer les rapports des deux cousines si différentes l'une de l'autre. Il y avait belle lurette que Liesel était sortie de l'enfance. Comme elle devait le raconter plus tard à sa progéniture – un jour où elle était hospitalisée et qu'elle avait relâché la surveillance habituelle de son cœur –, la nuit du 9 novembre 1938 où les SA avaient fait irruption dans la maison paternelle, lançant dans la rue les édredons et tuant en germe chez elle la foi dans l'humanité, cette nuit-là avait été la dernière où elle se fût sentie un enfant. Même la mère de Liesel sentait le rempart que sa fille ambitieuse et en permanence soucieuse de perfection avait édifié autour d'elle. Elle n'avait que rarement osé frapper à la porte et demander à entrer. Liesel pour sa part ne faisait pas mystère de ce que le mauvais anglais de sa mère et ses manifestations spontanées de chaude cordialité lui étaient désagréables. Mais quand cette fille à l'esprit critique était de bonne humeur, elle savait taquiner sa mère avec bienveillance. Les rares personnes qui connaissaient assez Liesel pour savoir qu'elle n'était pas seulement un roc défiant les flots sentaient qu'elle avait le cœur suffisamment large pour accueillir d'autres êtres que June.

Les accès de gaieté n'étaient pas fréquents chez Liesel, et sa famille les vivait donc comme une fête. Dans ces moments-là, elle décrivait de manière très expressive les épreuves que la cuisine anglaise pouvait réserver à une fillette ayant grandi à Londiani, ses tentatives pour prononcer les mots *Sauerkraut*, *Nürnberger Bratwürste* et *Zwetschenknödel*[1] venant encore relever le comique de son récit. La fois où, pour la Saint-Sylvestre, il y avait eu, en pleine nuit tropicale, du punch qui était monté à la tête de tous, y compris de ceux qui se souvenaient encore de ce qu'était le punch, «l'enfant» s'était même essayée à prononcer «*Fischers Fritz...*» et «*Blaukraut bleibt Blaukraut*[2]».

Liesel ne parlait jamais de son père défunt, mais, à l'insu de sa famille, elle regardait assez souvent les photos de lui prises avant qu'elle fût née. Trois d'entre elles la fascinaient particulièrement. L'une le montrait en toque de boulanger, blanche et très haute, la seconde en culottes de cuir courtes et avec des chaussettes montantes blanches. À neuf ans, Liesel avait déjà parlé de la troisième à Regina, lui confiant sous le poivrier de la Nakuru School que son père, qu'elle connaissait si sérieux et solitaire et dont elle avait même peur parfois, portait dans sa première existence un «chapeau avec un blaireau pour la barbe».

– Et le mien, avait soupiré Regina, possédait un ample manteau noir, très long, avec un col en soie. Maintenant, c'est Owuor qui le

1. Choucroute, saucisses grillées de Nuremberg et boulettes aux quetsches *(N.d.T.)*.

2. L'équivalent de nos «Les chaussettes de l'archiduchesse...» et «Pruneau cuit, pruneau cru» *(N.d.T.)*.

porte. Papa a dit qu'il n'en aurait plus jamais besoin. Mais je ne me rappelle plus pourquoi il a dit ça.

Quand le calendrier était ouvert à la page de novembre, les Freund se demandaient chaque année si Liesel se souvenait de la nuit du pogrome. Ou au moins du joli village de Cham ainsi que des nouilles à la graisse d'oie ou du gâteau aux prunes cuit dans la boulangerie du père. Dans une ferme où le rythme de l'existence était dicté par les semences, les récoltes et l'état de santé des vaches et des moutons, la mère, les tantes et les oncles auraient toutefois trouvé très déplacé d'interroger Liesel sur sa vie affective, sans même parler des blessures qui, y compris chez les adultes, n'étaient pas refermées. Tout le monde enviait Liesel pour sa solidité apparente et la confiance en soi qui émanait d'elle. Elle n'était jamais à court d'une réponse, presque toujours la bonne. Elle était brillante en classe et ferait certainement plus de chemin dans sa vie qu'aucun autre membre de la famille. Qui aurait pu se douter que ce jeune arbre vigoureux avait ses secrets, ses rêves et ses désirs ?

Un de ces désirs remontait à un très ancien rêve d'enfant. La fillette réservée, qui se refusait aux étreintes et, à la fin des vacances, implorait toujours sa mère de ne pas l'embrasser devant ses camarades anglaises, avait dès cette époque aspiré à donner de la tendresse plutôt qu'à en recevoir. Tant que son père avait été vivant, elle avait prié chaque nuit, bien que dépourvue d'éducation religieuse, pour que lui soient donnés des frères et sœurs. Après la mort de son père, elle reprenait espoir chaque fois que l'une de ses deux tantes grossissait d'une livre ou ouvrait d'un cran la ceinture de sa jupe. Elle ne perdit l'espoir qu'après avoir cherché dans le dictionnaire allemand-anglais – l'indispensable guide de voyage pour la vie à Londiani – les mots « bouffée de chaleur » et « accès de transpiration ». Et ce fut justement à ce moment-là que tante Ruth, qui, aux yeux de Liesel, n'avait encore jamais rien fait d'extraordinaire, se retrouva enceinte.

Liesel était heureuse. À la ferme, elle passait autant de temps qu'elle le pouvait avec la future mère ; à l'école, elle lui écrivait une lettre par semaine, l'exhortant, comme une mère sa fille, à la prudence et au repos. Elle était à la maison quand June vint au monde par une nuit de tempête et elle accueillit la naissance comme un triomphe personnel ; elle gâtait l'enfant comme elle-même ne l'avait jamais été. La mère laissait faire en souriant – avec reconnaissance aussi. L'*aja* était ravie. Grâce à l'enthousiasme de Liesel, elle se trouvait déchargée d'au moins la moitié de son travail. Liesel langeait le bébé, lui donnait le biberon après s'être battue pour le préparer, le promenait dans le jardin dans son landau et lui chantait des chansons anglaises, chacune d'elles ne laissant pas le moindre doute à la famille : avec la petite June, une nouvelle ère avait commencé. Les gens de la ferme ne manquaient pas une scène du spectacle qui leur était offert. Les femmes sortaient de leur hutte à midi, en pleine canicule, pour y assister, tandis que les enfants, allongés sur le ventre dans l'herbe haute, riaient de leur mieux en contemplant l'*aja*, une jeune femme mince en robe bigarrée et un turban rouge sur la tête, dormir à l'ombre d'un cèdre, au bord du parterre aux iris lilas, tandis que la jeune *memsahib*, loin de dormir, berçait le bébé sur ses genoux.

– Elle a un nœud à la langue, constataient les femmes, mais des mains bonnes pour un enfant.

Quand elle gardait June, sentant l'odeur de sa peau et plongeant le regard dans des yeux qui se rassasiaient encore de fleurs multicolores et du balancement des herbes, quand l'enfant souriait et gargouillait de bonheur, Liesel n'avait pas de nœud à la langue. Alors lui venait l'imagination qu'elle n'avait jamais possédée enfant. En toute occasion, elle trouvait le mot voulu et, à peine l'avait-elle prononcé, il était devenu musique. Plus tard, June ayant appris à parler et à écouter, Liesel inventa des histoires drôles qui l'amusaient elle-même. Elle lui racontait des contes, lui lisait les célèbres *Nursery rhymes*[1] et dessinait des paysages où les pommes, dans des arbres ronds comme des billes, étaient aussi rouges que le soleil couchant et où les étoiles brillaient comme des diamants. C'est l'époque où s'instaura entre Londiani et Francfort-sur-le-Main une intense correspondance.

– Avec mon frère, j'éprouve un bonheur que je n'avais connu de toute ma vie. Et que je n'éprouverai plus jamais, écrivit Regina peu

1. Comptines absurdes très connues en Angleterre *(N.d.T.)*.

après son arrivée en Allemagne. C'est vraiment un très grand bonheur d'avoir un enfant à quatorze ans.

– Tu as dit en termes merveilleux ce que je ne saurais exprimer, répondit Liesel. Il est vraiment dommage que nous ne puissions nous asseoir ensemble sous un arbre avec nos enfants.

– Tu as oublié de dire, lui reprocha Regina dans sa réponse, que cet arbre devait être au Kenya. Si possible à Londiani, au bord du lac que je n'oublierai jamais.

Pour Regina, le bonheur parfait que donnent deux cœurs soudés l'un à l'autre dura cinq décennies ; pour Liesel, dans un premier temps, quatre ans seulement. Mais même quand elle serait une femme âgée, plusieurs fois grand-mère, quand elle reverrait avec les couleurs jaunies du souvenir l'image de la ferme de Londiani, les géraniums pendant aux balcons et le cèdre devant le parterre de lis, Liesel aurait la nostalgie de l'époque où elle était avec June. June avait été son premier amour, son premier enfant.

Il ne restait plus que quelques semaines pour se préparer au départ. Le chemin était semé d'épines. Un mois jour pour jour avant que la petite June n'ait eu la révélation de la grandeur du monde et de la taille des bateaux reliant les continents entre eux, une lettre de la High School était arrivée à Londiani, lettre attendue depuis deux semaines certes, mais lettre redoutée. Il y était indiqué que l'ancienne élève miss Liesel Freund avait obtenu une bourse pour la London School of Economics, « en raison de ses résultats exceptionnels et de l'excellence de son examen de fin d'études ».

Miss Liesel Freund, choisie entre de nombreux autres candidats pour une université jouissant tout à la fois d'une ancienne tradition et d'une renommée de modernisme, lut la lettre trois fois, pâlissant un peu plus à chaque lecture. Pour la première fois de sa vie, la robuste sportive à la silhouette vigoureuse et au cœur bien trempé, la mathématicienne douée, souple et décidée, se retrouvait désemparée, à la croisée des chemins. Elle comprenait fort bien que la chance offerte par cette bourse était un don de Dieu pour un enfant d'émigrés. Elle qui ne savait absolument pas ce qu'elle ferait après l'école aurait dû être folle de joie que lui soit offerte la possibilité de faire des études. Elle aurait dû chanter à tue-tête à la perspective de pouvoir quitter une ferme où elle ne s'était jamais sentie chez elle comme son amie Regina s'était sentie chez elle dans la ferme d'Ol'Joro Orok, où son père n'était pourtant qu'un employé au salaire misérable.

Celle pour qui dame Fortune s'était ainsi personnellement engagée était tout à fait capable d'apprécier à sa juste valeur la chance qui lui était offerte, mais elle n'était pas heureuse. La lettre de Nairobi, à laquelle était adjoint un bref mot de félicitations de son ancienne directrice, assombrissait le ciel comme un nuage d'orage. Chaque mot lui dérobait sa sérénité, la rendait timorée et anxieuse. Elle eut besoin de toutes ses forces pour ne pas laisser deviner dans quel état elle se trouvait. Oncles et tantes lui souriaient d'un air satisfait. Personne, dans la famille Freund, n'avait encore fait d'études.

– Tu n'auras pas besoin d'épouser un docteur, lui dit oncle Theo, tu en seras toi-même un.

– Ne raconte donc pas de bêtises, tu sais bien que notre *Madel* ne va pas faire médecine, le gronda sa femme.

– *Hapana*, dit la petite June.

Elle fit de ce mot une chanson pleine de gaieté. Hapana, le mot signifiant «non» en swahili, correspondait mieux qu'aucun autre à l'état d'esprit de sa cousine en proie au désarroi.

État qui, pour elle, était une découverte: Liesel se sentait seule et abandonnée, trop jeune pour endosser le poids d'une décision si importante, trop âgée pour prendre la mauvaise. Elle se faisait l'effet d'un enfant égaré dans une forêt obscure qui, au lieu de rechercher une clairière ou des traces de pas, appelle sa mère. Et Liesel avait effectivement besoin de sa mère. Mais, d'un seul coup, elle fut profondément affectée en prenant conscience qu'elle avait toujours eu un peu honte d'elle. Avec la cruauté de jugement de la jeunesse, elle avait tiré un trait sur ses regards soucieux, ses gestes de tendresse, la chaleur de son affection et sa disposition à tout comprendre, à excuser tout le monde, trouvant ces comportements trop typiquement juifs et allemands. À présent, elle lui paraissait la seule personne à l'avoir conseillée avec désintéressement. C'est uniquement à elle que Liesel aurait pu avouer la vérité sans avoir peur de se ridiculiser: bien sûr, elle avait souhaité étudier, mais pas les sciences économiques. Depuis des années, elle pensait aux mathématiques ou à la chimie.

Mais cette mère méconnue et enfin aimée, qui comprenait au demeurant bien mieux sa fille dominatrice que celle-ci ne s'en rendrait jamais compte, était partie pour Montevideo une semaine avant l'arrivée du message fatidique. Elle voulait y rencontrer son frère. En raison de la demande de bourse pour Londres, en cours depuis des mois, elle avait voulu renoncer au voyage au dernier moment, mais cela faisait une éternité qu'il avait été projeté et son frère, qu'elle n'avait pas revu depuis l'exil, était en mauvaise santé.

Liesel avait dû faire preuve de beaucoup de persuasion pour convaincre sa mère de ne pas laisser se périmer son billet de bateau. Elle l'avait accompagnée à Mombasa et conseillé à cet être perpétuellement modeste et peu exigeant de profiter de son temps et de ne pas rentrer trop tôt à la maison.

– Ce n'est pas si souvent que s'offre l'occasion de partir de Londiani, avait-elle dit le dernier jour.

La mère et la fille, qui n'avaient jamais été seules toutes les deux depuis leur fuite de Cham, étaient assises sur la terrasse de l'hôtel où elles étaient descendues, l'arrivée du bateau ayant été retardée de deux jours. Elles avaient pris place sur des coussins rouges, à l'abri de parasols à rayures blanches et bleues, visiteuses étonnées d'un monde dont elles avaient toujours pensé qu'il n'était accessible qu'aux riches insouciants et aux éternels heureux élus. Dans de hauts vases en porcelaine, des roses exhalaient leur plus doux parfum, des fleurs de la Passion poussaient leurs vrilles jusqu'à la balustrade. Leurs yeux résistèrent à la jalousie. Le luxe, loin de les éblouir, leur donna des ailes, et elles s'envolèrent en direction du ciel. Bien que ce ne fût pas compris dans le prix forfaitaire de la chambre à deux lits, elles s'offrirent, entre le déjeuner et le dîner, des sandwiches au concombre, des noix de cajou grillées et un jus d'orange servi dans un grand verre. Elles se mirent à rire comme des enfants turbulents au cours d'une fête d'anniversaire, car Liesel n'avait encore jamais bu avec une paille, et sa mère pour la dernière fois lors d'une fête, un été, à Cham. Un vent léger agitait les feuilles des palmiers. La mère, le regard tourné vers le large, dit d'une voix qui, tel un poignard, atteignit Liesel en plein cœur :

– Il aurait fallu que ton père voie ça. Avant notre mariage, nous avons fait un tour en bateau sur le Chiemsee.

Liesel réussit à la regarder en souriant, et, le jour du départ, elle dit :

– J'ai passé avec toi deux journées merveilleuses. Un jour, nous ferons nous aussi un tour de bateau ensemble.

L'une et l'autre étaient fort étonnées, la mère de ce qu'elle entendait, la fille de ce qu'elle disait. Si celle-ci avait été dotée du talent précieux de dire ce qu'elle ressentait dans les moments d'émotion, elle aurait pu offrir davantage que sept mots à sa mère. Elle comprit qu'il lui serait indifférent à l'avenir que sa mère parle anglais avec l'accent allemand ou que ses yeux se teintent de nostalgie quand elle évoquait sa jeunesse dans un pays qui, pour Liesel, n'était synonyme que de violence, de destruction et de mort. Au moment où la mère avait renoncé à l'espoir d'être un jour aussi proche de son enfant que l'étaient d'autres mères, elles avaient trouvé le chemin menant de l'une à l'autre.

– Liesel a une personnalité extraordinaire quand on la connaît vraiment, raconta la sœur du Kenya à son frère de l'Uruguay, le second jour de sa visite.

Sur quoi, ce père de quatre filles et d'un garçon rétorqua avec un ricanement assez ambigu :

– Dix-huit ans me paraissent un délai plus que suffisant pour apprendre à connaître une fille. Moi, huit jours m'ont toujours suffi.

Cette remarque réveilla chez Mrs Freund le souvenir que son frère avait manifesté, dès son très jeune âge, une certaine prédisposition pour la muflerie. Dans un certain sens, Liesel avait en effet parfaitement deviné : sa mère était bien une *mamme* yiddish. Elle se battait comme une lionne dès qu'elle flairait le moindre danger menaçant son petit et, à la plus petite critique, elle aiguisait ses griffes.

Celle qui provoquait ces coups de griffe de l'amour, cette fille ayant longtemps tardé à comprendre sa mère, était donc assise avec June devant la maison, en train de remettre en ordre les tresses de la poupée, quand elle pensa à la voile blanche d'un *dhau* qui lui avait fait forte impression. Il lui revint aussi que sa mère n'avait pas eu l'air aussi jeune depuis des années. Quand le *dhau* était apparu, la mère et la fille avaient gardé un long silence, tout en lissant de la main, avec une grande concentration, des serviettes en papier jaune citron. Elles avaient éclaté de rire ensemble, tout en secouant la tête. Elles avaient pris conscience qu'il n'était certainement pas habituel, dans un grand hôtel, de repasser des serviettes en papier avec la main. Mais Liesel n'en avait encore jamais vu et sa mère avait cessé d'en voir depuis l'exil. Quelques minutes plus tard, elle avait regardé sa fille et dit, peut-être avec un léger soupir témoignant de certaines réserves, mais en tout cas de manière très détendue :

– Tu as raison, ce n'est pas tous les jours que se présente l'occasion de partir de Londiani.

Quand elle rentra en train à la ferme, Liesel revit en pensée ce qu'elle avait vécu à Mombasa, avec une telle netteté qu'elle aurait pu croire que ces petits faits se déroulaient sur une scène éclairée, et elle ne cessa de s'imaginer que les deux phrases de sa mère renfermaient un message à son intention. Liesel, réaliste par passion, n'avait jamais douté de la prévisibilité de la vie. Elle avait surtout en horreur l'idée que le destin pût conduire l'homme jusqu'au but assigné en usant de signes et d'indications. Et pourtant, elle n'arrêtait pas de se revoir, assise avec sa mère à Mombasa, tantôt elle, tantôt sa mère disant : « Ce n'est pas tous les jours qu'on a l'occasion de quitter Londiani. » La phrase la tourmentait ; la nuit, elle la réveillait et, le matin, lui revenait à l'esprit avant le lever du soleil. Elle finit par cesser de se défendre. Ayant reconquis son objectivité et son énergie, Liesel se persuada qu'elle n'était pas la première à se retrouver à la croisée des chemins. Il n'y eut ensuite plus qu'un petit pas à effectuer pour reconnaître que ce serait une erreur, sans doute même un péché irréparable, de laisser passer la chance unique de faire des études à Londres. Son cœur se prépara à la séparation. Sans joie exubérante, mais avec satisfaction. Trois jours encore, Liesel prit le temps de vérifier que sa décision la satisfaisait.

Le soir du quatrième jour, devant un lapin rôti, trop cuit et coriace, et durant l'unique minute où tout le monde se taisait, observant June en train de tremper sa viande dans son verre plein d'eau en mâchonnant comme un lièvre, Liesel se racla la gorge et dit :

– Oui.

Elle s'aperçut, sans oser un commentaire, que tout le monde n'avait pas envisagé d'autre choix que ce « oui ». Mais la chose à laquelle elle s'attendait moins encore, c'est que ses oncles autoritaires qui, durant les quatre dernières années, s'étaient sentis appelés à dispenser sans arrêt à leur jeune nièce, au nom du père défunt, des ordres, des réprimandes et des conseils, étaient depuis longtemps passés aux actes.

– Tu logeras chez notre sœur Mina et son mari, dit oncle Gustav sans la regarder, tout en continuant à s'escrimer avec son couteau sur sa cuisse de lapin. Voilà un an, ils nous ont déjà dit qu'ils seraient d'accord pour t'accueillir à tout moment. Ta mère était très heureuse quand la lettre de Londres est arrivée. Est-ce que tu te souviens de ta tante Mina et de ton oncle Bruno ? Pour l'amour du ciel, ne me regarde pas comme si je t'avais demandé si tu es encore vierge ! Vous avez tout de même habité tous les trois chez les Stern quand nous avons été obligés de quitter l'Allemagne et d'attendre à Londres les papiers pour le Kenya.

– Non, je ne me rappelle pour ainsi dire plus rien de Londres. Sauf les bus rouges et une pomme, piquée sur une tige, que je voulais et qu'on m'a refusée.

– Il n'y a tout de même pas de quoi se tourner les sangs. Tu es toute pâle, mon enfant, dit Ruth en caressant la petite June, bien qu'en cet instant elle eût plus volontiers pressé contre elle la jeune fille. Tu n'arrêtais pas de passer les doigts à travers les trous des meubles en rotin, ajouta-t-elle en souriant à ce souvenir, et la bonne tante Mina était dans tous ses états. Elle n'avait pas l'habitude des enfants.

– Et a-t-elle l'habitude de jeunes filles de dix-huit ans ? interrogea Liesel, toute surprise d'avoir réussi à se montrer ironique sans que sa voix ait changé de ton.

Elle avait toujours envié Regina pour son art de manier les mots.

Jusqu'à l'apparition, totalement inattendue pour elle, de l'oncle de Montevideo, Liesel avait toujours cru que la famille Freund avait émigré en bloc de Cham au Kenya et que tous les membres du clan vivaient à Londiani. Elle ne gardait aucun souvenir des Stern, mais à présent que Ruth venait de les évoquer, voilà qu'elle se rappelait très nettement leurs meubles en rotin. Peut-être qu'avec le temps elle aurait fini par se souvenir de Mina et de Bruno Stern et vraisemblablement aussi, en consentant l'effort voulu, de leur appartement : qu'il était très petit, qu'une peinture à l'huile représentant un homme à l'air furieux, avec une longue barbe blanche, était accrochée contre un mur au papier peint vert et que, sur la table et le buffet du salon, étaient posés de petits napperons blancs et ronds, confectionnés au crochet. Une petite fille effarouchée de sept ans dont les adultes, à bout de nerfs, n'avaient pas le temps de se soucier et qui pleurait un singe borgne, en tissu, abandonné à Cham, occupa trois longs mois à passer les doigts à travers les meubles en rotin, mais aussi à travers les petits trous des précieux ouvrages au crochet. Ce sacrilège lui valut de la part de sa tante des invectives qu'elle n'avait encore jamais entendues. Mais, pour avoir appris très tôt à refouler sa détresse en présence de la mort ou l'angoisse née de la disparition d'objets ou d'êtres chers, Liesel n'avait pas pour habitude de fouetter sa mémoire pour la ramener à des napperons au crochet et des peintures à l'huile. Elle voulut dire quelque chose d'intelligent, ou au moins de complaisant, parce qu'elle trouvait qu'une remarque ironique serait trop peu, venant de quelqu'un qui avait à l'instant annoncé sa résolution à entamer une nouvelle vie. Mais, à part la constatation qu'il faudrait réparer la courroie de sa valise, rien ne lui vint à l'esprit.

Six semaines après l'épisode du rôti de lapin trop cuit, Liesel Freund, gelée, tête basse, foulait le sol dont elle avait jadis appris à la Nakuru School qu'il était sa « chère terre natale ». Par ce vendredi matin brumeux, dans le port de Southampton, il ne lui fallut pas longtemps pour constater que la formule convenait bien mieux à des poètes anglais patriotes ou à des soldats rentrant au pays qu'à une jeune femme ayant grandi sous le soleil d'Afrique. D'une part, elle n'avait pas le manteau qui lui aurait permis d'affronter un froid mordant et les vents de février, d'autre part, l'île ne lui fit pas l'effet d'un joyau. Elle se souvenait, très vaguement, qu'elle était en revanche apparue sous ce jour à Shakespeare.

Plus tard, septuagénaire n'ayant l'habitude de ne ménager ni son corps ni son esprit pour porter le regard au-delà de son propre horizon, s'adonnant à l'occasion au tourisme en Alaska et se sentant tout à fait à l'aise dans ces contrées, Liesel ne parviendrait toujours pas à parler de son voyage entre Mombasa et Londres sans que son estomac ne se révolte et que ses yeux ne s'emplissent de larmes. Tante Ruth et, à la demande pressante de Liesel, la petite

June l'avaient accompagnée jusqu'à Nairobi. Elle eut le cœur déchiré quand il lui fallut se séparer de sa cousine adorée qui, à la gare, poussa des cris si perçants que la mère ne put même pas attendre le départ du train pour Mombasa. Elle avait l'impression d'avoir abandonné la petite. Cette séparation hanterait ses nuits pendant plusieurs années. Le wagon-lit, la fierté de toute l'Afrique orientale, lui parut un cachot. Elle sanglota toute la nuit dans l'oreiller et prit la résolution de ne pas embarquer, de déchirer son billet et d'empoisonner ses deux oncles. Elle eut alors honte de cette explosion mélodramatique qui n'était pas dans ses habitudes, elle commença à craindre pour sa santé mentale et, ses yeux gonflés et noyés de larmes se refusant à savourer la beauté, elle manqua son dernier lever de soleil africain. Elle manqua également les girafes tondant les arbres au bord de la voie de chemin de fer, les troupeaux de gnous au galop et même le petit déjeuner servi dans le wagon-lit, petit déjeuner célèbre dans toute la colonie. Si un jeune couple danois, qui avait remarqué la jeune fille en pleurs et l'enfant hurlant dans la gare de Nairobi, n'avait pas pris soin d'elle à l'arrivée à Mombasa, elle aurait aussi manqué le bateau, réalisant ainsi son vœu le plus cher.

Dans la mer Rouge, à l'endroit exact où les poissons volants avaient tant fasciné Leah un an plus tôt, Liesel, qui avait toujours considéré l'estomac comme un organe semblable aux autres, eut pour la première fois de sa vie le mal de mer. Elle regagna à grand-peine la cabine qu'elle partageait avec une jeune infirmière de Mogadiscio qui, au grand soulagement de Liesel, occupait la plus grande partie de ses nuits à danser. Ce fut, comme cela devait s'avérer, le seul coup de chance du voyage. La mousson, absolument inhabituelle en cette saison, eut beau s'apaiser dès le lendemain, Liesel ne réussit pas à se remettre. Elle mit à profit deux heures pendant lesquelles l'écœurement la laissa en paix pour écrire une lettre à Regina : « Je ne sais pas comment tu as pu supporter ça, toi toujours si sensible. Contrairement à moi. Peut-être que le fait de voyager avec ses parents ou toute seule joue un rôle dans l'affaire. »

Dans le golfe de Gascogne, elle pria pour la première fois depuis des années, implorant de Dieu une mort rapide. Le médecin du bord, un homme originaire de Liverpool, à la mauvaise humeur tenace, n'aimant ni les femmes ni surtout les jeunes filles perpétuellement nauséeuses, lui tint un méchant discours sur les liens entre l'hypocondrie et le mal de mer; sa joyeuse voisine de cabine, profitant d'une interruption de la danse, lui remit des cachets dont elle prétendit qu'à Mogadiscio ils servaient même à traiter les fous furieux. Affirmation qui recelait une certaine dose de vérité: ayant absorbé un seul de ces cachets, Liesel dormit vingt-quatre heures d'affilée. Elle se réveilla avec un mal de tête comme elle n'en avait encore jamais connu et elle eut à peine le temps de faire sa valise avant le débarquement à Southampton. Elle quitta le bord en chancelant. Il lui manquait le bracelet en or acheté chez le bijoutier Weißkopf, à Cham, que sa mère, après l'avoir caché de longues années dans le casier à linge, lui avait offert pour ses dix-huit ans; il manquait également à l'appel une paire de chaussures flambant neuves venant de chez «Bata», à Nakuru. Liesel avait perdu cinq kilos, elle avait le teint jaunâtre et des cernes sous les yeux. Si le voyage avait duré trois semaines, elle, pour sa part, avait bien vieilli de trois ans.

Pourtant, pendant le trajet entre Southampton et Londres, elle récupéra étonnamment vite. Elle fut très fière de trouver le train sans l'aide de personne. Elle mangea un sandwich au poulet, à la mayonnaise et à la salade avec un appétit qui, bouchée après bouchée, ne cessa de faire grandir sa stupéfaction. Le train démarra et s'arrêta aussitôt. Au bout de dix minutes, il quitta définitivement la gare.

– C'est tous les jours la même chose, dit une femme en train de tricoter une chaussette rouge sur la banquette opposée.

– Oui, sourit Liesel.

Gênée d'être aussi timide, elle se demanda si elle devait raconter à cette femme qu'elle aussi aimait tricoter, mais, à la seule idée de faire une confidence à une inconnue sans en avoir été priée, elle frissonna.

Elle était très impressionnée de voir des maisonnettes aussi serrées les unes contre les autres que des plants de maïs dans les champs de Londiani, plus impressionnée encore de constater que les jardins, devant ces maisons, étaient plus petits que les carrés de légumes des ouvriers agricoles de chez elle. Apercevant des immeubles de plusieurs étages, elle se baissa instinctivement, le cœur battant. Elle souffla un « oh » respectueux quand le train passa à côté d'un roi en pierre, juché sur un cheval en pierre lui aussi. Les voitures d'enfant, dans les rues des villages, évoquèrent pour elle les carrosses royaux dont elle avait vu un jour une photo dans le *Sunday Post*. Ses deux compagnes de voyage – une dame, avec un chapeau de pluie noir et brillant comme en portait Christopher Robin, le père de Winnie l'ourson, était entrée précipitamment dans le compartiment juste avant le départ – et les femmes qui traversaient le wagon pour se rendre à la voiture-restaurant l'intimidaient par leur élégance.

Mais ce qui déconcerta le plus « l'immigrée » venue d'Afrique, étonnement qui dura des jours entiers, des semaines même, ce fut de voir des Européens se livrer à des travaux corporels. À Southampton, elle avait regardé avec ébahissement, comme si elle avait sous les yeux de gigantesques créatures préhistoriques, les porteurs offrant humblement leurs services aux passagers du navire. À présent, chaque employé des chemins de fer qu'elle apercevait par la fenêtre du wagon était pour elle un motif de stupéfaction. Quand le contrôleur demanda à voir son billet, elle fut prise d'un fou rire hystérique. Dans le pays où la couleur de la peau déterminait le prestige et la destinée des êtres, les contrôleurs étaient toujours des Indiens et les porteurs des Kikuyu à qui on donnait du « *boy* ».

– Gare à toi si tu te sauves avec mes bagages ! avait-elle lancé, à Southampton, à un homme d'un certain âge, coiffé d'une casquette rouge et poussant un chariot.

Sur quoi ce dernier, s'empourprant et jetant à ses pieds ses deux valises avec une salve de jurons, avait crié à son adresse :

– Espèce de petite merdeuse de colonialiste !

Elle se mit à transpirer en revoyant la scène et l'homme en train de l'injurier. Elle se promit de se méfier, à Londres, de toutes ses habitudes langagières. À Victoria Station toutefois, elle n'eut pas l'occasion de se faire remarquer par des paroles incongrues : quand elle descendit du train, ses yeux, son nez et ses oreilles refusèrent tout service. Le bruit l'assourdissait, les flots de lumière l'aveuglaient. Les foules humaines l'affolaient. Tous ces gens se hâtant comme des ombres à travers un hall mal éclairé et semblant ne pas avoir de corps lui paraissaient pourtant menaçants. Des haut-parleurs coassaient, des porteurs de journaux criaient, il y avait des odeurs mêlées de fleurs, de *fish and chips*, de tabac, de bière, de sueur ainsi qu'un flot de senteurs douceâtres. Apercevant un panneau mettant en garde contre les pickpockets, elle l'épela mot après mot, comme une débutante. Elle n'arrivait pas à concevoir qu'il pût y avoir des pickpockets en dehors de Nairobi. Entendant un enfant crier, elle crut un instant que c'était June, puis qu'elle avait perdu la raison. Un homme coiffé d'une casquette à écusson et parlant avec un accent cockney qui, pour elle, était aussi étrange que du chinois secoua sa valise. Elle oublia ses bonnes résolutions et, prise de panique, hurla : « Non. » Elle ne s'aperçut l'avoir dit en allemand que beaucoup plus tard. Immédiatement après, un homme agitant le *Manchester Guardian* lui barra le chemin. Elle bafouilla à trois reprises « *Thank you* », réprimant son envie de lui sauter au cou.

Elle savait par une lettre de Ruth reçue sur le bateau, à l'escale de Naples, qu'un homme tenant un journal l'attendrait à Victoria Station. L'homme en question, petit, coiffé d'un haut chapeau noir, un manteau plein de taches cachant mal son col de chemise élimé, ne lui adressa pour ainsi dire pas la parole. La pilotant par des signes de la main au travers de masses humaines qui semblaient atteintes de frénésie, il descendit avec elle plusieurs escaliers roulants, parcourut des couloirs couverts de carreaux de faïence blancs et éclairés comme en plein jour, puis, après une petite attente, la poussa dans un métro dont les portes – ce qui la fascina – obéissaient à une pression sur un bouton et d'où descendaient autant de personnes qu'il en entrait. Dans le wagon, l'inconnu la fit asseoir sur un siège surmonté d'un panneau portant l'inscription « Cédez votre place aux personnes âgées et aux malades ». Serrant les deux valises contre ses jambes, il resta debout devant elle, les bras croisés sur le ventre, son journal enfoncé sous la ceinture de l'imperméable. Ayant perdu tout sens de l'espace et du temps, elle ne voyait plus que des pieds et des visages, et quand l'homme, inclinant la tête dans sa direction, lui montra la porte du pouce, elle eut toutes les peines du monde à se lever. Liesel avait une valise à chaque main, et lui, un journal. En silence, ils avancèrent dans la bruine, sous des arbres dégoulinant de pluie, le long d'une rue mal éclairée. Il dit deux fois « Mmh », puis, peu après : « Eh bien, nous y voilà. » L'homme frappa à la porte d'une maison à l'aide d'un anneau passé dans le nez d'un lion doré. Sous la lumière du réverbère, le bois de la porte luisait faiblement. Quand une lumière s'alluma à l'intérieur de la maison et qu'ils entendirent des pas se rapprocher, l'accompagnateur taciturne donna à Liesel une petite bourrade qui n'était pas dépourvue de tendresse. « *There we are, dearie* [1] », répéta l'homme avant de disparaître. Regardant dans sa direction, elle ne vit plus que son interminable chapeau. Jamais par la suite, elle ne réussit à tirer au clair son identité. Il était huit heures du soir quand Liesel fit la connaissance de la sœur aînée de sa mère et de son mari. Tous deux avaient aux pieds des pantoufles de feutre gris, des tricots de laine épaisse sur le dos et, autour du cou, un fichu.

Les Stern habitaient, à Golders Green, un appartement de trois pièces à peine chauffé, particulièrement exposé aux courants d'air quand le vent soufflait de l'est. De nombreux émigrés juifs originaires d'Allemagne, d'Autriche, de Bohême ou de Moravie s'étaient établis dans le quartier. À vrai dire, seuls pouvaient s'offrir ce luxe ceux qui, dans leur pays d'accueil, avaient réussi à atteindre une modeste aisance. Dans les rues, longtemps après 1945, on entendait aussi souvent parler allemand qu'anglais et, au moins une fois par jour, raconter la vieille blague des émigrés : « Êtes-vous *happy* en Angleterre ? *Happy*, oui, mais pas *glücklich.* » Que les Stern n'aient été ni heureux ni chanceux n'était que partiellement exact. Ils n'avaient pas eu d'enfants, ce qui leur avait énormément facilité le départ d'Allemagne, ils étaient assidus au travail et dotés d'une qualité qui, dans les milieux de l'exil, avait autant de valeur que l'argent liquide : savoir ne pas regarder en arrière. Même parvenu à un âge avancé, Bruno Stern ne le faisait jamais. Né en Westphalie, il se fiait à son obstination et à sa robuste constitution. Sa maxime favorite, « Les seuls hauts faits que j'admire sans réserve chez les Allemands sont leur Pumpernickel et leur Steinhäger [2] », donnait à

1. « Nous y sommes, ma chère ».
2. Le Pumpernickel est un pain de seigle épais, presque noir, amer, traditionnel en Allemagne ; le Steinhäger est une eau-de-vie blanche, parfumée aux extraits de genièvre, qui doit son nom à la ville de Steinhagen, en Rhénanie du Nord-Westphalie *(N.d.T.)*.

croire trop vite qu'il avait de l'humour : s'agissant de lui, il était exclu que ses déclarations et ses commentaires aient quoi que ce soit à voir avec des bons mots ou des plaisanteries. Il avait été un fonctionnaire allemand sûr, digne de confiance et imbu de sa personne. À Münster, il travaillait au cadastre et avait été congédié en 1933 parce que Juif. Le coup avait été sévère. Mais, à la différence de nombre de ses compagnons d'infortune, il n'avait ni cru que les nazis ne tarderaient pas à disparaître, ni cherché à obtenir un autre travail en Allemagne. Il avait émigré en Angleterre avec sa femme Mina, conforté dans sa décision par l'exemple d'un ami de jeunesse qui, dès son arrivée sur l'île, avait trouvé un emploi, à Manchester, dans sa profession de menuisier. Mina avait mis à profit la période précédant le départ en exil pour effectuer une formation accélérée de couturière, son mari suivant, lui, des cours d'anglais et de comptabilité.

Par chance, dans son pays natal aussi il avait été quelqu'un de renfrogné et de pas très sociable, un pessimiste. Ce genre de qualités préservait, en exil, des espoirs inconsidérés, des idées noires et de la mélancolie. En effet, la nostalgie et la recherche du pourquoi ne facilitaient pas les nouveaux départs. Bruno Stern avait une espèce d'instinct pour discerner cette sorte d'obstacle. Il avait trouvé un emploi dans une usine fabriquant à cette époque des chemises et, quatre ans plus tard, des uniformes pour l'Air Force. Avec une rapidité qui fit beaucoup d'envieux, il réussit même un coup double : Mina trouva du travail comme couturière dans son entreprise, et lui dans les bureaux, certes pas en qualité de comptable, mais il eut à gérer – à la grande satisfaction de ses supérieurs – l'entrepôt où étaient stockés les tissus et les machines. Dès 1939, c'est-à-dire à l'époque où les Freund, avec Liesel, avaient trouvé refuge chez eux durant trois mois, leur situation était déjà meilleure que celle de la plupart des émigrés. Ils avaient réussi à emporter d'Allemagne leurs meubles, la plus grande partie de la dot de Mina et une somme d'argent qui avait facilité leurs débuts dans leur nouvelle vie. Leur sens inné de l'économie était devenu de l'avarice. La guerre était déjà terminée que Mina portait encore le manteau de faux astrakan qui avait fait avec elle le voyage de Münster en Angleterre, son mari son costume de mariage. Jusqu'à l'arrivée de la lettre de Londiani qui leur annonçait aussi les bons résultats de leur jeune nièce, les Stern louaient une de leurs trois pièces.

– Espérons que ta sœur comprendra qu'elle devra compenser la perte du loyer, déclara Bruno.

– Elle et son mari ne se sont pas montrés mesquins la dernière fois qu'ils ont logé chez nous, répliqua Mina.

– Bien sûr. Mais maintenant elle est veuve. Ces femmes-là sont difficiles et jouent la carte de la pitié.

– Tu sauras bien te défendre. Ta vie entière, tu n'as jamais eu pitié de personne. Sauf de toi-même.

En dépit de toute une série de discussions du même type, discussions qui détérioraient plus encore leur vie de couple que la routine quotidienne, et malgré le souvenir assez vif qu'ils avaient gardé de la manière désagréable dont Liesel avait traité les meubles en rotin et les napperons au crochet, les Stern avaient accepté d'accueillir chez eux leur nièce : « Bien sûr que la petite peut loger chez nous, avait écrit Mina à ses parents d'Afrique. Même Bruno sera content de voir arriver de la jeunesse dans sa maison. »

À Londiani, on s'était bien gardé de montrer cette lettre à Liesel. On n'avait dit que du bien des Stern. Les oncles, et même tante Ruth, avaient préparé la voyageuse à rencontrer une « femme au cœur d'or », follement impatiente de pouvoir serrer sa nièce sur sa poitrine. Mais, une fois parvenue sur le théâtre des opérations, Liesel, au bout de trois jours seulement, avait compris pourquoi la tante tardivement retrouvée lui avait réservé un accueil si spontanément chaleureux : Mina Stern avait besoin d'aide. Elle souffrait d'arthrose dans les doigts, de rhumatisme dans les genoux et de vertiges le matin. Elle était par ailleurs d'avis que la somme qu'on lui avait laissé entrevoir pour le logement de Liesel n'était conforme ni au coût de la vie à Londres ni aux usages généralement jugés corrects par ses proches relations. Elle avait, sur ce point, rencontré l'assentiment de son mari.

« La méchante sorcière, écrivit Liesel à Regina dès la première semaine de son séjour, a besoin d'un boy. Pas un boy ordinaire, ou un cuisinier, ou quelqu'un pour laver la vaisselle et repasser le linge, mais un boy pour exécuter tous les travaux se présentant dans la maison. Et devine qui a obtenu ce job merveilleux ? La seule chose dont je sois dispensée, c'est de nourrir les chiens et les poules. Mais, à vrai dire, cela tient à ce que mes parents si désintéressés n'ont ni chiens ni poules. »

Plus décourageant encore fut pour Liesel le véritable parcours du combattant qu'il fallait accomplir pour s'inscrire à l'université. La secrétaire à qui elle se présenta fut tout sauf aimable : elle avait un rhume et devait se rendre d'urgence chez le médecin. Incapable de mettre la main sur les documents nécessaires, elle réussit encore moins à lui donner des informations utiles. Liesel présuma que ce n'était pas la première fois que l'unique interlocutrice qu'elle ait pu dénicher informait un candidat à l'inscription que les délais pour les nouveaux étudiants étaient expirés et qu'il lui faudrait revenir six mois plus tard. Elle voulut savoir s'il n'y avait pas eu une erreur quelconque.

– On ne peut jamais exclure la possibilité d'erreurs, estima la secrétaire enrhumée en fouillant dans son sac à main.

– Puis-je revenir lundi prochain ? Le lundi est bien le jour de réception ?

– Bien sûr que vous pouvez revenir. Nous vivons tout de même dans un pays libre.

En rentrant à Golders Green, Liesel fit un premier bilan. Depuis son arrivée à Londres, elle n'avait adressé la parole, les Stern mis à part, qu'au marchand de légumes chez qui elle avait une fois acheté du chou-fleur et deux fois des pommes de terre pour la tante, et à une dame qui, à côté de la boîte aux lettres, lui avait demandé où se trouvait la pharmacie. Une troisième personne était venue s'ajouter aux deux premières sous les traits de la secrétaire de l'université. Quand Liesel eut additionné cette dernière, l'homme des légumes et la passante de la boîte aux lettres, elle perdit tout courage. Comment faire comprendre à la famille de Londiani et à sa mère à Montevideo pourquoi elle était si malheureuse ? Sur le moment, cela lui fit du bien d'imaginer la lettre qu'elle écrirait, les doigts gourds, en passe de succomber à une méchante grippe dans sa chambre non chauffée et ouverte à tous les vents. « Ma bourse, énonça-t-elle tout en scrutant l'obscurité derrière la vitre du métro, a ici autant de valeur qu'à la ferme le pied gauche de Cendrillon. Je n'ai pas réussi à m'inscrire à l'université. Je n'ai pas encore eu de véritable conversation avec qui que ce soit. Si vous n'avez plus de nouvelles de moi, c'est que je serai à l'hôpital. » Liesel n'avait aucune expérience en matière de lettres fictives. Elle ignorait que l'imagination ne rapportait rien de bon aux gens dans la détresse. Ses pensées la ramenèrent à un livre pour enfants qu'elle avait lu des années auparavant. Une orpheline, élevée dans le luxe et adorée par son *aja* indienne, était venue à Londres à la mort de son père et de sa mère, et des parents sans cœur l'avaient exploitée en la faisant travailler comme bonne à la cuisine. Les dessins douceâtres de l'illustrateur se mirent à tourbillonner dans la mémoire de Liesel.

Une Indienne, enveloppée malgré le froid dans un simple sari vert aux broderies dorées, était effectivement assise près de la porte du wagon. Son front était marqué d'un point rouge. Liesel la dévisagea comme si elle n'avait encore jamais rencontré d'Indienne. Elle ne s'aperçut pas que le métro s'arrêtait. Elle ne commença à prendre conscience que les voyageurs proches de la porte étaient descendus qu'au moment où les nouveaux arrivants cherchèrent à s'asseoir. Effrayée, elle se leva avec un petit cri et se précipita pour descendre. Debout, essoufflée, sur le quai qu'elle ne reconnut pas, elle vit le métro s'ébranler et, pour remonter au jour, elle emprunta un escalier roulant qu'elle ne reconnut pas non plus. Éperdue, elle sortit du bâtiment de la station en courant. Pour comprendre qu'elle n'était pas à Golders Green, il lui fallut d'abord entendre une auto klaxonner et lire la plaque indicatrice d'un bus qui s'était arrêté devant elle. Le panneau de la station de métro qu'elle venait de quitter l'informa ensuite qu'elle se trouvait à Hampstead.

La rue, avec un puissant immeuble au toit orné d'un drapeau qu'elle ne sut à quel pays attribuer et, à un angle, un salon de thé Lyon's, ressemblait aux rues qu'elle avait appris à connaître à Golders Green. Les inscriptions, sur les vitrines, signalaient des restaurants et des boulangeries casher. À côté d'un fleuriste, il y avait aussi un charcutier casher. Un panneau indiquait la direction d'une synagogue, une affiche annonçait un bal de bienfaisance juif en avril et une semaine culturelle juive en juin.

Liesel était toujours à l'arrêt de bus. Elle vit une placette avec des arbres, des parterres de fleurs et une balançoire pour enfants. Pensant à June, elle se mit à sangloter. Ses yeux la brûlaient. Deux garçons, en culottes courtes et avec le blazer gris de leur école, jouaient au football sur une petite pelouse. Les blazers rappelèrent à la naufragée l'uniforme de la High School. Elle eut honte d'éprouver un regret aussi fort de son ancienne école. Devant la pelouse des footballeurs, il y avait deux bancs. Un homme était assis sur l'un deux, vêtu d'une veste blanche et d'un bonnet noir, devant lui une carriole avec des marrons chauds. L'autre banc était inoccupé. Comme sous l'effet d'une contrainte, Liesel s'y précipita.

Le vent de mars était cinglant. Elle s'assit pourtant, n'essayant même pas de se protéger le visage et, avec l'expression d'un enfant buté, sortit les mains de ses poches. Elle nota que ses doigts s'engourdissaient les premiers, suivis des poignets, et que le froid lui mordait le visage. Puis elle baissa la tête, cessant de lutter contre les larmes. À l'exception de sa défaillance du golfe de Gascogne, c'était la première fois que Liesel s'abandonnait. Elle ne pleurait pas de n'avoir pas réussi à s'inscrire à l'université. Les Stern – qui fouinaient dans son courrier et dans son armoire et lui comptaient son temps libre et son argent de poche comme si elle avait cinq ans – n'étaient pas non plus la cause de ses larmes. Elle pleurait des larmes d'épuisement. Non seulement elle avait manqué sa station mais, de surcroît, elle ne savait plus quel sens donner à sa vie. Celle qui jamais ne vacillait et qui vacillait pourtant à présent, la mathématicienne qui ne s'était jamais trompée, se retrouvait d'un seul coup et tout à la fois en face d'un monde de brumes, d'une pente abrupte, d'un mur de glace et d'une montagne de feu. Tandis que la glace éclatait et que la lave coulait dans sa direction avec de courtes flammes, elle n'eut plus qu'un souhait : rester assise sur le banc à regarder les narcisses et mourir de froid dans la nuit.

Le jeune homme qui s'assit à côté de la jeune femme en sanglots n'était pas la mort. La nuit n'était pas tombée non plus, il n'était que quatre heures de l'après-midi. L'homme frissonnait de froid comme elle. Mais, n'étant pas arrivé en Angleterre quatre semaines plus tôt seulement, il y était habitué. Il boutonna son trench-coat et en noua la ceinture, puis il fit surgir de sa poche, comme par magie, une écharpe jaune en tricot et en entoura les épaules de Liesel.

– Il ne faut pas pleurer, dit-il. Le sang, la sueur et les larmes ne nous ont été utiles que pendant la guerre.

Elle ne reconnut pas les paroles de Churchill, mais elle sentit que ce serait une erreur de ne pas accepter sa proposition d'aller boire avec lui une tasse de thé au Lyon's proche. Ils se regardèrent pour la première fois quand ils commencèrent à remuer le sucre dans leur tasse. Il lui demanda comment elle s'appelait. Elle éclata à nouveau en sanglots.

– Liesel, murmura-t-elle, je suis désolée.

– J'ai encore mieux à annoncer, sourit-il, je m'appelle Emil.

Il flaira la vérité car il avait cinq ans de plus qu'elle et, derrière lui, une expérience infinie. Liesel, en revanche, fut incapable de déceler le moindre indice dans le jeu de devinettes qu'était l'existence. Elle pensait ne rien avoir de commun avec celui qui tenait à la disposition de jeunes filles désespérées des mouchoirs et des écharpes bien chaudes. Elle avait bien sûr le cœur qui battait très fort, mais elle était absolument certaine de ne plus le revoir.

7

Regina renonce

Francfort-sur-le-Main, 1954

– Deux vins de Moselle, commanda Regina.

– La demoiselle ne risque-t-elle pas de le trouver un peu acide ? demanda le garçon, sceptique.

Il se méfiait des possibilités financières et de la moralité des clientes d'un établissement public qu'aucun homme n'accompagnait et qui, par-dessus le marché, commandaient deux consommations. « Autrefois, ce genre de choses n'aurait pas existé », avait-il coutume de dire à sa femme quand, son travail fini, elle lui réchauffait son repas dans le salon-cuisine tapissé de frais. Il était un observateur attentif de l'évolution des mœurs et, soir après soir, ne manquait pas de rapporter à son épouse les bizarreries qui, autrefois, n'auraient jamais existé.

Regina interpréta à tort l'humeur chagrine du garçon comme l'aigreur légitime d'un homme qui traînait le pied droit et flottait dans sa veste. Elle dit avec bonhomie :

– Mon père ne va pas tarder à arriver. Et nous aimons tous les deux le vin un peu acide. Il rend joyeux.

– Pas toujours, la contredit le garçon.

Puis, apercevant sur la table le paquet de cigarettes Gold Dollar et les allumettes, il alla chercher un cendrier à la table voisine en fronçant les sourcils et le posa devant Regina avec un grognement réprobateur. Ça aussi, on ne le voyait pas autrefois, des femmes qui fumaient en public. En tout cas, pas des femmes convenables.

Pour attendre son père, Regina avait pris place dans un café avec jardin des bords du Main, où l'on pouvait consommer du café liégeois dans de hautes coupes en argent et où la crème fouettée accompagnant les tartes était plus copieuse que n'importe où ailleurs. La terrasse était équipée de sièges laqués, blancs, avec des coussins aux rayures blanches et bleues, et toutes les tables disposaient de parasols. Quand, par les belles journées, on installait ces derniers, leur présence créait une ambiance que les clients – dont seule une infime minorité avait voyagé à l'étranger – ressentaient comme méridionale. La grande salle intérieure était ravissante avec ses petits sièges coquille qui n'étaient pas recouverts d'une peluche sentant le moisi comme ceux qui, dans la plupart des autres cafés, avaient traversé les épreuves de la guerre et de l'après-guerre, mais d'une matière plastique magnifiquement colorée et tellement pratique à entretenir ! Les ménagères ouvertes aux idées nouvelles rêvaient de sièges de ce genre pour leur intérieur et leur jardin. Dans les niches, on avait installé des tables haricot qualifiées, dans un reportage, d'« atouts de la modernité », et il y avait également en profusion ces lampes aux abat-jour en forme de cornets dont tout magazine se respectant avait déjà publié les photos, trois fois successivement même dans la revue *Film und Frau*. Le café avait ouvert quelques mois plus tôt et, dès le premier jour, il avait connu le succès auprès des jeunes comme des plus âgés. Il était considéré comme l'un de ces miracles pour lesquels la ville de Francfort, qui s'était relevée de ses ruines à une allure record, était célèbre dans toute la République fédérale. En été, venir consommer dans ce lieu hospitalier des bords du Main était un plaisir recherché. Avec sa vue sur les ponts qu'empruntaient à nouveau des autos, des trams et des nuées de Vespa, les clients pouvaient profiter du spectacle de la ville tout en savourant une glace à la vanille accompagnée d'un petit verre d'eau-de-vie de Danzig, ou bien d'un cacao à la noix, en pensant, avec un frisson agréable, aux temps où tous les ponts de Francfort, même la passerelle métallique, étaient détruits et où il fallait une embarcation pour rejoindre Sachsenhausen.

Chaque fois que Walter et Regina réussissaient à se ménager une petite escapade hors de la routine quotidienne sans que Jettel en ait vent, ils se donnaient rendez-vous au Nizza. Il était aisé à Walter de gagner l'établissement à pied depuis son bureau d'avocat dans la Neue Mainzer Straße. En été, c'est là qu'il amenait ses clients étrangers qui, en dépit de toutes leurs réserves vis-à-vis de l'Allemagne, apaisaient avec un appétit étonnant une nostalgie accumulée pendant des années pour les *Streuselkuchen*[1]. Le nom français du café impressionnait les clients. En fait, ce n'était pas lui qui avait à l'origine reçu le nom de Nice, mais les espaces verts longeant le Main, sur la rive de Francfort. Cette comparaison ironique était typique de la confiance en soi qui, dans les temps anciens, régnait dans cette ville. Le nom avait bien mieux résisté aux bombardements que les citadins eux-mêmes, et les magnifiques jardins publics, comme s'il ne s'était rien passé entre-temps, régalaient l'œil d'une multitude de fleurs.

De temps à autre, les Redlich vérifiaient où ils en étaient de l'accomplissement d'une tâche qu'ils s'étaient fixée : se créer un nouveau chez-soi dans une ville qu'ils connaissaient avant la guerre aussi peu que Nairobi. Jettel achetait désormais de la saucisse jaune et préparait la mayonnaise sans moutarde, ou bien tous s'efforçaient de dire *Metzger* et non *Fleischer* pour parler du boucher et d'appeler le samedi *Samstag* et non *Sonnabend*. Leur arrivait-il de demander la moutarde dans un restaurant en utilisant le mot *Senf* à la place de *Mostrich*, les Redlich, l'espace d'un instant, se sentaient adoptés dans la ville où leur vie avait pris un nouveau départ après l'exil africain.

Ces heures ainsi dérobées par la ruse au train-train journalier – heures pendant lesquelles ils pouvaient converser sans être gênés et surtout retrouver leur ancienne complicité, tout comme ils le faisaient jadis à la ferme d'Ol'Joro Orok – faisaient partie des multiples secrets que partageaient le père et la fille et dont le nombre augmentait d'année en année. Il fallait aussi inscrire au compte des péchés quotidiens le vin, les chocolats fourrés et surtout les cigarettes, toutes gourmandises interdites à Walter depuis l'apparition de son diabète et en particulier au lendemain d'une sévère crise cardiaque, l'année précédente. Au lieu d'écouter les appels de Regina à sa raison et à son sens des responsabilités, il l'avait encouragée à

1. Voir note p. 81.

se mettre elle-même à fumer. Il buvait régulièrement du vin avec elle depuis qu'on trouvait à en acheter sans problème.

– La petite-fille d'un commerçant d'eau-de-vie en gros, avait-il coutume de dire, ne boit pas de limonade. Ton grand-père ne l'aurait pas supporté.

– Et comment expliques-tu les chocolats ?

– Si Dieu avait voulu que je n'en mange pas, il n'aurait pas fait pousser de cacaoyer.

Avec une fréquence regrettable, les deux conjurés négligeaient de protéger leur cœur et de tenir leur langue. Alors, tout au long de ces heures vouées à la conspiration, surgissaient les souvenirs de l'Afrique ; ils pensaient surtout à Owuor qui les avait guidés au travers des embûches de l'exil et à Kimani qui s'était sauvé dans la forêt pour y mourir quand Walter avait quitté la ferme. Quand ils partaient pour ces safaris dans un monde qui se refusait à sombrer, Regina appelait son père « *bwana* », ce qu'il n'aurait jamais toléré là-bas. Assez souvent aussi, ils parlaient en swahili et, bien que ce n'eût pas du tout été prévu au début des safaris dans le passé, ils lançaient leurs regards en direction des champs de lin qui, à Ol'Joro Orok, avaient des fleurs d'un bleu qu'on ne rencontrait nulle part ailleurs au monde.

– Le bleu des bleuets, avait affirmé Walter quand était venu le temps de revenir dans le pays où les bleuets fleurissaient effectivement, mais pas le lin.

Le garçon apporta les deux verres de vin.

– La personne que vous attendez est-elle un avocat ? demanda-t-il d'un ton méfiant, tenant son plateau très haut, comme s'il craignait que Regina ne le lui enlève avant que le problème ait été résolu de manière satisfaisante.

– Oui, répondit-elle, effrayée. Pourquoi me demandez-vous cela ?

– Il a appelé et vous fait dire que tout allait bien, que c'était juste le maudit voleur de poules qui était en retard.

– Merci, pouffa Regina en sortant sa main de la poche de sa jupe où elle avait croisé les doigts au début de cet échange pour conjurer les sortilèges de la destinée.

Puis, riant à nouveau, elle déclara :

– On ne peut plus se fier aux voleurs de poules. Ils sont toujours en retard.

– Je ne laisserai à personne d'autre que moi le soin de se payer ma tête, grommela le garçon.

Tout en cherchant un peigne dans son sac à main, Regina se demanda comment elle allait résister à l'après-midi et à la soirée qui s'annonçaient, si le comportement d'un garçon suffisait à la désarçonner au point que, dix minutes après, elle sentait encore dans tout son corps les vibrations de son cœur. Elle avait les lèvres collées, le front moite. Elle essaya de retrouver son calme en regardant fixement l'eau de la rivière, sans cligner des yeux. On ne la voyait bouger que lorsqu'un bateau passait. Des mouettes étaient juchées sur des pieux, des hirondelles volaient haut dans le ciel. Devant une maison qui ne paraissait avoir vécu que des temps heureux, les dernières tulipes et les premières roses étaient en fleurs. Un petit instant, Regina chercha à s'imaginer à quoi pouvait bien ressembler de vivre en permanence sur un bateau, de transporter du charbon d'un endroit à un autre. Puis, non sans un certain désagrément, elle constata que la seule chose dont elle se souvenait concernant la navigation intérieure, c'était qu'elle existait. Sur la liste des matières qui l'avaient rasée à l'école allemande, la géographie de l'Allemagne venait en tête, de très loin.

Elle songea un moment à la professeur de géographie qui avait passé une grande partie de ses cours à leur enseigner que l'essentiel du monde oriental avait toujours été rattaché au patrimoine culturel allemand. Ce souvenir ne lui procura aucun plaisir. De manière générale, les souvenirs de ses années d'école n'étaient jamais agréables à Regina. Elle ne pouvait ni penser à l'école au Kenya ni à celle de Francfort sans que sa peau se mette à brûler de la honte qu'éprouvent ceux qui se sentent exclus. Cela ne s'était pas passé de la même façon à Francfort qu'à Nakuru. Petite fille, elle avait souffert de l'hostilité haineuse et affichée de ses compagnes de classe et de ses maîtres britanniques qui rejetaient tout ce qui leur était étranger. À Francfort, n'étant plus une enfant, elle avait acquis la sensibilité aux nuances plus subtiles de l'existence, et l'incompréhension de ses condisciples à son égard lui avait été d'année en année plus pesante. Elles voulaient voir en Regina un oiseau de paradis exotique et considéraient l'exil en Afrique – où l'on pouvait manger à sa faim, à l'abri de la guerre aérienne – comme une faveur particulière du destin. Et elles n'avaient pas hésité à l'exprimer en toute occasion.

Le serveur vint enlever le cendrier en hochant la tête alors qu'il ne contenait qu'un mégot. Regina fit celle qui n'avait rien vu. Elle dirigea ses regards vers un marronnier particulièrement superbe, sur la rive du Main. Ses fleurs blanches étaient annonciatrices d'espoir, mais sa tête ne se fut pas plus tôt ouverte à l'avenir et à sa pesanteur que l'inquiétude la prit, de plus en plus forte. Une nouvelle péniche à charbon eut beau surgir et Regina la suivre des yeux en rêvant jusqu'à ce qu'elle disparaisse sous le pont Obermainbrücke, la scène du bateau n'eut pas sur elle l'effet des précédentes.

Depuis sept semaines, Regina avait traité par le mépris sa peur de blesser l'homme à qui elle était incapable de faire le moindre mal sans souffrir elle-même. Elle n'avait pas eu à la refouler une seule journée, se contentant de la confier au grand oubli durant les heures volées à la routine par son père et elle. Et voilà qu'à l'instant même de s'ouvrir de ses projets à ce dernier, la peur s'était transformée en une réalité grimaçante, sadique, insupportable. Quand elle pressentit que le combat était perdu, elle ne fut pas étonnée. Elle éprouva du soulagement à l'idée que, dans deux heures, le temps du silence serait enfin derrière elle. Enfant déjà, elle ne parvenait pas à tricher avec la vérité et à se regarder en même temps dans le miroir avec les yeux de qui est habité de la certitude d'avoir les dieux avec soi.

Dès qu'elle fermait les yeux, de petits points de toutes les couleurs se mettaient à tourner autour de sa tête. Elle partit avec satisfaction pour Ol'Joro Orok, avec son ciel où chassaient les nuages, son herbe haute, brûlée par le soleil, et ses damans dormant sur les rochers. Elle pensa aux longues conversations avec son père sur le chemin menant d'un *schamba* à l'autre, se rappelant combien elle aimait son humour et comment, au début de l'existence qui avait suivi la vie en Afrique, elle avait encore cru qu'une connivence entre père et fille était la norme. Au Kenya, où le fait d'avoir perdu sa patrie ainsi que la possibilité de s'exprimer dans sa langue l'avait brisé au point qu'il avait baissé les bras, c'était elle – une enfant encore, mais une enfant qui ne pouvait ni ne voulait en être une – qui avait pris les rênes. Cette enfant malgré elle avait tenté de protéger l'homme déchu contre les affronts réservés par l'existence aux êtres se retrouvant privés d'honneur, de fierté et de dignité. Très tôt, bien avant qu'Owuor lui ait fait comprendre que son père était faible et qu'elle était, elle, l'arbre qu'aucune tempête n'abattrait jamais, Regina, sans en avoir conscience, avait pris en charge des tâches pour lesquelles elle était trop jeune de plusieurs années.

À présent, réfléchissant à la conversation qui aurait lieu dès que son père apparaîtrait sur la terrasse en sifflant l'air de la Lorelei, elle ne parvenait pas à se défendre d'une nostalgie qui la ramenait à la ferme. Regina ne se faisait pas d'illusions. Depuis Ol'Joro Orok, rien n'avait changé. Peu importait qu'elle eût sous les yeux le mont Kenya ou Sachsenhausen avec ses belles et grandes villas et des jardins remplis de fleurs et d'arbres qui, en mai, racontaient les histoires les plus joyeuses de l'année. L'existence à Francfort, qui, après l'épreuve de la faim et la détresse morale engendrée par le fait d'habiter une ville où l'on ne connaissait personne, était à présent libre de tout souci matériel et conforme au statut social auquel Walter avait si ardemment aspiré en exil, se déroulait toujours selon les très anciennes règles de l'amour. Regina n'était jamais arrivée à faire comme ses camarades et à se jeter dans la vie avec insouciance. Au moins depuis qu'elle habitait Francfort, elle était consciente de ce que la brutalité de la jeunesse n'est pas donnée à ceux qui ne peuvent oublier leur passé. Regina n'était pas seulement une fille et une sœur. Le destin avait forgé des chaînes dont elle ne se libérerait jamais. Elle aimait ses parents et son frère tard venu comme seuls sont capables d'aimer les êtres pour qui le mot séparation est synonyme de mort.

Malgré la chaleur, elle frissonna en regardant autour d'elle les gens savourer leurs coupes de glace et les montagnes de crème de leurs gâteaux. Elle se sentit aussi coupable que si elle avait fait la connaissance de Peter Laughton depuis de longues années et qu'elle continuait à prétendre, auprès de qui voulait l'entendre, n'avoir pas encore rencontré l'amour. Des doigts, elle tambourina nerveusement sur la table. Elle eut envie de se lever et de courir au-devant de son père, de rire avec lui comme jamais, de l'étreindre, de ne plus le lâcher et d'enfin lui dire que, sur toute la surface de la terre, il n'y avait pas un père qui lui ressemble. Quand il s'agissait de sa fille, Walter Redlich était un despote jaloux, borné et hypocrite, un tricheur et un tartufe. Il le savait et n'en avait pas honte.

À toute occasion, ce tyran aimant et aimable proclamait qu'il préférerait de loin que sa fille fût une femme mariée qu'une journaliste. À peine avait-il foulé le sol de Francfort – il y avait maintenant sept ans de cela –, ce père plein d'amour et de ruse avait dit que Regina partirait quelque temps en Angleterre, après son baccalauréat, à la recherche d'un « mari juif sensé ». Tel était désormais l'usage dans un pays où la communauté juive était devenue si réduite qu'on expédiait à l'étranger les filles sortant de l'adolescence afin qu'elles y trouvent le partenaire approprié. Mais elle n'avait pas encore seize ans que Regina avait déjà percé son père à jour. Elle lui pardonnait ses petites manœuvres comme elle lui avait pardonné de l'avoir amenée avec lui en Allemagne, un pays où la langue et les gens lui étaient étrangers et qui n'avait jusqu'ici été pour elle que le pays de la détresse et de la mort. Regina avait toujours eu pitié de ce père bourré de contradictions. Et elle avait toujours eu le don – que Dieu accorde à ceux qui aiment – de ne pas faire intervenir sa raison.

La seule idée que sa fille pût vivre ailleurs qu'à Francfort était insupportable à Walter. Regina le savait, et il savait, lui, qu'elle le savait. Ce qui n'empêchait pas la famille de respecter les règles du jeu éhontées de l'entremise. Les Redlich étaient régulièrement invités par des gens que Regina ne connaissait pas du tout – ou seulement vaguement – à venir boire le café l'après-midi. Ces foyers accueillants hébergeaient toujours, « par hasard », des hommes vivant à l'étranger, cherchant une femme et le faisant savoir sans détours.

– Je repars dès mercredi, l'avait harcelée un jour un prétendant venu d'Uruguay, entre le premier et le deuxième morceau de gâteau aux pommes. Donc, vous devrez me donner une réponse demain au plus tard, mademoiselle. Il me faudra en effet m'occuper d'obtenir un second billet de bateau.

Regina s'était mise à bouillir de rage. Jusqu'à cet instant de vérité, elle avait cru qu'ils étaient les invités de l'homme de

Montevideo. Sur le chemin du retour, son père continua à se retrancher derrière son rôle de parfait innocent, et Jettel, l'organisatrice de ce genre de rencontres, était vexée. Trois semaines plus tard, Max ayant, du haut de ses cinq ans, fait savoir à un candidat grisonnant d'Anvers : « Nous ne sommes pas intéressés », ce fut la fin, sinon de ce marché au mariage insensé, du moins de ses excès les plus pénibles.

Quand Regina entra à l'*Abendpost* de Francfort, d'abord comme stagiaire, puis comme journaliste attitrée, la parade des candidats au mariage continua à refluer. Il était devenu trop difficile aux gens dans le secret des visées d'entremetteuse de Jettel de concilier les rendez-vous d'une journaliste d'une feuille à sensation et les maigres temps libres de prétendants itinérants. Regina fut soulagée, son père parut l'être également. Sans perdre de sa superbe, il opéra un contre-pied avec souplesse. D'un ton léger, comme si c'était pour lui une évidence, il annonça que les temps avaient changé, que, de nos jours, une jeune femme devait elle-même décider « à qui elle souhaitait repriser les chaussettes ». S'il avait été réellement prêt à partager sa fille avec un gendre et de futurs petits-enfants, dont il proclamait qu'eux seuls représentaient l'accomplissement d'une vie d'homme, ce papa jaloux et passionnément aimant, d'un désintéressement absolu, d'un égoïsme total et d'un illogisme touchant aurait pu serrer sur son cœur comme un cadeau du ciel un certain Peter Laughton, jeune homme extrêmement sympathique, présentant bien et doté d'une haute culture.

Ayant grandi à Londres dans des conditions dont son nom de famille ne laissait rien deviner, instruit et éduqué dans une école sans traditions ni renommée, mais ayant bénéficié d'une bourse pour une université réputée, Peter Laughton avait étudié les sciences politiques pendant deux années avant de finir par opter pour le journalisme. Il avait dix ans de plus que Regina et, contrairement à elle, loin d'être à l'aube d'une carrière, il était en passe, après avoir déjà connu plusieurs hauts, d'en atteindre le zénith. Le *Times*, où il était rédacteur politique depuis six ans, voulait l'envoyer à l'étranger l'année suivante, en qualité de correspondant. On parlait de New York ou de l'Amérique du Sud, voire de l'Afrique du Sud. Laughton racontait tout cela dans un style on ne peut plus anglais : pour résumer ainsi sa vie, il usait uniquement de subordonnées et d'allusions pas totalement compréhensibles, avant tout destinées à ne pas laisser croire que leur auteur était le moins du monde fier de lui ou qu'il avait accompli de plus grand exploit dans sa vie que d'avoir obtenu, à l'école primaire, un prix pour la plate-bande de légumes la mieux entretenue. Depuis qu'elle avait quitté la High School de Nairobi, Regina n'avait plus l'entraînement nécessaire pour savoir comment se comporter en présence de tant de modestie et d'un tel art de la litote. Avec une délectation bien allemande, elle se jeta sur un mot auquel elle ne put résister et qui la poussa à dévoiler spontanément son être intime.

– En Afrique du Sud, j'irais même à la nage, annonça-t-elle à voix si haute que l'orateur la fusilla du regard du haut de son pupitre. Quand bien même on ne m'y offrirait d'autre emploi que celui de dame pipi. À supposer qu'un tel emploi existe là-bas.

– Et en tant qu'épouse de journaliste ? s'informa Peter Laughton.

Une vie durant, il s'étonna d'avoir osé, le 2 mars 1954, poser une question si provocatrice, si intime, une question qu'il jugea lui-même, après coup, totalement stupide et hors de propos. Toutefois, dans les instants où il s'abandonnait à des pensées sentimentales, pour ne pas dire mélancoliques, c'étaient ses oreilles qui prenaient le commandement lors de tels retours en arrière. Elles lui remettaient impitoyablement en mémoire la phrase par laquelle Regina, dès le premier jour, lui avait tourné la tête.

– Pour l'Afrique, chuchota-t-elle pour ne pas déranger une nouvelle fois le si sensible orateur au micro, j'épouserais même l'homme de la lune.

– L'homme de la lune, c'est moi.

– Et moi, je suis le chat qui part pour la lune avec la chouette. Dans le beau canot, vert comme des petits pois.

Peter Laughton qui, depuis quatre semaines, n'avait pas ri et pour ainsi dire pas souri, fut obligé de réfléchir un petit moment avant de s'étonner. Se frottant le front, il sonda les profondeurs de sa mémoire. Quand il comprit que tout cet échange, dont des continentaux ignorants auraient pu penser qu'il était emprunté à un dictionnaire du flirt, renfermait un message important, il ouvrit un bouton de sa chemise sous sa cravate. La jeune femme aux cheveux noirs assise à sa gauche, qu'il avait remarquée quand elle cherchait une place, venait de lui faire savoir que son enfance avait été rythmée par les mêmes histoires anglaises que lui.

– J'ai emporté un petit peu d'argent avec moi, dit-il pour continuer à broder le romantique tapis bleu.

– Et moi, une grande quantité de miel.

Ils avaient fait connaissance lors de la conférence de presse donnée à l'occasion de la foire de printemps de Francfort. Regina avait dû s'y rendre parce qu'elle était la plus jeune de la rédaction et qu'elle n'avait encore ni la position ni surtout le courage pour refuser d'assister à des événements ennuyeux. Si Peter Laughton était là, c'est qu'il avait confondu cette manifestation avec une autre à laquelle il était également invité et qu'il n'aurait dû manquer à aucun prix. Il remplaçait pendant quatre mois un collègue malade ; le premier mois venait de s'écouler, et Laughton était d'aussi mauvaise humeur que si le chauffage au gaz de son appartement londonien était tombé une nouvelle fois en panne alors qu'il souffrait d'un grave refroidissement. Il se sentait seul, inutile, et trop souvent enclin à des pensées qui lui étaient désagréables parce qu'elles touchaient à des chapitres de son existence qu'il avait coutume d'occulter avec soin.

La ville l'ennuyait. Il avait mangé à deux reprises de la sauce verte, spécialité francfortoise, en souvenir de sa défunte grand-mère et des histoires nostalgiques que le petit enfant qu'il était alors avait, à vrai dire, trouvées plutôt pénibles. Ayant en revanche été conquis dès la première bouchée par la brioche de Francfort, il passait quotidiennement une demi-heure au café Kranzler, bien qu'il n'eût absolument pas l'oreille musicale et que le violoniste lui tapât sur les nerfs. Il visita la maison de Goethe et l'église Saint-Paul, tout juste reconstruites, et il décida de se consacrer suffisamment à l'histoire allemande, avant son départ du pays, pour ne pas avoir à se reprocher d'y avoir perdu son temps. Un samedi, il se rendit à la synagogue, mais se sentit si mal à l'aise qu'il quitta les lieux au bout d'une heure. Il fallut la rencontre avec Regina pour que Peter Laughton parvînt enfin à penser à Francfort avec plaisir.

La première semaine, ils se rencontrèrent trois fois ; la deuxième, il loua une Volkswagen et passa tous les soirs la prendre à sa rédaction, à Offenbach. Comme de nombreux Anglais cultivés de ces années-là qui avaient encore été éduqués selon les canons traditionnels propres à faire d'eux des gentlemen réservés et discrets, Peter n'était pas expansif. Il était surtout dépourvu du talent de briller en tirant profit de son esprit. Cela faisait de lui un auditeur nettement au-dessus de la moyenne. Regina, très heureuse de pouvoir enfin réutiliser son anglais, n'arrêtait pas de parler avec autant de vivacité que si Owuor, à la ferme, ne lui avait jamais transmis l'art et la valeur du silence. Dès la première semaine qu'ils passèrent ensemble et durant laquelle elle tenta en vain de le familiariser avec le *Handkäse mit Musik*[1], elle n'omit aucune des étapes de son existence. Quand il n'était pas justement en train de la regarder au fond des yeux ou de se préoccuper de sa poitrine et de son cou, il était sous le charme des mots qu'elle choisissait avec soin, pareille aux sirènes d'antan ensorcelant Ulysse de leurs chants. Mais l'homme sous le charme ignorait qu'il aurait dû se faire attacher à un mât, si bien qu'il subit ce jour-là des blessures pour la vie. Mais, dans l'immédiat, la victime suivait de plein gré, et avec joie, sa séductrice qui le menait à Rongai, Ol'Joro Orok et Nairobi. Bien que n'ayant pas à conter des fables pour sauver sa tête comme jadis Schéhérazade pendant ses mille et une nuits, Regina parla jusqu'au petit matin et, le lendemain soir, elle appareilla avec le même luxe de détails pour un nouveau safari.

Ils ne parlèrent jamais d'amour, mais ils perçurent le message quand il se fit entendre, et ils le crurent sans hésiter. Un dimanche soir, pour la première fois, ils n'allèrent pas dîner, mais se rendirent dans la chambre de Peter à l'Inselhotel. Il l'avait proposé sans changer de voix, sans enlever les mains de ses poches, sans l'esquisse d'un sourire, sans la regarder.

– Tu veux me montrer ta collection de timbres ? demanda-t-elle.

La plaisanterie était empruntée au recueil de l'humour allemand ; il ne la connaissait pas. C'est pourquoi il ne rit pas et répondit à une question qui n'avait pas été posée :

---

1. Petit fromage au cumin arrosé d'une marinade à base d'huile, de vinaigre, d'oignons et de poivre *(N.d.T.)*.

– Je ne supporte pas qu'on me demande quelle est ma religion dès que je quitte mon pantalon.

Regina crut un instant que, cette fois, c'était lui qui avait plaisanté. Elle s'apprêtait à lui faire savoir, avec toute la légèreté et l'ironie possibles, peut-être aussi avec un peu de frivolité, qu'elle trouvait merveilleux, pratique et extrêmement sincère de la part d'un homme d'annoncer ainsi, dans la rue encore, qu'il avait l'intention de quitter son pantalon. Mais ce qu'il y avait justement de frivole dans sa réplique lui paraissant relever d'un esprit trop étroit, elle s'immobilisa et tenta d'exprimer son ironie par le regard. C'est alors qu'elle lut dans ses yeux la tension qui l'habitait et qu'elle vit trembler les ailes de son nez. Elle remarqua aussi sa respiration, la respiration de gens qui obligent leur corps à courir et qui s'écrouleront avant d'arriver au but.

– Ah bon ! s'exclama Regina quand elle eut enfin compris, mais sans parvenir à décider si elle était furieuse, déçue, ou si elle allait se mettre à hennir comme un cheval jusqu'à ce que s'effondrent les murs des maisons autour d'eux. Espèce de foutu ballot ! Pourquoi, au nom du ciel, ne l'as-tu pas dit plus tôt ? Me faire justement ça à moi ! Tu m'as laissée parler à n'en plus finir, assis là, sans dire un mot. Je suis étonnée que tu ne m'aies pas demandé pourquoi nous avions émigré au Kenya, ou bien si j'aimais Noël ou encore pourquoi je ne mangeais pas de jambon. Ça serait pourtant parfaitement entré dans le cadre de ton misérable jeu de dupes.

– Non, ce n'était pas ça, Regina. Crois-moi !

– On t'a dit, quand tu étais enfant, que tu ne devais jamais au grand jamais laisser penser à quelqu'un que tu étais juif ? Comment arrive-t-on à le faire sans se cracher dessus quand on se regarde dans la glace ? Ce doit être bougrement compliqué de devoir d'abord dire à chaque femme avec qui tu vas coucher : « Je suis navré, *darling,* je suis circoncis. » Excuse-moi, j'avais totalement oublié que ce n'est pas un problème en Angleterre. La plupart des gens sont circoncis. Même le fils de la reine l'est.

– Je suis désolé, Regina. Je suis un âne bâté. Et tu es arrivée diablement près de la vérité. Depuis que je suis en âge de penser, je n'ai avoué être juif que si je ne pouvais plus faire autrement. Je ne te demande pas de le comprendre. Tu es si sincère, si courageuse.

Tu ne peux même pas imaginer qu'il existe des gens comme moi. Ne surtout pas se faire remarquer, voilà ce qui importait à Peter Laughton ! Toujours être comme les autres !

– Je vais te dire : je n'ai qu'une faible idée de ce qui se passait dans ta tête. En effet, moi aussi je suis allée dans une école anglaise. Mais quand on s'appelle Regina Redlich, on n'est vraiment pas tenté de prétendre qu'on est natif de Cambridge et que sa maman est au conseil de la paroisse. Et quand on a un père comme le mien, on est éduqué dès le landau à faire preuve de courage civique. Le courage civique, c'est à peu près tout ce que nous pouvions nous offrir en exil. Mais alors là, sans restrictions !

– Quand j'étais petit, nous ne nous appelions pas Laughton, mais Leubuscher. Donc, je n'ai pas été aussi épargné par l'antisémitisme que tu le crois. Et puisque j'en suis à me confesser, je vais réparer une autre omission : mes parents sont originaires de Francfort. Leur merveille de fils aussi. Je suis né dans l'Eppsteiner Straße.

– Tu m'en diras tant ! De là la grand-mère avec sa sauce verte ! Elle ne m'était pas parue tout à fait catholique. Mais je me suis dit que ce n'était pas possible. En Allemagne, on peut à nouveau, de nos jours, admettre sans avoir à le regretter que sa grand-mère était juive.

– Tu as bien raison, dit Peter, faisant le geste de vouloir prendre Regina dans ses bras, se dirigeant d'ailleurs vers elle, mais laissant finalement retomber les bras, puis baissant la tête. Si j'étais toi, je ne m'adresserais plus la parole, poursuivit-il en se contentant cette fois aussi de lui tendre les deux mains. Je n'ai accepté ce travail qu'à cause de Francfort. J'étais curieux. Peut-être aussi sentimental. Tu es certainement au courant de la théorie des racines chez nous autres, enfants d'émigrés de la deuxième génération. Je voulais en tout cas connaître la ville où j'aurais passé ma vie entière s'il n'y avait pas eu Hitler.

– Et maintenant, es-tu satisfait ?

– Satisfait, non. Mais heureux. Incroyablement heureux, Regina. Et pas à cause de la ville. Je suis ivre et je plane. À cause de ses habitants. Bon, disons à cause d'une de ses habitantes. Elle a des yeux de biche et une langue sacrément acérée.

Dès la nuit suivante, Regina ne put penser à la précédente sans mélancolie, car cette nuit que leurs corps et leurs âmes passèrent à se trouver et à se perdre avait été un cadeau unique du destin. Ce fut le seul moment où Regina parvint à mettre l'avenir entre parenthèses et, avec lui, l'idée que l'amour pour sa famille serait trop fort pour qu'il lui soit possible de supporter la douleur d'être séparée de son père, de sa mère et de son frère. Durant la deuxième nuit commune, elle se laissa convaincre par Cupidon de chasser de la chambre comme un chien galeux sa raison et son sens de la logique.

Ayant réussi ce chef-d'œuvre de refoulement avec autant de maestria que si elle avait derrière elle toute une vie d'entraînement, elle prit la décision de ne rien dire à son père, dans un premier temps, au sujet de Peter Laughton. Le seul fait de prononcer son nom reviendrait à annoncer qu'elle entendait vivre au côté d'un homme désireux de la faire sortir d'Allemagne et de la ramener dans une patrie qui était restée à jamais la patrie de son cœur. Regina voulait vivre chacun des jours de cet amour, dont l'un et l'autre avaient ressenti la singularité dès l'instant où il avait vu le jour, comme si le miracle devait durer éternellement. La femme ayant pris cette décision était assez jeune pour croire aux miracles et encore trop inexpérimentée pour se méfier de l'espoir. En effet, quand le temps de l'amour s'achemina vers son terme, au quatrième mois du séjour de Peter Laughton à Francfort, Regina trouva stupide, mensonger, peu courageux et indigne d'elle de ne pas au moins raconter à son père ce qui s'était passé. Parfois, elle essayait de s'imaginer ce qui arriverait si, un vendredi soir, elle mettait tout simplement un cinquième couvert à la table familiale. « C'est la venue du Messie ? » demanderait son père, et elle répondrait « Non » en penchant un peu la tête, comme Kasuko, la perruche, dans sa cage sur le rebord de la fenêtre, « c'est ton futur gendre qui vient ce soir ». Si belle que fût la scène, jamais elle ne parvint à concevoir le décor qui siérait à un happy-end.

Les cirrus se dissipèrent. Une famille de cygnes, venue de l'église de l'Épiphanie, escaladait la rive de Francfort. Le verre de Regina était vide. Ne souhaitant pas se souvenir qu'elle l'avait vidé, elle prit celui qui était encore plein, mais elle pensa à temps que Walter voudrait certainement trinquer avec elle. Il aimait boire avec sa fille, prétendant que c'était la moindre des choses pour le fils et la petite-fille d'un homme qui n'avait pas bu une goutte d'eau de toute sa vie.

– Boire du vin avec une jolie fille, disait-il en de telles occasions, tandis que ses yeux partaient en voyage, ça me rappelle le semestre où j'ai pu étudier à Heidelberg avant que ma mère ne me fasse revenir à Breslau.

Qu'il la laissât attendre si longtemps commençait à irriter Regina. Des femmes assises seules dans un café ou un restaurant passaient soit pour des délurées, soit pour des femmes de la haute. Elle savait n'être ni l'une ni l'autre. Mais il y avait une chose qu'elle savait mieux encore : le temps travaillait contre elle. Chaque minute s'écoulant inutilement en cet après-midi crucial lui rendrait plus difficile d'avouer à son père qu'il y avait un autre homme que lui dans sa vie. Comment pourrait-elle lui parler de son amour, de mariage, d'un avenir à Londres, peut-être en Afrique du Sud, lui parler aussi d'un frère dont elle ne serait jamais capable de se séparer sans se briser le cœur en deux ? Chacun des mots qui transformaient le cours de ses pensées en un fleuve impétueux et bouillonnant avait des épines, et chaque épine se plantait dans sa chair.

– Encore un verre de vin, ma petite demoiselle ? interrogea le serveur. Il semble vous avoir énormément plu.

– Non merci. J'attends mon père.

– Ah oui, c'est vrai, monsieur votre papa. J'avais totalement oublié votre père. C'était bien l'homme au voleur de poules, n'est-ce pas ?

Les yeux de Regina brûlèrent de rage. Pour se calmer, elle chercha les cygnes du regard, mais la rivière était sans vie. Une gêne dont la soudaine apparition lui rappela son enfance lui écorcha la gorge. Et elle redevint effectivement une enfant, car elle se promit de ne plus jamais se montrer sincère envers quelqu'un, de ne plus se soucier que d'elle-même, de rentrer dans tous les murs, de forcer toutes les portes et de crier jusqu'à ce que le monde en devienne sourd.

– Dès ce soir, décida-t-elle.

Quand la menace parvint à ses oreilles, Regina se demanda si elle avait parlé à voix haute ou si elle avait imploré les dieux en silence de lui venir en aide, à elle et à sa conscience. Sacrifiant à une autre habitude de son enfance, elle serra ses mains l'une contre l'autre sous la table jusqu'à ressentir une douleur qui la délivra de l'obscurité, lui rafraîchit la peau et modéra le battement du sang dans ses tempes. Quand elle recouvra la vue, ses oreilles, la prenant elles aussi en pitié, la ramenèrent à cette clémente journée de mai. Sur la table voisine, deux moineaux picoraient les restes d'un morceau de gâteau aux cerises, et la femme corpulente, assise devant la petite assiette, disait à son mari :

– Il faut bien donner quelque chose à manger à ces pauvres petites bêtes. Elles ont dû bien avoir assez faim quand il n'y avait même pas de pain.

Regina entendit quelqu'un siffler. Elle sauta de sa chaise. Son corps s'allégea quand le cauchemar qui n'épargne même pas les amoureux fut chassé comme une feuille au vent. Pourtant, ayant jeté un œil en direction de l'entrée du café, elle constata que ce n'était pas son père qui avait sifflé, mais un jeune homme avec des lunettes de soleil. Il agitait ostensiblement ses clés d'auto.

Son manque d'assurance lui revint en même temps que reparut le garçon qui, faisant le plus de bruit possible, posa un cendrier propre sur la table.

– Des gens pareils, dit-il en montrant de la tête l'homme aux lunettes de soleil, des gens pareils, ça ne paraît pas Dieu possible !

Regina recommença à chercher son peigne. De la pochette qui aurait dû le contenir, elle retira un billet portant l'adresse d'une femme qu'elle ne connaissait pas, un carnet de notes plein de taches de café qu'elle avait cherché en vain pendant une demi-heure la semaine précédente et un bonbon à l'eucalyptus. Elle défit ce dernier. Elle lissa soigneusement le billet vert portant une inscription noire. Ce respect du papier était un vestige de l'époque d'avant la réforme monétaire, quand en posséder un tout petit morceau revenait à être riche et que seuls les plus chanceux disposaient d'un sachet entier. Pendant un moment elle savoura en toute confiance la fraîcheur et la douceur du bonbon. Elle se laissa entraîner à des pensées qui n'avaient ni début ni fin et surtout aucun sens. Avec le plaisir de qui n'a rien à se reprocher et l'insouciance des ignorants, elle s'imagina un été où les brises et les vents d'orage seraient parfumés à l'eucalyptus.

Son nez la ramenait inlassablement au passé, car, à peine le parfum du souvenir avait-il effleuré les marronniers de Francfort qu'elle entendait déjà bruire l'eucalyptus de la Nakuru School. Il y avait longtemps que Regina l'avait vu pour la dernière fois. L'époque où elle écrasait ses feuilles entre le pouce et l'index, les pressant ensuite avec avidité contre son nez, faisait partie d'un univers disparu. Il y avait des années qu'elle n'avait plus entendu le vent dans les ramures de cet ami qui dispensait si généreusement son ombre, ni observé les scarabées verts se reposer sur ses feuilles, les ailes brillant dans la chaleur du plein jour comme si leur vol les avait amenés jusqu'au soleil. Mais, maintenant qu'elle avait goûté au nectar du passé, les jours tombés en poussière jaillissaient de l'eucalyptus de Nakuru comme des étoiles filantes dans un ciel d'août en Europe.

Cinq fillettes étaient assises sur la butte bordant le terrain de tennis, les jambes croisées, les genoux récurés, les ongles coupés, les chapeaux bien brossés, car on était dimanche, le jour où le Seigneur attendait de ses ouailles, juives ou chrétiennes, qu'elles se montrent à l'église avec des mains propres et des robes immaculées. Des fourmis rouges défilaient sur le chemin qu'elles avaient creusé autour de l'arbre. Leah n'était pas là, car miss Chart croyait encore qu'elle avait les oreillons. Il n'était pas aisé de se représenter en pensée les traits de Leah au-delà de quelques secondes. Elle était parfois jolie comme un cœur, pareille aux riches enfants des livres illustrés se promenant dans un parc sous la conduite de leur bonne, en vêtements de velours aux cols de dentelle, puis elle apparaissait un peu plus tard pâlie, effrayée, aux abois. Mais l'arbre n'avait pas changé. En dix ans, il n'avait vu aucune de ses branches se rabougrir, aucune feuille se dessécher. Quand on mâchait une feuille d'eucalyptus, on obtenait un jus qui immunisait contre le grand oubli.

Regina procéda au test final. Elle en connaissait encore les règles : fermant les yeux, elle compta jusqu'à dix dans toutes les langues qu'elle avait apprises et les rouvrit. Les images étaient toujours là. Elle vit les jupes plissées et bleues de l'uniforme de l'école, les corsages blancs, les cravates à rayures et les blazers ornés de l'écusson de l'institution, écusson que ses parents n'avaient pas pu se payer et dont elle avait toujours prétendu à la maison qu'il n'était pas obligatoire d'en avoir un. Vicky, la princesse tant enviée, avec ses cheveux lui descendant jusqu'à la ceinture, la plus jolie des cinq fillettes, la blonde sœur de Blanche-Neige, avait douze ans ce dimanche-là. Elle venait de confectionner une minuscule corbeille avec de longues tiges d'herbe tressées pour y retenir une mouche prisonnière, mais, avant que la cloche n'ait sonné l'heure du thé de l'après-midi, elle la relâcherait, car elle voulait aussi être aimée des mouches et des moustiques. Vicky effectua une pirouette, se rassit et, à l'intention de ses amies, fit défiler les images de son avenir. Regina se rappelait encore chacun des détails de sa vision orgueilleuse : la rêveuse héroïne de la fête avait exigé du destin deux fois deux jumeaux ravissants, de même que deux setters tout aussi ravissants. Les chiens s'appelaient Bingo et Baxter et l'époux de Vicky était un gentilhomme ne se doutant de rien, n'ouvrant pas les yeux et se bouchant les oreilles. Jamais il n'apprendrait que la belle dame de son cœur n'était pas anglaise et – comble de malchance – juive par-dessus le marché.

– *Shocking*, murmura Regina du même ton que son ancienne professeur principale, regrettant de ne pas l'avoir dit à l'époque.

Il lui vint à l'esprit qu'il existait d'autres pistes ramenant au temps des rêves. À dix-huit ans, très fière de ses précoces succès de femme, Vicky avait envoyé un avis de mariage à toutes ses anciennes camarades de l'école. Elle avait même réussi à se procurer l'adresse de Regina. L'annonce du bonheur avait été imprimée sur du papier épais comme un parchemin, orné dans le coin supérieur gauche d'un gracieux dessin représentant deux anneaux entrelacés. Bien entendu, les anciennes compagnes de route n'avaient pas été invitées à la noce. Pas même à l'église. Sur la carte de Regina pourtant, étaient écrits en allemand, calligraphiés avec soin comme la très douée Vicky en avait toujours eu l'habitude, ces quelques mots : « J'espère que tu vas bien. » Un an et demi plus tard environ, Regina avait reçu une nouvelle lettre. Vicky y annonçait qu'elle était enceinte : « Je suis tellement, tellement heureuse que je me surprends moi-même chaque jour. Dommage que mes parents ne m'aient pas encore pardonné. Nous avons aussi deux magnifiques dogues danois. »

Il sembla à Regina que ce n'était pas l'effet du hasard si elle avait repensé à Vicky juste au moment où elle se trouvait aux prises avec le peu d'empressement de Peter Laughton à revendiquer sa judéité. Elle se demanda un bref instant, avec grand amusement parce que cette situation lui paraissait convenir parfaitement à Vicky, si son mari avait entre-temps appris que son épouse était juive, ou bien si Vicky s'agenouillait à l'église, tous les dimanches, pour dire le *Notre Père* dont elle avait eu toutes les peines du monde, à l'école, à retenir le texte.

Comme si elle avait encore douze ans, Regina, à cette évocation, se divertit beaucoup. Elle vérifia si elle-même se rappelait les paroles et constata, non sans fierté, qu'elle n'avait pas oublié un seul mot depuis qu'elle ne fréquentait plus l'église de Nakuru. Puis elle tenta de s'imaginer une existence où elle n'aurait plus aucun contact avec ses parents. À vrai dire, elle interrompit l'absurde représentation dès la fin de la première scène, son père ayant claqué une porte qu'elle avait aussitôt rouverte. De plus, elle avait pris conscience à temps que son père ne couperait jamais les ponts avec sa fille uniquement parce qu'elle voulait épouser un homme habitant Londres.

La grosse dame de la table d'à côté avait commandé un deuxième morceau de gâteau aux cerises, accompagné de crème fouettée. Les moineaux étaient revenus. La gourmande à la robe bleu clair à petits points repoussa une boucle de son front, fit claquer délicatement sa langue et appela les oiseaux «*Bobbelche*». Regina lui adressa un signe de tête amical. C'était le seul mot de dialecte francfortois qu'elle réussissait à prononcer sans se sentir pareille aux enfants d'émigrés de la Nakuru School essayant de faire à tout prix la preuve qu'elles étaient semblables à leurs condisciples anglaises. On appelait «*Bobbelche*», à Francfort, les bébés et les tout petits enfants. Quand son frère avait commencé à marcher et à parler, elle avait elle aussi employé le mot à l'occasion, mais son père, qui avait toujours été allergique aux concessions linguistiques destinées à se concilier les bonnes grâces des autochtones, n'avait pas apprécié : « Mon fils ne bredouillera pas un charabia de bébé » était l'un de ses commentaires habituels. Prédiction qui se réalisa effectivement ! Max, le tard-venu, se révéla, pour la plus grande fierté de son père, un enfant au développement précoce qui poursuivit intuitivement la tradition familiale consistant à s'exprimer sans niaiseries, simplifications ni mièvreries.

– Je ne suis pas un petit garçon, fit-il, à trois ans, la leçon à une vieille dame. Je suis un homme.

Regina le vit, la même année, debout sur la porte de l'appartement, informer un visiteur qui n'avait pas annoncé sa venue :

– Mon père est pris aujourd'hui au Tribunal du Land.

Elle réprima le rire qui montait en elle, car elle sentit combien toute pensée joyeuse concernant sa famille allait lui compliquer la tâche quand il s'agirait d'évoquer avec son père un avenir en compagnie de Peter Laughton. Elle tenta alors de s'imaginer à quoi pouvait ressembler l'existence à Londres. Mais elle n'arriva pas à dépasser la Binney Street. C'est dans cette rue qu'en 1947, après son départ du Kenya, les autorités militaires britanniques avaient attribué un logement à la famille Redlich avant de la laisser poursuivre son voyage à destination de Francfort-sur-le-Main. La Binney Street donnait sur Oxford Street. Combien de fois Regina n'avait-elle pas poussé son frère d'un an, dans sa voiture d'enfant, jusqu'au coin de la rue ? Puis, effrayée par le trafic et la foule sur Oxford Street, elle s'arrêtait et revenait sans tarder à l'hospice chrétien où les quatre Redlich étaient logés dans une seule pièce, mangeant le soir une soupe au pain dans des récipients en fer-blanc et – à l'exception du bébé que des biscuits au chocolat et des biscottes maintenaient dans d'heureuses dispositions – se mettaient au lit la faim au ventre.

Comme un écho venu de sa mémoire, le mot « Binney Street » résonna dans la tête de Regina. Elle songea à Ulysse qui avait oublié de se boucher les oreilles et se reprocha de n'avoir tiré aucune leçon de son expérience. L'un des moineaux de l'assiette de gâteau voisine vola jusque sur la table de Regina. Le temps d'un battement d'ailes, il se posa à côté du verre de vin. Comme si la question avait la moindre importance, elle se demanda pendant quelques minutes pourquoi, en Europe, il y avait des oiseaux aussi dépourvus de couleur que les moineaux et si un moineau femelle n'avait pas parfois envie de tromper son époux avec un pinson. Sans s'en apercevoir, elle franchit une nouvelle fois les fossés séparant les époques et les continents. Elle refit halte à Nakuru. L'âcre odeur du lac salé lui monta au nez. La chaleur torride qui descendait du Menengaï lui engourdit les sens. Les flamants, debout sur une patte, nettoyaient leur plumage. Quand ils s'envolèrent, le ciel bleu fut traversé d'un éclair rose. Regina soupira de nostalgie et murmura « hélas ! ».

Il fallut que son père pousse deux fois le sifflement familial pardessus la terrasse pour qu'elle l'entende. Walter était pâle. Il paraissait maigre et fatigué, mais il agitait sa serviette au-dessus de sa tête, paraissant d'aussi belle humeur qu'un écolier le premier jour des vacances. Deux fois coup sur coup – la seconde d'une voix tonitruante – il cria :

– *Jambo, Memsahib !*

Les clients posèrent leurs verres pour le regarder, la plupart avec un grand étonnement, quelques-uns avec amusement, tous avec curiosité. Délivrée, Regina se leva d'un bond, tapa des mains et lui fit signe.

– Dieu m'a puni en me dotant d'une fille qui n'a pas le sens de la musique, dit Walter.

Apercevant le verre vide, il frappa Regina si fort sur l'épaule qu'elle vacilla, puis, se passant la langue sur les lèvres, il ajouta à voix si haute qu'aucun mot ne put échapper aux présents :

– Et en plus, elle picole, la bougresse !

Trois couples et un homme d'un certain âge coiffé d'une casquette blanche se retournèrent.

– La jeunesse, dit Walter en s'adressant à l'homme à la casquette, ne vaut plus la corde pour la pendre. Ces choses-là ne se seraient pas passées avec Adolf. Et il a aussi construit les autoroutes.

L'homme ainsi interpellé et quelques autres clients rougirent.

– Pour l'amour du ciel, arrête, l'implora Regina.

– Aurais-tu honte de ton père ?

– Non. Sinon, il y a longtemps que je l'aurais été ! Je suis désolée que ton vin ne soit plus frais. Je te l'avais commandé en arrivant. Je ne me doutais pas que ce serait si long.

– Je suis encore allé prendre un verre avec mon voleur de poules. Il est originaire de Katowice. Pourquoi les gens recommencent-ils à se retourner ? Je préfère de loin un honorable voleur de poules à bien des gens que j'ai appris à connaître ici, à Francfort.

– Si tu continues, pouffa Regina, le serveur va te tabasser. Il m'a déjà fusillée du regard deux ou trois fois.

– Attends un peu qu'il revienne. Personne ne fusillera ma fille du regard sans qu'il ait à le regretter. Et mon ami de Katowice n'est pas du tout un voleur de poules. J'ai simplement dit ça parce qu'on comprend mieux, au téléphone, le mot voleur de poules qu'assassin de sa belle-mère.

– Il a assassiné sa belle-mère ?

– Bah ! Il l'a juste un peu cognée. Un peu beaucoup. Ah, Regina. Je me suis réjoui toute la journée à l'idée de cet après-midi. Ce sont toujours des journées pas comme les autres quand ta mère part en voyage. Que Dieu bénisse Mittenwald ! Tu es la seule personne avec qui je puisse rire. Et oublier. Parfois, je me demande quand ça a commencé.

– Je me le demande aussi, dit Regina bien que sachant parfaitement à quel jour et même à quelle heure cela remontait.

Cela remontait au 5 avril 1941, le quatrième jour des vacances. Elle disposait encore de vingt-six jours de félicité. Elle avait neuf ans, elle était avide de lire et de savoir, sans cesse en train de lorgner en direction du paradis dont seul son père possédait les clés. En ce quatrième jour de sa délivrance, il lui avait parlé pour la première fois des dieux de l'Antiquité. La pluie se faisant attendre depuis longtemps, menaçant la récolte de lin, Walter, qui redoutait la colère de son patron, s'était entiché de Déméter, la déesse de la fertilité. Chez Regina, c'était Cupidon qui avait triomphé, le dieu bandant son arc et visant de sa flèche le cœur des hommes. Aussi petit qu'un enfant et aussi avisé que les sages, dieu magicien ayant entre les mains une arme dangereuse, mais n'ayant en vue que l'amour et pas le combat.

Regina s'était imaginé que ce dieu de l'amour existait encore et que c'était un Massaï. Elle avait eu l'absolue certitude que c'était l'une de ses flèches qui avait d'abord atteint son père et elle ensuite. En se rendant au bord de la rivière à sec, elle l'avait raconté à

Walter. Il avait éclaté d'un rire tonitruant ; des années plus tard, elle l'entendait encore.

– *Mea culpa*, avait-il dit, il y a quelque chose qui a totalement foiré.

Et là, le regard tourné vers le Main et les moineaux qui se disputaient des miettes, en ce jour où elle aurait à faire un choix crucial, l'ancienne victime de Cupidon fut aveuglée par les souvenirs : son père avait paru ébranlé, comme incapable de comprendre ce qui s'était passé, et néanmoins empli de fierté.

Le serveur apporta le deuxième verre.

– Enfin, dit Walter. Aujourd'hui nous allons nous saouler. Tout être humain a le droit de se saouler de temps en temps.

– Surtout en présence de sa fille, lui reprocha Regina. Tu fais un joli père. Tu m'as appris à fumer et à boire. Les filles de ma classe n'avaient même pas le droit de se maquiller. En revanche, elles pouvaient sortir avec des garçons.

– Tu peux être heureuse de n'avoir pas eu ce droit. Je préfère avoir une fille qui fume, boit du vin et se peinturlure comme un Massaï qu'une fille épousant un non-Juif. Ça, je n'aurais pas pu le supporter.

Elle comprit aussitôt que le destin n'aurait pas pu lui fournir de meilleur enchaînement pour parler à son père de Peter Laughton et lui expliquer que son amour était un amour singulier, un amour unique, la grande chance de sa vie. Mais ayant regardé à nouveau Walter et ayant posé la main sur sa poitrine pour amortir les battements de son cœur au lieu de se mettre à parler, elle sut qu'il avait gagné. Elle comprit que ce n'avait pas été un combat à armes égales. Les enfants qui avaient grandi en exil et à qui on n'avait pas appris à vivre, mais à remercier Dieu chaque jour de les avoir fait survivre et de leur avoir permis de rester avec les leurs, étaient unis à leurs familles par des liens trop forts. Ils étaient incapables de secouer leur amour comme un serpent se débarrasse de sa peau. Quoi qu'il arrive, quelle que soit la force de son aspiration au mariage, de son envie d'avoir des enfants, de son désir de vivre en Angleterre et, plus encore, sous le soleil de l'Afrique, jamais elle ne pourrait parler de ça à son père. Était-ce faire preuve de bêtise, pécher contre la nature, était-ce le fruit d'un malentendu ? Elle ne le saurait jamais. Regina n'était sûre que d'une chose : elle avait choisi le mauvais jour, la mauvaise heure et le mauvais lieu pour penser au Cupidon d'Ol'Joro Orok qui, d'une unique flèche, avait pour toujours marqué père et fille.

– C'est drôle. Tu n'as pas bonne mine aujourd'hui, Regina. Je n'arrête pas de le dire, ce maudit journalisme, ce n'est pas un métier pour une fille comme il faut. Il sert juste à t'empêcher de trouver un mari qui te convienne.

– Et que ferais-tu si j'en trouvais un ?

Une fois encore, l'espoir l'embrasa. Elle implora Dieu de lui venir en aide, de lui envoyer la preuve qu'elle s'était trompée, que son père n'était pas différent de tant d'autres qui laissaient partir leurs filles, l'heure venue.

Le père, dont Owuor avait dit, le dernier jour de leur existence en Afrique, qu'il était un enfant, se passa à nouveau la langue sur les lèvres.

– À la tienne ! dit-il de bonne humeur. Quand enfin arrivera un homme qui prenne une pauvre fille comme toi et me délivre du souci de savoir ce que tu deviendras quand je serai mort, je lui ferai un lit de roses.

Ils se connaissaient bien et ils rirent. Regina dit pourtant :

– Je n'aurais pas pensé ça de toi. D'une certaine manière, tu ne m'as jamais semblé être le genre de père qui ressent le besoin de faire un lit de roses à son gendre, *Bwana*.

– Tu vois bien que les femmes sont incapables de penser avec logique. C'est bien la moindre des choses que je devrais à un homme que j'aurais assassiné.

8

Vicky – la mort d'une rose

Sussex, 1957

– Le portrait craché de son père, murmura Nancy, l'infirmière, d'une voix encore plus assourdie que l'atmosphère de la chambre.

Il était midi et le soleil d'août était éblouissant, mais l'infirmière stagiaire Pam avait de nouveau oublié d'ouvrir les rideaux quand elle avait réveillé les patientes.

– Où est-il donc ? demanda Vicky.

Elle aussi avait parlé d'une voix assourdie. À vrai dire, le soupçon de mécontentement qui lui assombrissait le visage n'avait rien à voir avec l'atmosphère de la pièce obscure. Sa question ne portait pas non plus sur l'endroit où se trouvait son fils, né six heures auparavant.

– Mais pourquoi tant d'impatience ? la gronda Nancy. Ce n'est tout de même pas notre premier bébé.

Elle fit claquer sa langue, mais, dans son cas, il ne fallait pas l'interpréter comme un encouragement ou une forme de ravissement, plutôt comme une exhortation à ne pas se laisser aller à des réactions par trop passionnées. Dans les cours qu'elle dispensait aux infirmières stagiaires, l'infirmière Nancy avait l'habitude d'insister sur le fait qu'une soudaine libération d'émotions provoquait une énorme fatigue chez les patientes et, davantage encore, chez le personnel soignant surmené.

– Voilà, dit-elle, le paquet a été déposé ce matin, de bonne heure, pour l'heureuse mère de Chichester. Ce sont les anges eux-mêmes qui l'ont langé. Attention, fragile !

Elle remarqua avec déception que Mrs Archduke ne réagissait que très modérément à la jolie petite plaisanterie que la plupart des patientes prisaient et accueillaient d'habitude en pouffant comme des enfants, plaisanterie que les jeunes mères, la rencontrant à l'occasion de la fête estivale ou bien lors de la vente de charité de Noël, ne manquaient pas de rappeler à l'infirmière. Il n'était donc pas étonnant que Nancy, dont les plaisanteries passaient généralement pour chaleureuses et agréables, eût songé sur-le-champ à ce que les gens généralement bien informés racontaient sur la femme du major Archduke. Au mot près ! Récemment encore, Mrs Umbrage – elle avait été six mois gouvernante dans la maison Archduke – avait évoqué de manière extrêmement imagée le monstre de crédulité qu'avait été dès l'enfance ce cher vieux Morty. Ensuite, comme le rapportait toujours à qui voulait l'entendre Muriel Umbrage, il avait ramené d'Afrique sa jeune fiancée, quasiment en guise de souvenir de voyage :

– Comme une peau de lion ou une jolie broche d'ivoire.

Mais il paraîtrait de surcroît que la dame aventurière ne serait en réalité pas du tout originaire d'Afrique, mais une Américaine sans ressource qui, ayant autrefois atterri par hasard dans la jungle – ou serait-ce plutôt sur cette montagne qu'ils ont là-bas ? –, aurait jeté son dévolu sur un gentleman fortuné, plus exactement sur sa splendide propriété et ses cultures de roses, célèbres dans tout le Sussex. Bien que tout cela se fût passé voici cinq ans, les gens qui comptaient à Chichester ne se privaient pas du plaisir que leur procurait le rappel de ces détails exotiques et croustillants.

– Bon, dit l'infirmière en poussant le lit de quelques centimètres à l'aide du genou.

La deuxième exclamation ne respirait, cette fois, ni l'attente joyeuse ni la familiarité de bon aloi. La manière dont Nancy avait asséné son « bon », presque avec la violence d'un réveil à l'armée, correspondait en fait bien mieux à son caractère que son premier chuchotis apaisant. Tout Chichester pouvait témoigner de son dynamisme et de ses manières directes et attester qu'elle ne gaspillait pas en chichis et en bonnes manières le temps que lui avait accordé le Seigneur. Elle mit dans les bras de Vicky un paquet fort encombrant, consistant en un coussin blanc, une couche et un nouveau-né au teint encore légèrement bleuté, emmailloté dans une brassière bleu clair. L'infirmière sourit – même si son sourire ne fut pas d'une amabilité excessive – avec le sentiment agréable d'avoir fait ce qu'elle avait à faire pour que règne une ambiance favorable et détendue dans la chambre six. Ladite chambre six était tout de même, avec sa vue sur le jardin et avec son fauteuil recouvert de chintz rose, la chambre la plus vaste, la plus élégante et la plus chère de toute la clinique. Le major n'en aurait d'ailleurs pas accepté d'autre.

Il n'y avait pas, chez Nancy Dillwater, que le prénom – certes très chic et évoquant quelque peu les beaux films hollywoodiens qu'elle aimait aller voir de temps en temps – pour mettre de joyeuse humeur les futures et les jeunes mamans. En tant qu'infirmière en chef du département de gynécologie de l'hôpital de Chichester, dans le Sussex Ouest, elle pouvait se permettre de petites libertés qu'elle aurait sans aucun doute blâmées, chez ses subordonnées, comme autant de manifestations d'originalité incongrue. Elle travaillait à la clinique depuis plus de trente ans et, à l'occasion de la fête ayant marqué cet anniversaire, en février, elle avait été gratifiée d'un très remarquable livre illustré sur le comté de Sussex et d'une lettre personnelle fort touchante de la part de l'administration de l'hôpital elle-même. Dans une petite allocution, le chef de l'administration, avec des clignements d'œil et sous les applaudissements nourris du personnel au grand complet, avait évoqué, outre ses « connaissances et ses qualités professionnelles exceptionnelles », son « inventivité dans l'art de manier l'aiguille à coudre ». Car Nancy s'était fait coudre en fil jaune d'or, sur chacun des tabliers de sa tenue d'infirmière, un minuscule bébé en train de gigoter.

– Le jaune, expliquait-elle quand quelqu'un s'étonnait de cette couleur inhabituelle, convient à toutes les situations, qu'on ait affaire à un garçon ou à une fille.

Après les efforts de l'accouchement – des complications auxquelles on ne s'attendait absolument pas, compte tenu de l'âge de la patiente, étaient en effet apparues –, la jeune Mrs Archduke n'était bien sûr pas aussi facile à amuser que les mères d'un premier enfant qui se montraient, elles, pleines de reconnaissance. Il convient d'ajouter que c'était à présent la troisième fois, en moins de quatre ans et demi, que Vicky rencontrait le bébé jaune d'or gigotant sur l'opulente poitrine de l'infirmière Nancy. Ses réactions à la répétition lassante de plaisanteries ou de bons mots mille fois entendus n'étaient certes pas, de manière générale, marquées au coin d'une sensibilité exacerbée, mais il était néanmoins difficile de ne pas remarquer qu'elle n'éprouvait pas la joie naïve des natifs de Chichester au spectacle du tablier brodé de l'infirmière. Au demeurant, lors du premier accouchement de Vicky, Nancy n'avait pas eu la tâche facile, obligée qu'elle avait été de ne pas laisser s'installer une dépression puerpérale qui menaçait.

Nancy, d'un âge indéfinissable, faisait montre d'un entrain forcé. Ses fins cheveux gris ondulés étaient agrémentés, à chaque lavage, d'une teinte argentée. Elle avait les joues d'un rouge pomme brillant semblable à celui des plantureuses marchandes qui, sur les vieilles illustrations, vendent au marché des marrons chauds à des enfants qui s'amusent à faire la course. Elle citait au moins trois fois par jour un précepte emprunté au fonds des proverbes anglais : « Une pomme par jour, et le docteur n'a plus qu'à faire demi-tour. » En voyant briller les petits yeux bleus de Nancy, on oubliait l'extrême vigilance dont faisait preuve l'infirmière quand il s'agissait de déceler les traces d'éventuelles négligences de ses subordonnées. Tout cela rendait la sévère infirmière en chef beaucoup plus sympathique qu'elle ne l'était en réalité. Par malchance, son teint, ses cheveux argentés et son précepte favori évoquaient irrésistiblement, pour Vicky, la fameuse miss Chart de la Nakuru School. Or, c'était justement cette dernière qui lui avait pour la première fois fait prendre conscience qu'aucun être, s'agît-il d'une enfant unique jolie et gâtée, ne pouvait prétendre légalement au respect et à l'amour de la part d'autrui. Pire encore : l'infirmière Nancy et miss Chart, à laquelle Vicky, à son propre étonnement, pensait plus souvent sous le ciel de l'Angleterre qu'elle ne l'aurait cru possible en quittant la Nakuru School, manifestaient la même rigidité dans la mise en tutelle des malheureux qui tombaient sous leur autorité. Nancy Dillwater se laissait aussi peu impressionner par les apparences que miss Chart se préoccupait jadis de savoir si une élève appartenait à une famille britannique hautement estimée ou s'il s'agissait d'une enfant de *refugees*, généralement mal vue, handicapée sur le plan linguistique et brouillée avec le lard grillé. Il était indifférent à Nancy Dillwater que ses patients soient bien considérés, aisés et connus dans tout le Sussex, qu'ils aient un arbre généalogique remontant jusqu'à Henri V ou bien – ce qui, de manière fort fâcheuse, arrivait de plus en plus souvent depuis une période récente – qu'ils appartiennent aux couches moyennes et commandent leurs chemises de nuit auprès de maisons de vente par correspondance pratiquant des prix modestes.

– Des mères, ce sont toujours des mères, avait-elle coutume de rappeler à la jeune génération d'infirmières.

À ces mêmes mères, l'infirmière en chef expliquait en retour, sans équivoque aucune, qu'une femme, après la naissance de son premier enfant, avait à s'acquitter de devoirs tout différents des habituels soucis de coquetterie ou d'entretien de son propre corps. Il n'était jusqu'au père de Nancy, continuant, bien qu'à la retraite, à porter l'uniforme de l'infanterie royale, qui ne ressentît les conceptions de sa fille aînée touchant à l'existence ou à sa vie professionnelles comme trop strictes : depuis que, avec sur le visage une répugnance fort déplacée, elle avait jeté à la poubelle la veste en tricot qu'il mettait depuis vingt ans, il s'autorisait, jusqu'en sa présence, à parler de « manières de vieille fille ». Ses deux autres filles et leur frère lui donnaient raison, tout à fait indépendamment du fait que la veste en question était trouée aux mites. Il était aussi très caractéristique de Nancy que sa méfiance envers les jolies femmes, méfiance latente dès son jeune âge, ne faisait que grandir avec le temps.

Miss Dillwater, qui avait jadis, tout comme ses camarades de classe, rêvé d'un mari, d'enfants et d'un banc devant sa maison, n'avait connu que trois grandes joies dans sa vie, et elles remontaient à des dizaines d'années. Une bonne action lui avait valu des éloges publics de la part de la cheftaine des éclaireurs de Chichester : à treize ans, lors d'une promenade en forêt, elle avait spontanément déchiré son foulard pour panser une vieille femme qui était tombée sur une racine saillante et s'était fait une blessure ouverte à la tête. La liste des grands moments de son existence ne comprenait ensuite que l'achat à bas prix d'un manteau en poil de chameau, à l'occasion des soldes d'hiver, et l'examen d'infirmière qu'elle avait réussi avec la mention bien. Cet horizon borné et certainement aussi la vision que lui renvoyait chaque matin son miroir expliquaient la propension de Nancy à émettre des jugements hâtifs et étriqués. Lorsque Vicky avait mis au monde son premier enfant sous la surveillance éclairée de l'infirmière Nancy, celle-ci avait trouvé la jeune Mrs Archduke désagréablement capricieuse et vaniteuse. À l'époque, Nancy, qui avait toujours eu un faible pour le maître de « Chestnut Grove » – en tout bien tout honneur, naturellement –, ne l'avait pas fait sentir à l'accouchée qui ne se doutait d'ailleurs de rien. Miss Dillwater avait connu Mortimer Horatio Archduke petit garçon encore, alors qu'il était affligé d'un appareil dentaire et habité par la terreur des revenants, et elle avait ensuite suivi avec intérêt son itinéraire, surtout après que son amie Muriel Umbrage avait dû quitter si soudainement la demeure des Archduke. Au lendemain du divorce de Mortimer, Nancy s'était même enhardie jusqu'à cesser de lui donner respectueusement du « Sir », et à désormais l'appeler, avec une certaine désinvolture, Morty, à l'exemple de nombreux habitants de Chichester qui pourtant, à son avis, y avaient beaucoup moins de titres qu'elle. Le hasard ayant voulu que ce soit le jeudi, le jour où elle avait congé, qu'il se rende en ville pour y faire ses achats et régler divers problèmes commerciaux, elle le rencontrait assez souvent. Elle était très fière de ce que Morty la traitait comme une égale. Ne serait-ce que pour cette raison, elle considérait comme un devoir d'honneur de n'exprimer son opinion sur son épouse que dans l'intimité d'un cercle très restreint. Elle trouvait que la jolie Vicky, dont, dans son entourage, on savait tout au plus qu'elle n'était pas de Chichester, n'était pas digne d'un homme dont il était certainement possible de faire remonter sans peine l'arbre généalogique jusqu'au treizième siècle.

– Je ne sais pourquoi, avait coutume de dire Nancy quand elle se rencontrait, le jeudi, avec deux anciennes camarades de classe de St. Mary's, ainsi qu'avec Gladys Fridge, la propriétaire du « *Tearoom* », sur la place de l'église, mais j'ai toujours le sentiment que cette fille a un secret.

Vicky Archduke, née Sedlacek, ne soupçonnait nullement ce genre de messes basses. Elle recevait au contraire, de la part de la gent masculine, exactement le genre de compliments qu'elle aimait : excitants mais, étaient-ils teintés d'une certaine ambiguïté, pas trop grivois, de sorte qu'une femme n'était pas obligée de rougir. Au pub, et même au club, les gentlemen de Chichester, mais aussi ceux dont il ne faisait pas le moindre doute qu'ils ne l'étaient pas, tombaient en général d'accord après leur troisième whisky : « Vicky, femme aux seins prodigieux » avait, « sans qu'on sache trop comment », amené un homme, homme à principes pourtant, à se remarier et à ainsi manquer à sa parole après un « divorce qui s'était sacrément mal passé et qui était de nature à ôter l'envie des femmes à n'importe quel type jusqu'au jour du jugement dernier ». Le divorce avec Priscilla avait en effet choqué tout le monde dans un rayon de cent *miles*. On parlait encore, à l'occasion, de la perte du « Turner » et du bijou de famille que Prissie avait bel et bien fauchés en même temps que les décorations militaires de Morty. De l'avis unanime du clan masculin, c'était le plus vieil ami de Morty, Harry Cartright, qui avait trouvé la meilleure version abrégée imaginable de l'histoire avec Vicky. Cela s'était passé le jour où la bande d'amis avait voulu vérifier s'il était possible de ne boire toute la soirée que du Beaujolais nouveau – qui, à Chichester aussi, passait pour être du dernier cri – et s'en tirer néanmoins la vie sauve.

– Ta Vicky, avait proclamé Harry cinq minutes après minuit, j'aurais eu de loin plus grand plaisir à l'abattre qu'un lion puant.

– J'ai fait les deux, avait déclaré Morty, en forme de mise au point. Et puis, il n'est pas exact que les lions puent.

L'échange remontait à cinq ans. Mortimer Horatio Archduke, qui, dans le bar du « Thor's Hotel » de Nairobi, avait ensorcelé une jeune fille de dix-huit ans en lui apparaissant sous les traits d'un Viking fumant la pipe et qui avait fait sa conquête en une nuit, fumait toujours la pipe. Ses cheveux n'étaient plus aussi blonds que jadis et lui-même – ce que ses amples vestes de tweed masquaient encore dans un premier temps – avait pris un certain embonpoint. Parfois, de plus en plus souvent depuis la troisième grossesse de Vicky, celle-ci avait l'impression que son mari avait épuisé ses réserves d'humour le jour où il l'avait appelée la fille de Barbe-Bleue. Ce n'est qu'à des moments très particuliers qu'elle parvenait encore à respirer l'odeur de tabac doux qui l'avait enivrée le jour d'un dix-huitième anniversaire mémorable. Si elle avait eu, à Chichester, une amie comme cette bonne vieille Daphne, à qui, chose irritante, elle pensait souvent, Vicky aurait pu partager avec cette confidente une autre observation : dans son Angleterre natale, l'odeur de son mari s'apparentait davantage à celle de ses chers moutons à toison longue qu'à celle d'un membre de la classe anglaise supérieure, nourri, tout au long de son enfance, d'images paradisiaques de l'élite. En tant que fermier soignant ses chevaux ou ses volailles et entretenant ses machines agricoles avec soin et application, il était beaucoup moins élégant et imposant qu'en chasseur parti en safari sur les Hautes Terres du Kenya. Une veste kaki décolorée et une peau tannée par le soleil africain lui allaient bien mieux que le veston en velours côtelé marron de son père et une chemise de laine bleu foncé dont il y avait cinq autres exemplaires, en tous points semblables, dans son armoire.

Depuis son mariage, Vicky avait vu s'évanouir la plupart des rêves qu'elle avait formulés à haute voix sous l'eucalyptus. Deux des quatre enfants qu'elle avait désirés s'étaient révélés plus insipides qu'elle ne l'avait imaginé ; la difficile naissance du troisième l'avait déprimée. De même, le fait d'appeler ses chiens Bingo et Baxter était loin de lui procurer le plaisir qu'elle avait escompté quand elle était une petite enfant. Morty trouvait ces noms extrêmement déplacés pour des dogues danois au pedigree digne de son propre arbre généalogique et, même s'il lui avait laissé avec magnanimité le soin de les baptiser, il ne manquait pas de le lui faire savoir à l'occasion du moindre désaccord entre eux. Il n'avait pas exaucé son désir de posséder un setter irlandais, prétextant qu'elle avait « déjà assez » peur des deux dogues danois qui, à Chestnut Grove, restaient sous la table du repas et campaient devant l'âtre.

En dépit de trois grossesses et de ce genre de révélations qui auraient donné à réfléchir à bien d'autres femmes, les plongeant dans la mélancolie, Vicky n'avait pas changé extérieurement. Le miroir racontait d'aussi merveilleuses histoires qu'à l'époque de Kericho à la gracile femme-enfant dont les yeux, remplis d'étonnement, donnaient toujours un peu l'impression qu'ils étaient humides. Sa peau délicate avait des reflets de bronze même en hiver, la blondeur de ses cheveux d'ange faisait le ravissement de la coiffeuse de la rue principale, dont les longues heures d'oisiveté étaient égayées par la lecture de romans évoquant de jeunes bourgeoises, à l'inévitable *happy end*, puisqu'un châtelain finissait par les délivrer à jamais de la corvée du travail quotidien. Pour cette Maggie du salon de coiffure, Vicky était la reine des fées dans le célèbre pays des roses d'Archduke, sortie tout droit d'un livre de contes que seuls d'heureux élus étaient admis à feuilleter. Les hommes avaient une vision plus prosaïque des choses :

– Cette femme est vraisemblablement trop jeune pour s'apercevoir que Morty, la nuit, n'a rien qui le distingue de nous.

Le jour de la noce, Mortimer avait offert à son épouse enceinte de huit mois un présent dont tous les habitants de Chichester s'étaient accordés pour dire qu'il n'aurait pu être plus romantique ni plus charmant. L'ayant conduite dans le jardin odorant il avait donné, en la seule présence d'hôtes choisis avec soin, le nom de « Victoria » au premier et magnifique exemplaire d'une rose amarante qu'il s'était attaché à cultiver avec acharnement, et un succès mitigé, depuis son retour du Kenya.

Quand, deux ans plus tard, il fut devenu le père d'un garçon et que, pendant un temps très court, sa langue fit les mêmes bonds que son cœur, il confia à sa sœur Beatrice :

– Elle est tellement différente des filles d'ici. Enfant le jour, et femme la nuit.

– Est-ce que ce mélange ne serait pas une bonne chose aussi pour tes moutons ? lui demanda en retour Beatrice.

Celle-ci avait toujours été dépourvue du tact le plus élémentaire. Elle était en outre très bavarde, si bien que, très vite, tous les membres féminins de la famille se demandèrent si le complexe d'Œdipe de Morty ne pouvait provenir de ce que, jeune garçon, il jouait si souvent avec les poupées de sa sœur. Cet affreux bavardage ne cessa que le jour où l'époux de Beatrice, un professeur d'Histoire à Eton qu'elle tenait pour un benêt peu doué en affaires, attira avec délectation son attention sur le fait qu'elle avait confondu Œdipe et Pygmalion.

Longtemps, Vicky ne soupçonna rien des réserves de sa famille à son égard. La sœur de Morty, ses frères, leurs conjointes et une quantité de tantes, d'oncles et de cousins, dont elle n'arriva jamais à tenir un compte exact, limitaient au minimum leurs conversations et leurs échanges d'idées en présence d'une femme dont ils ne connaissaient guère que le nom et la remarquable fécondité. Cela convenait à Vicky. La première euphorie conjugale passée, elle se satisfit d'avoir un mari aussi parfaitement anglais qu'elle n'aurait pu se l'imaginer dans ses rêves les plus fous. Elle-même n'avait quasiment aucune obligation et disposait en permanence d'assez d'argent pour satisfaire ses désirs sans avoir à rendre des comptes, désagrément qui pèse sur la vie de tant de couples. Il fallut à vrai dire très longtemps avant que Vicky Archduke ne s'avise qu'elle avait beaucoup moins de désirs que n'en avait autrefois Vicky Sedlacek.

L'existence à Chichester n'était pas de nature à susciter des besoins et des envies plus débridés que d'aspirer à un peu plus de soleil en été, à un meilleur chauffage central en hiver et à l'embauche d'une nouvelle cuisinière. Bridget, dans la maison depuis trente ans, considérait le pudding du Yorkshire, la viande de mouton et les haricots blancs en sauce tomate comme des mets raffinés dont il convenait de se délecter au moins deux fois par semaine. Quand, jour après jour, on entendait des moutons bêler, des poules caqueter et qu'on était tenu de s'émerveiller de l'apparition des petits bourgeons du chou de Bruxelles, on ne désirait pas les vêtements et les chaussures, les robes de velours et les chapeaux dont rêvaient les jeunes femmes de la ville. Si Vicky avait été dotée de suffisamment d'esprit pour déceler l'ironie du sort, elle aurait pris conscience du caractère insolite et absurde de la situation qui était désormais la sienne. Avec le recul, Nairobi lui paraissait une ville gigantesque, animée, excitante, voire volcanique, peuplée de gens spirituels et distrayants. À Nairobi, elle pouvait à toute heure du jour faire une liste entière de ce qui lui faisait envie. Au bout de trois semaines à Chestnut Grove, elle avait demandé à Morty – elle devait ultérieurement ne croire qu'à grand-peine l'avoir effectivement osé – de lui offrir un lapin. Ni elle ni son époux, dont les tempes commençaient déjà à grisonner, ne s'étaient rendu compte que la jeune femme avait la nostalgie de son ancien monde et en était arrivée à regretter les lapins de Kericho.

Il y avait belle lurette que Vicky avait cessé d'exprimer des désirs aussi puérils. Le quotidien lui imposait sa marque sans qu'elle en prenne conscience. Elle n'accompagnait plus son mari aussi souvent qu'au début de son mariage, quand les affaires de ce dernier l'appelaient à Chichester. Elle enregistrait certes qu'il restait plus longtemps absent qu'autrefois lorsqu'il partait acheter des pièces de rechange pour le tracteur ou un fourrage spécial pour ses agneaux à longue laine qui supportaient mal l'arrivée de l'automne, mais cela ne l'incitait pas à mobiliser les facultés propres aux femmes qui lui auraient permis de trouver une interprétation à cette modification des habitudes professionnelles de son époux. L'été, après le déjeuner, il fumait la pipe dans sa roseraie en lisant des revues de chasse. Elle, pendant ce temps, se balançait dans un hamac qu'il avait ramené de l'armée, tout en rédigeant en pensée des lettres à ses amies d'antan, lettres dont il faut bien dire qu'elle ne les couchait ensuite que fort rarement sur le papier. Une nurse perclue de rhumatismes que Vicky n'aimait pas, mais qui, pour Morty, était le vestige d'une enfance vénérée, jouait avec Georgina tout en veillant à ce que son frère Rupert, plus jeune de quinze mois, ne se glisse hors de son lit avant l'heure prescrite. Quand la jeune mère, dans son hamac, n'était pas plongée dans une correspondance avec son passé, elle poursuivait son rêve de jadis, sous le soleil d'Afrique, son rêve d'une princesse aimant tout le monde et aimée de tous. À vrai dire, la rêveuse, suffisamment douée pour éviter toutes les couleurs sombres quand elle se représentait son avenir, parvenait maintenant de moins en moins à prévenir un phénomène qui s'était manifesté dès après la naissance de Rupert : les images plaisantes d'un paradis d'insouciance commençaient à perdre leurs couleurs, tandis que de premières fissures venaient les endommager.

Dans les premiers temps de son union avec Morty, il en était allé autrement. Le rire ingénu de Vicky aurait alors fait passer pour un jaloux ou un fou quiconque aurait simplement laissé entendre qu'un jour elle ne serait plus aussi heureuse qu'en cette première nuit à Nairobi. Même son combat avec ses parents s'était, à son avis, terminé sans blessures. Bien sûr, son père et sa mère avaient refusé de donner leur bénédiction au mariage précoce de leur fille unique. Elle avait quitté l'Afrique avec un fort sentiment de mauvaise conscience, et ses parents n'étaient même pas venus à Nairobi pour prendre congé d'elle. Pourtant, dès la première grossesse, les murailles avaient cédé de part et d'autre. Tout à fait contrairement à une devise éprouvée qui remontait à sa jeunesse : « Ne se mêler de la vie de tiers qu'en cas de danger de mort », Morty avait écouté sa sœur Beatrice quand, avec le tact qui la caractérisait, elle lui avait recommandé d'annoncer à Kericho l'heureux événement à venir.

– On ne sait jamais ce qui peut se passer au cours des guerres ayant pour enjeu des enfants, l'avait-elle averti, et si on doit se garder de prêter le flanc aux reproches, c'est précisément vis-à-vis de cette espèce de gens.

Le frère ne sut jamais où l'intrigante Beatrice était allée pêcher ses intuitions, ni comment elle en était venue, concernant un problème que les deux intéressés traitaient avec une extrême discrétion, à flairer anguille sous roche. Il avait néanmoins écrit, séance tenante, aux parents de Vicky, terminant sa lettre par la formulation « Votre gendre dévoué ». Quatre petites semaines plus tard, il put faire son rapport à sa sœur, créature clairvoyante au cœur bien meilleur, tout compte fait, que les manières. Alors qu'ils étaient en train d'aider une brebis magnifique à mettre bas, il lui confia :

– Même pendant la guerre, quand je lâchais mes bombes sur Dresde, je n'avais obtenu de succès aussi éclatant.

– N'était-ce pas déjà presque la même adresse ?

– Kericho, ma chère, se trouve au Kenya.

– Je me suis laissé dire, mon très cher, que tes beaux-parents n'ont pas toujours gagné leur vie en faisant commerce de l'excellent thé des Hautes-Terres, répondit Beatrice en grattant doucement la brebis et en menaçant son frère du doigt, l'air malicieux.

À la vue de l'enveloppe portant un timbre du Kenya et de l'écriture droite de son père qui lui paraissait toujours typiquement allemande en dépit des longues années passées en Afrique, Vicky sentit monter en elle une allégresse comme elle n'en avait plus connu depuis ses premières vacances, après son entrée à la Nakuru School. Elle était seule à la maison quand le facteur s'était présenté. Lui tendant la lettre avec un sourire, il lui avait dit : « Si vous n'avez pas besoin du timbre, ma'am, j'aimerais bien que me le donniez », et Vicky, qui avait déjà les yeux humides et le cœur battant, avait dû se retenir pour ne pas lui sauter au cou. Comme en transe, elle s'était traînée jusqu'au salon, prenant place sur le fauteuil Récamier recouvert de toile de lin disposé auprès de la fenêtre, sous les portraits des ancêtres de Morty qui, dans des cadres accrochés aux deux longs murs de la pièce, l'observaient de leurs petits yeux qu'elle avait toujours trouvés déplaisants. Avant même la fin du premier paragraphe, un sanglot l'avait secouée si violemment qu'elle avait été incapable, une demi-heure durant, de se mettre debout et qu'elle avait mouillé un oreiller décoré de broderies gobelin, absolument persuadée que les douleurs venaient de commencer. « Oublie ce qui s'est passé, écrivait son père. Et pardonne-nous si tu le peux. Après tout ce que nous avons traversé, ce serait un péché d'en vouloir à sa propre enfant pour la seule raison qu'elle a écouté la voix de son cœur. Ta mère et moi sommes très heureux. Que Dieu vous bénisse, toi et ton enfant ! »

La joie de Vicky était d'autant plus grande que son père n'avait pas écrit en allemand et qu'elle pourrait donc montrer la lettre, qui la rendait heureuse comme elle ne l'avait pas été depuis son arrivée en Angleterre, à l'homme qui, par son amour, sa prévenance et sa clairvoyance, venait de lui faire retrouver la paix et de procurer à la future mère qu'elle était son plus grand bonheur. Bien qu'ayant déjà quelque peine à se déplacer et le souffle court, elle avait parcouru en courant le chemin menant au pâturage, à l'orée du bois. Morty s'y employait justement à faciliter à une jument, dont il avait récemment fait l'acquisition, l'abandon de son écurie natale. Il l'avait prise par le cou, chuchotant à son oreille, et, s'il lui arrivait à un moment ou à un autre de parler à haute voix, c'était pour lui adresser des paroles d'une merveilleuse tendresse dont sa femme, jusqu'à cette étonnante preuve du contraire, aurait juré ses grands dieux qu'il ne les connaissait pas. Très occupé, il avait lu la lettre du Kenya en diagonale, avec le froncement de sourcils de ceux qui, premièrement, détestent qu'on les dérange pendant leur travail et à qui, deuxièmement, on ne la fait pas. Tout en continuant à caresser l'animal de sa main gauche, il avait dit :

– Un rien trop continentale, la lettre. Tu ne trouves pas toi aussi, *darling* ? De quoi, au nom du ciel, veut bien parler ton merveilleux *daddy* quand il écrit « après tout ce que nous avons traversé » ? Pour moi, j'ai un peu l'impression d'entendre Nelson après la bataille de Waterloo. Qu'est-ce qu'un homme pourrait bien avoir traversé d'extraordinaire alors qu'il a passé sa vie dans une plantation de thé à observer les couchers de soleil ?

Vicky, à ces mots, subit un tel choc qu'elle pâlit, certes, et se mit à trembler, mais qu'elle n'osa même pas apporter un début de rectification. Même si, jadis, il lui avait fallu avaler un grand verre de whisky pour, chose étonnante et demeurée unique dans les annales, trouver le courage de libérer sa langue, elle n'en avait pas moins informé Morty, avant qu'ils ne se marient, des diverses étapes de son étrange existence, sa principale motivation ayant bien sûr été de prévenir sa menace d'aller voir ses parents. Âgée de dix-huit ans à peine et contrainte de prendre des décisions qui n'avaient rien de facile, en exil, même pour des gens dotés de courage civique, elle lui avait avoué d'une part qu'elle était originaire d'Allemagne et d'autre part qu'elle était juive par-dessus le marché. Morty, qui était encore le rayonnant Viking ayant débarqué à Nairobi par hasard et capable de résoudre tous les problèmes en tirant une profonde bouffée de sa pipe, s'était montré magnanime, parfaitement maître de lui et exceptionnellement tolérant :

– Trop tard, mon enfant, avait-il décidé en grignotant les oreilles de Vicky qu'il appréciait particulièrement à l'époque. Les voiles sont hissées. Le festin est servi. L'épée est tirée.

Devant les yeux de Vicky se déroula en une seconde la scène qui avait eu lieu dans la luxueuse suite du Thor's Hotel, une scène digne du cinéma : Morty, devant un miroir à hauteur d'homme, jouant dans une lumière favorable le rôle d'un rayonnant chevalier au grand cœur, prêt à mener pour sa belle les combats les plus désespérés. Maintenant que ce guerrier s'était révélé ne pas même être digne de l'amour d'une servante, Vicky n'arrivait pas à décider si elle devait voir en lui un provocateur, un sombre imbécile ou tout simplement un individu irréfléchi. Ressentant un besoin puéril de lui donner un coup de pied, elle enfonça le pied dans la terre humide. Elle éprouvait même de la peine à respirer calmement. Son propre manque d'intérêt pour l'Histoire l'aida toutefois à ne pas prendre au tragique la remarque concernant Nelson, qui, il faut en convenir, ne faisait guère honneur au lauréat d'une école réservée à l'élite et encore moins à l'ancien *major* des forces armées britanniques victorieuses. L'un des deux, au moins, aurait dû savoir que le vainqueur de Trafalgar était tombé pour sa patrie dix ans avant la bataille de Waterloo.

Mais l'expression des yeux de Morty n'échappa nullement à Vicky. Son regard lui parut être typiquement celui d'un pécheur qui se repent d'avoir foncé à sa perte à tombeau ouvert, avec obstination, alors que tous ceux qui lui voulaient du bien l'avaient mis en garde contre les désagréments qui en découleraient. La situation gênait Vicky plus qu'elle ne la vexait. Ses pensées l'embarrassaient. Elle avait l'impression d'être en face d'un étranger, un étranger monstrueux, dont la présence, tout à coup, lui paraissait menaçante. Une vague de chaleur lui parcourant le corps, elle pensa d'abord qu'elle avait honte d'éprouver de pareils sentiments, mais, même ultérieurement, il ne lui vint pas à l'esprit qu'elle avait eu en réalité honte de son mari. À l'instant où son embarras était le plus grand, elle essaya de caresser la nouvelle jument, mais l'animal, effrayé, recula. Morty lui aussi secoua la tête.

– Tu peux le vérifier une nouvelle fois, dit-il. Vous autres, les filles, vous êtes imprévisibles.

Le soir, le tonnerre gronda. Morty, qui, en toute saison, ne jurait que par la force purificatrice des orages et pouvait pérorer à l'infini à leur sujet, sans se retrouver jamais à court de souvenirs de nuits de tempête, sortit les dogues danois à minuit et il lui fallut plus de temps qu'il ne l'avait prévu pour tranquilliser la jument. Vicky alla au lit très tôt. Elle se mit à songer – ce qui la stupéfia – aux serviettes en damas de Potsdam dans lesquelles sa mère avait l'habitude d'envelopper la viande de lapin destinée à l'hôpital de Nakuru. Contrairement à son habitude, tandis que le vent secouait les volets roulants, elle ne glissa pas sur-le-champ et en douceur dans le sommeil. Elle se réveilla plusieurs fois en sursaut, le front inondé de sueur, mais, peu versée en matière de tristesse et de mélancolie, elle crut que c'était le peu digeste toast au fromage du dîner, portant comme par un fait exprès le nom de «*welsh rabbit*», qui lui pesait sur l'estomac.

Ensuite, la paix ayant été signée de si étrange manière avec ses parents, Vicky, à son grand étonnement, se mit à correspondre régulièrement avec eux, et elle attendait chaque jour l'arrivée du facteur. Elle revivait l'époque de sa scolarité, quand, tous les dimanches, il fallait écrire chez soi une lettre. Enfant, elle avait toujours ressenti cet exercice comme une corvée et, pendant trois mois, avait commencé chacune de ses missives hebdomadaires par cette constatation : « Le lac est presque plein. Il fait très chaud. Je me réjouis à l'idée de partir en vacances. » Que, durant toutes ces années, elle n'ait pas oublié un seul mot la stupéfia. Même quand elle entreprit de correspondre régulièrement avec Kericho, Vicky eut du mal à écrire ; ses premières tentatives ne dépassèrent pas le niveau des nouvelles rassurantes, mais elles provoquèrent une telle joie à Kericho qu'on ne tarda pas à y envisager sérieusement un voyage en Angleterre. La naissance de la petite Georgina ayant ensuite très vite aiguisé le sens de Vicky pour les rapports tout particuliers unissant parents et enfants, elle apprit non moins vite à ne plus concevoir obligatoirement ses lettres comme de simples attestations de bonne santé.

Les lettres de ses parents furent d'emblée pour elle un morceau de patrie, un morceau de son passé, un morceau de sa vie. Il lui suffisait de lire le « Ma chère fille » de sa mère et la plaisanterie de son père quand elle était petite : « Mon enfant préféré », pour prendre conscience de ce qui lui manquait, pour mesurer combien l'amour de ses parents était grand, mais grand aussi le sien. Un jour, sous le coup de l'émotion, elle tenta de l'écrire à sa mère ; toutefois, en raison de l'insuffisance de son vocabulaire dans le domaine de l'affectif, elle fut obligée de se limiter à cet aveu : « Je crois que je ne rirai plus jamais autant que lorsque j'étais petite. » Une fois franchi un certain seuil d'inhibition qui l'avait retenue de communiquer à Kericho des détails par trop personnels, elle confia à ses parents que, « souvent, elle se sentait un peu seule » : « Bien que Morty ne me manifeste jamais le moindre mécontentement, j'aimerais parfois avoir une amie. J'ai récemment écrit à Regina Redlich en Allemagne. Il semble que Chichester soit peuplé ou bien d'hommes avec qui Morty va à la chasse et qu'il rencontre au club, ou de femmes qui sont toutes beaucoup plus âgées que moi et ressemblent plus ou moins à mes professeurs de la Nakuru School. »

En relisant sa lettre, Vicky fut elle-même surprise d'avoir décrit sa vie à Chichester de manière si pertinente, en un seul paragraphe. Submergée par ses souvenirs, elle traça sous sa signature un petit dessin représentant la ferme de Kericho. Il y avait cependant une chose dont elle ne parlait même pas à demi-mot dans ses lettres, un comportement dont elle n'avait longtemps pas pris conscience. Depuis sa première grossesse, elle pensait beaucoup plus souvent à ses racines juives qu'à l'époque où, en dépit des préjugés contre les étrangers qui régnaient dans les écoles britanniques, le fait d'être juive n'avait en définitive pas été pour elle une chose trop difficile à porter. En fait, elle aurait ressenti comme une trahison envers Morty de l'exprimer. Elle ressentait fortement son besoin d'avoir des relations fondées sur la confiance et l'intimité, surtout quand sa belle-famille venait en visite chez eux ou bien quand elle accompagnait son époux en ville, qu'il y rencontrait des amis et qu'elle lisait sur son visage qu'il aurait préféré être seul avec eux. Elle pensait toutefois de manière beaucoup trop fugitive au monde qu'elle avait quitté pour que la douleur fût durable. Ce regard rétrospectif la surprenait chaque fois qu'elle s'abandonnait à ses souvenirs, mais elle ne le trouvait pas oppressant, un peu étrange seulement et pourtant si plein de charme.

Vicky ne souffrit jamais d'insatisfaction. Même pas quand le grand amour se retrouva réduit aux dimensions d'un tout petit amour. Elle était encore moins malheureuse. Elle n'avait besoin ni de confirmation ni d'accomplissement. Quand elle n'était encore qu'une écolière assise au bord des champs de théiers, tricotant pour sa poupée, au crochet, un gilet avec des restes de laine, l'harmonie dénuée de toute ambition lui apparaissait comme un idéal qu'il convenait d'atteindre dans les diverses circonstances. Elle y était pleinement parvenue. Pratiquement déchargée de toute tâche ménagère et ayant même pour son bébé une nurse bien plus habile que la jeune mère inexpérimentée qu'elle était, elle menait une existence ne se différenciant guère de celle des femmes européennes exigeantes, qui, dans les colonies, employaient un personnel qualifié pour chacun des divers travaux domestiques et qui, à la rigueur, caressaient de leurs propres mains leurs chiens et leurs chevaux. Ces élues de la fortune n'avaient qu'à donner des ordres et à siéger majestueusement sur le trône où le destin les avait hissées. Jamais il ne leur serait venu à l'esprit qu'elles n'étaient peut-être que de ridicules pièces d'échecs se laissant passivement déplacer jusqu'au mat final. Ces personnes gâtées par la fortune ne trouvaient pas leur vie monotone. Elles ignoraient le mot « ennui ». C'est une existence de ce type, à l'abri de réalités, qu'avait souhaité connaître Vicky dès qu'elle avait compris les règles du jeu de la vie au Kenya. Peut-être l'unique raison de ce désir avait-elle été l'espèce de gêne qu'elle avait toujours éprouvée à voir sa mère prouver infatigablement, jour après jour, par le travail de ses mains, combien la famille Sedlacek était loin d'appartenir aux riches et aux heureux élus du pays.

Morty ne s'était pas contenté de concrétiser le rêve de Vicky de devenir une lady distinguée – rêve qui, dans un premier temps, n'eut à souffrir que d'un inconvénient : il n'y avait pas assez de témoins de sa jeunesse pour s'émerveiller de son irrésistible ascension sociale. Le soleil brillait toujours pour Vicky. À l'exception de la nurse – la *nanny* aux yeux de qui le premier mariage de Morty avait déjà été une atteinte à la tradition de la maison –, le personnel, succombant à son charme, admirait Vicky pour sa beauté. En route pour l'église, évoquant, au bras de son époux, les femmes de l'aristocratie terrienne représentées sur les cartes de Noël de l'époque victorienne, elle était saluée avec déférence et, dans le cadre des affaires locales où elle était impliquée, on la traitait avec respect. Les dames d'un certain âge qui, depuis des décennies, s'occupaient de la vente de charité annuelle de Noël, lui avaient confié l'organisation de la tombola et, en avril encore, avaient loué son zèle infatigable, pour ne rien dire des félicitations que lui avaient valu les deux impressionnants couvre-théières tricotés de ses propres mains. En novembre, quand avait eu lieu la vente de pavots artificiels destinée à la commémoration des morts au champ d'honneur de la Première Guerre mondiale, c'est la « douce petite Mrs Archduke » qui avait recueilli la somme la plus importante au profit du foyer des anciens combattants. Certaines personnes bien informées prétendirent avoir entendu dire qu'elle avait même sollicité un don de Morty.

– Un don de trois chiffres, crut savoir Mrs Featherstone qui savait toujours tout.

Le fier époux se comportait d'ailleurs lui aussi de manière à permettre à ce trésor domestique de se satisfaire sans effort de son sort. Il n'exprimait sous forme de mots un éventuel mécontentement que dans des situations exceptionnelles, se contentant, sinon, de modifier la hauteur de ses sourcils ou de parler à ses dogues sur un ton un peu vulgaire. Même dans la chambre à coucher, son tempérament apaisant ne laissait aucune place à des débordements et à des excentricités ; pourtant, la virilité qui avait si rapidement subjugué Vicky durant leur première nuit commune continuait à l'impressionner. Elle prenait pour une particularité de la bonne société anglaise le fait que Morty en fût venu à réserver à l'amour la seule nuit du samedi au dimanche.

– Je trouve ça merveilleux, le félicita-t-elle un dimanche au réveil.

– Tu peux sans problème utiliser avant moi la salle de bains, si ça te procure un tel plaisir, lui répondit-il, galant.

Au petit déjeuner aussi, il se comportait en gentleman, un gentleman aux yeux las et à la voix douce. Les yeux de Morty avaient aperçu le paradis africain et s'étaient à jamais rassasiés. Jusqu'à son dernier souffle de vie, ils se satisferaient de la vue des vertes collines du Sussex. Quant à la voix, Morty répugnait à en faire usage avant son premier whisky. Dès qu'il avait avalé ses œufs au plat et s'était demandé pourquoi le bacon frit n'était pas aussi bon qu'à l'armée, l'ex-*major* prenait position derrière le journal du matin. Tout en le feuilletant, il regardait occasionnellement par la fenêtre et, grâce à des jumelles, il faisait comparaître jusque sur la table du petit déjeuner des formations nuageuses extraordinaires. Avec complaisance, il faisait partager à sa femme le détail de son bilan météorologique, bilan qu'elle ne parvenait à distinguer de celui de la veille qu'au prix d'une extrême concentration. De temps à autre, quand le major à la retraite était de très bonne humeur, à peine assombrie d'une pointe de nostalgie, il dispensait une leçon sur le temps et son influence sur le cours de la guerre aérienne.

Quand la petite Georgina fut assez grande pour ne plus prendre son petit déjeuner avec sa nurse dans la chambre des enfants, mais avec ses parents dans la salle à manger à la tapisserie bleue, elle prit place dans une chaise haute, taillée dans du chêne, où son père bébé avait déjà participé à la vie familiale. À partir de ce jour-là, Mortimer se mit à sourire avant même d'avoir percé son jaune d'œuf avec sa fourchette. Jusqu'à la naissance de Rupert qui, notamment en raison de son sexe, repoussa sa sœur au second rang de l'attention, il fut fou de sa fille. À qui Georgina ressemblait ne faisait pas l'ombre d'un doute. Elle avait les grands yeux étonnés et le charme de sa mère, ses cheveux blonds et sa bouche menue.

– On dirait un bouton de rose, estima le père énamouré.

Les comparaisons poétiques n'étaient habituellement pas son fort. Mais quand il adressa à sa fille le compliment dont il avait jadis gratifié la mère au cours d'une nuit tropicale embaumant la cannelle, il venait de recevoir une distinction pour une variété de rose créée par ses soins, distinction qui s'était longtemps fait attendre.

En dépit de toute sa générosité, Vicky souffrit beaucoup, durant les deux premières années de son état de mère, à l'idée que sa fille et elle seraient des étrangères l'une pour l'autre et que la distance entre elles ne ferait que grandir avec le temps. La petite la regardait souvent d'un air interrogatif, comme si lui avait été donné l'ordre de tendre la main à un hôte ne fréquentant habituellement pas la maison. Certes, Georgina se laissait porter et embrasser par sa mère, mais Vicky s'apercevait bien que ses yeux vacillaient et que son petit corps se raidissait dès que sa mère lui dispensait les tendres attentions qu'elle-même, quand elle était jeune, trouvait « typiquement allemandes » et qu'elle supportait uniquement à la ferme, jamais devant ses camarades de classe britanniques. Si, à cette lointaine époque, Vicky avait lu la littérature anglaise sans prétention s'adressant aux jeunes filles – littérature aux titres innombrables, hier comme aujourd'hui –, au lieu de se regarder dans la glace et d'imaginer les robes de bal qu'il lui faudrait pour se marier avec un fils de roi, elle aurait su, à Chichester, que la réserve observée par une enfant de deux ans était, dans la société anglaise, un phénomène tout à fait courant chez les rejetons des couches supérieures. Il arrivait fréquemment que les petits soient plus attachés à leur nurse qu'à leur mère.

La *nanny,* qui n'avait en général personne d'autre à aimer que la progéniture de ses maîtres confiée à ses soins, était toujours là, roc à la large poitrine et aux genoux accueillants. Souvent elle dormait dans la chambre des enfants. Elle savait toujours, par la seule adjonction de deux cuillers de sucre et d'un rien de confiture, transformer en merveille un pudding préparé sans amour. Jamais, à un enfant qui venait de s'écorcher un genou, elle ne tendait sa poupée au lieu de l'ours en peluche. Pour Georgina, s'ajouta la circonstance particulière que, très tôt, elle se laissa guider par son nez. Sa «Nanny» avait toujours une petite fiole de brandy dans sa poche et, afin que ceux qui n'avaient pas à le savoir ne le sachent pas elle suçait, entre chacune des lampées rafraîchissantes, de très forts bonbons à la menthe. La mère de Georgina, en revanche, utilisait un parfum sentant le muguet. Mais le muguet, pour une petite Archduke, était quelque chose d'aussi courant que des moutons à longue laine ou des dogues danois. Il en poussait énormément au bord du ruisseau où la nurse menait se promener l'enfant tous les jours, entre mars et novembre. C'est là que Georgina Archduke, âgée de deux ans et demi et aussi peu loquace que son père, prononça la célèbre phrase de son enfance, phrase dont la nurse ne parla qu'à sa meilleure amie, qui avait elle-même élevé plus d'une génération d'enfants qui n'étaient pas les siens.

– Ma «Nanny», dit Georgina en cueillant des boutons d'or, est ma Mami. Ma Mami, elle, est une fleur.

Il fallut, pour voir se modifier les relations entre la mère et l'enfant, relation résumée par Vicky dans une lettre à ses parents par cette constatation: «Georgina est très indépendante», que le hasard prenne les choses en main. «Nanny» Ruby qui, depuis quarante ans, avait éduqué les petits Archduke pour en faire ce qu'ils étaient devenus, se cassa la cuisse un jour d'automne, en glissant dans le jardin sur une pomme pourrie. À son âge, cela signifiait un départ définitif. Mortimer la plaça dans une maison de retraite, payant, un peu à contrecœur, son hébergement pour la première année et promettant de venir rendre visite régulièrement à sa «vieille Nana». C'est à cette occasion seulement que Vicky apprit le nom de la femme qui avait pu goûter sans retenue aux joies maternelles auxquelles elle aspirait en vain.

Georgina qui était la seule à avoir assisté à l'accident et qui, une demi-heure durant, n'avait pu se séparer de sa «Nanny» gémissante pour revenir à la maison et chercher de l'aide, ne parla plus jamais d'elle. La remplaçante était une jeune géante, blonde comme les blés, avec un chignon, des chaussettes montantes et des sandales orthopédiques. Elle était une adepte fervente de longues promenades avant le petit déjeuner et très friande de pain bis ; végétarienne, elle ne répandait par conséquent jamais l'agréable et familière odeur du brandy, mais souvent l'odeur de la ciboulette. Georgina perdit sa confiance originelle en l'existence. Elle refusa d'adresser la parole à la nouvelle nurse et observa à son égard la distance qu'elle réservait jusque-là à sa mère.

Le dixième jour après le départ de « Nanny » en ambulance, les relations de la fille et de la mère connurent un changement brutal. Georgina, ayant voltigé par-dessus son tricycle, s'écorcha les deux genoux jusqu'au sang, et elle poussa des cris tels que « Nanny », avec une jambe cassée pourtant, n'en avait pas poussé. Vicky arriva en courant, prit sa fille dans ses bras et adoucit ses souffrances en lui chantant la chanson du petit chat qui part pour Londres afin de rendre visite à la reine. Le bonheur illumina le visage de Georgina. Elle avait en effet non seulement un nez extrêmement sensible, capable d'accumuler les souvenirs, mais aussi une oreille musicienne, et la voix de Vicky était toujours aussi belle, même si elle n'avait plus de public devant lequel il aurait valu de se produire. Tout en chantant, elle se revit, non sans émotion, à l'âge de sept ans dans la cuisine de Kericho : sa mère ayant la perspective d'obtenir un emploi dans un foyer pour enfants de Nakuru, Vicky avait eu pour tâche d'apprendre *Little Boy Blue* à Mrs Sedlacek, de Potsdam, qui, elle, avait élevé sa fille en lui chantant les chansons *Hänschenklein* et *Männlein im Wald*[1].

– Tâchez de ne pas vous endormir pendant que vous avez votre enfant dans les bras, finit par l'avertir Nancy, l'infirmière, qui se demanda un moment si elle devait encore raconter à l'accouchée la petite blague du bébé tout aplati que le jeune père éméché avait pris pour le flétan pêché le matin même.

Mais elle se souvint à temps que sa première tentative pour dérider la jeune mère n'avait pratiquement pas recueilli d'écho et que Mrs Archduke n'avait manifestement pas le sens de l'humour.

– À tout à l'heure, dit-elle en reniflant et en tiraillant le rideau, puis la manche du bébé, avant de quitter la pièce.

1. « Petit-Jean, pour longtemps » et « Bonhomme dans la forêt » *(N.d.T.)*.

Un court instant, Vicky fixa une tache de soleil se fragmentant en petits cercles rouges et bleus dans la glace au-dessus du lavabo. Il lui sembla qu'elle avait déjà assisté une fois au même phénomène, mais sans pouvoir se rappeler ni où ni quand. Ensuite, elle tenta de se remémorer si Morty, lors de la naissance des deux premiers enfants, avait autant tardé avant de venir la voir à l'hôpital ; elle se sentait les membres lourds, sous l'effet de l'épuisement qui l'avait écrasée sur les oreillers avant l'arrivée de Nancy. Elle ne parvint pas à opérer suffisamment longtemps une distinction entre les diverses scènes, les jours et les années pour obtenir une impression globale. Les images du passé étaient à l'affût dans la pièce. D'abord, elles se firent plus grandes que nature, puis gagnèrent en précision. Il ne leur manquait que les cadres, et Vicky fut troublée de voir les années du Kenya et celles de Chichester se fondre les unes dans les autres comme des peintures à l'eau étalées en couches trop épaisses. Elle se voyait certes assise au jardin, dans la chaise en osier, auprès de l'arbre aux branches retombantes sous lequel « Nanny » avait glissé sur la pomme éclatée, et elle s'entendait aussi chanter pour Georgina installée sur ses genoux, mais elle était très gênée de porter justement en cet instant la robe à points bleus et blancs que sa mère mettait toujours le vendredi pour se rendre à Nakuru, en compagnie de son père, afin d'y livrer la viande.

– Tu ne peux pas t'imaginer, dit-elle à son fils nouveau-né, à quel point j'ai souhaité avoir une robe comme celle-là. Et surtout la ceinture blanche qui allait avec.

Le nouveau-né remua un bras. Il était en train de trouver son chemin dans le monde. Sa peau avait perdu l'éclat bleuté qu'elle avait voici une demi-heure, elle était aussi devenue plus lisse, moins blanche que ne l'avait été celle de Rupert, le rouquin.

– Tu seras à coup sûr plus joli que ton frère, dit-elle à voix basse, mais je t'en prie, ne me dénonce pas. Une mère ne doit pas dire une chose pareille. Ce n'est pas correct.

Effrayée, elle regarda autour d'elle et aperçut une partie de son visage dans la glace. Elle était confuse d'avoir parlé à l'enfant comme s'il pouvait la comprendre. Elle chuchota néanmoins quelques mots encore. Le dernier fut « *Jambo* ». Ce fut seulement au bout de plusieurs jours qu'elle se rendit compte avoir parlé en swahili. Pour la première fois depuis son départ de Nairobi.

Même si elle n'avait pas oublié que l'infirmière lui avait recommandé de rester éveillée, elle ferma les yeux ; elle savoura le silence de même qu'un sentiment nouveau, celui de pouvoir voler. Il lui suffirait pour cela de le vouloir. Un instant, elle se demanda quelle direction prendraient ses ailes. Mais, découvrant soudain un énorme cactus, avec une fleur d'un rouge lumineux, et un turban jaune d'or entourant un visage à la peau foncée et aux grands yeux, elle reconnut la destination du vol. Un oiseau qui, c'était certain, n'était pas du genre à bâtir son nid à Chichester, se mit à chanter un air oublié qui fit surgir dans son esprit un après-midi de Nairobi, ce merveilleux dimanche après-midi passé avec Liesel et Regina, avec du *Streuselkuchen* sur une assiette à fleurs et des *Eierhäckerle* d'un jaune vif sur des petits pains faits maison.

– À Vicky, dit Walter Redlich en lui donnant une tape dans le dos, on n'a pas besoin d'expliquer ce que sont les *Eierhäckerle*. À Potsdam, les gens ne vivent pas sur une autre planète.

Avait-elle compris, à l'époque, ce qu'il voulait dire ? Le savait-elle à présent ? Un chiot qui venait juste d'ouvrir les yeux lui lécha le doigt tandis qu'un petit Kikuyu sans culotte bavait de joie. Il était assis avec un autre enfant de son âge – se déplaçant lui aussi à quatre pattes – sur une couverture bleu clair, l'un noir, l'autre blanc, le jeune chien entre eux. Il faisait lourd, et pourtant l'air était léger comme un foulard de soie.

Vicky s'entendit soupirer et revint d'Afrique. Elle serra son fils contre elle, posa sa bouche sur son front. Ses cheveux le frôlèrent. Cette première caresse de son existence le stimula. Il ouvrit les yeux. Ils avaient le même chatoiement clair qu'une eau limpide. Si celui qui reçut le baiser avait reconnu dans le sourire de sa mère le sourire d'une princesse à qui aucun homme ne pouvait résister, il aurait été lui aussi ensorcelé sur place. Le deuxième fils de Vicky n'entendit jamais parler du premier malentendu de son existence, car le visage auquel Vicky avait soudé ses lèvres, c'était celui de Max, le frère de Regina, qui, né à Nairobi et âgé de dix mois à l'époque, était tombé subitement amoureux d'une beauté aux longs cheveux blonds, vêtue d'une robe jaune citron. Elle entendit son cœur battre comme jadis et elle reconnut aussi le lieu où s'était déroulée la scène. Mais, trop peu habituée à regarder en arrière, elle ne devina pas ce qui se cachait derrière ces images.

Depuis cet après-midi où elle s'était rendue de la High School au Hove Court, accompagnant Liesel, pour rendre visite à la famille Redlich, Vicky n'avait jamais refait en pensée le trajet entre l'arrêt du bus et l'hôtel. Son nez n'avait pas conservé l'odeur de cannelle des œillets roses poussant dans le jardin, pas plus que ses yeux l'image d'une voiture d'enfant brinquebalante d'où elle avait soulevé un enfant en pleine jubilation avant de lui chanter une chanson. Une chanson allemande. Mais à présent, comme si quelqu'un ne souffrant pas la contradiction – et que Vicky, d'ailleurs ne souhaitait absolument pas contredire – avait enfin retiré le rideau gris qui recouvrait depuis si longtemps cette scène du passé, elle vit Jettel, debout sur le seuil de la porte du petit appartement du Hove Court. La mère de Regina était très pâle. Même un enfant était capable de voir qu'elle venait de pleurer, mais elle sourit en tendant la main pour accueillir ses invités.

– Ma mère chantait toujours cette chanson à ma petite sœur, dit-elle. Je ne pensais pas l'entendre une nouvelle fois dans ma vie.

– Il vaut mieux, lui avait chuchoté Regina, que tu ne lui poses pas de questions sur sa mère. Voilà quelques jours seulement qu'elle a appris qu'elle avait été assassinée à Auschwitz.

Sans l'avoir voulu, Vicky ouvrit les yeux. Elle ressentit un engourdissement dont elle pensa qu'il ne touchait que son corps. Mais, quand elle essaya de sourire à son fils, elle avait les lèvres figées, comme chaque fois que la mort venue de son pays natal la menaçait. Elle avait la peau brûlante. Elle sentit des pierres peser sur sa poitrine. Le feu intérieur remonta jusqu'à sa gorge. Durant quelques secondes d'une panique qui la submergea comme une vague, elle crut qu'elle allait mourir et qu'elle avait déjà laissé choir l'enfant.

Une assiette tomba par terre dans le couloir de l'hôpital. Le feu s'éteignit peu à peu. La tache claire au-dessus du lavabo recommença à danser. Elle était bleue et rouge. Vicky entendit son fils respirer. Elle-même respirait aussi régulièrement que si rien ne s'était produit. Elle acquit la certitude de ne plus pouvoir jamais chanter la chanson qui avait déclenché la tempête, alors que, pourtant, sa mémoire s'était déjà mise à fredonner la mélodie.

Se redressant dans le lit, elle prit le bébé dans ses deux bras et le berça de gauche à droite, à quelques reprises. Elle fit claquer sa langue et tendit l'oreille pour saisir des bribes du passé. Au moment de se décider, elle hésita, mais elle s'était déjà trop engagée sur le pont pour revenir en arrière. Alors, la mère chanta en allemand sa première chanson au deuxième fils de Mortimer Horatio Archduke, de Chestnut Grove, un fils qui n'avait pas encore de nom :

– « Sais-tu combien d'étoiles brillent au firmament ? » demanda-t-elle à celui qui était déjà en route pour devenir un gentleman anglais.

Le père venait à l'instant de décider d'inscrire son deuxième fils à Harrow, son ancienne école. Il tenait de sa main droite la petite Georgina et une rose de la main gauche ; il se trouvait juste devant la porte de la chambre six quand il entendit sa femme chanter. Surpris, il s'immobilisa, embarrassé et perplexe, se demandant s'il devait frapper à la porte ou attendre l'arrivée d'une infirmière. N'ayant plus entendu de langue étrangère depuis son safari au Kenya, il ne fut pas sensible au caractère sacrilège de l'infraction linguistique qu'un membre de sa famille était en train de commettre. Sans rien pressentir, il ouvrit la porte avec l'énergie de ceux que le doute a épargnés leur vie durant. Debout à côté de Georgina, à quelques pas du lit, il raidit les épaules et se racla la gorge comme quelqu'un chargé d'une mission d'importance.

– Hallo, *darling*, dit-il, tu nous as fait une sacrée frousse.

Il poussa sa fille dans la direction de son nouveau frère, mais elle se cacha derrière la jambe gauche de son père. De la voix pleurnicheuse qui confère du pouvoir aux envieux, elle réclama :

– Je veux une banane. Il faut que Mami chante pour moi aussi.

– Mami te chantera une chanson, la tranquillisa Morty. Quand elle sera complètement rétablie.

Il tenait toujours à la main la rose jaune totalement épanouie.

– Tiens, dit-il en posant la fleur sur le lit. C'est la nouvelle Victoria. Je n'ai pas voulu t'inquiéter pendant ta grossesse, mais la première n'a pas tenu le coup. Elle n'a pas supporté le climat du Sussex. Celle-ci est beaucoup plus résistante.

– Hallo, Victoria, dit Vicky en touchant du nez la fleur sans parfum.

Bien qu'elle l'ignorât encore, ce fut l'instant où elle devint adulte. Elle quitta la robe de princesse en velours. Elle ôta de sa tête la couronne et, l'ayant déposée dans un coffre, elle en referma le couvercle. Elle enterra dans le parterre de roses de Morty, toutes racines arrachées, le rêve d'enfant d'une vie entière. Elle éprouva une forte envie de se lever et de secouer celui qui était jadis entré dans son existence sur son embarcation de Viking. Mais elle resta couchée, son enfant dans les bras.

– Je trouve merveilleux, *darling*, que tu donnes une seconde fois à une rose le nom de Victoria. Qu'est-ce qu'une femme pourrait souhaiter de plus beau ?

9

La longue route de Leah

Tel-Aviv, 1955

– Non, gronda Yael, tu n'as pas le droit.

Les yeux rivés sur le fond du gobelet en argent qui lui servait de miroir, elle menaça son charmant petit visage rond de ses deux poings. En même temps qu'elle rentrait la tête sous la violence de l'attaque, elle se mit à aboyer comme le grand chien de berger à longs poils qui, la veille encore, l'avait retransformée en une petite fille pleureuse qu'elle avait cessé d'être depuis longtemps. Sa mère qui, en battant des blancs d'œufs en neige dans un plat en fer-blanc, faisait autant de bruit que sa fille, reposa un instant la fourchette sur la table et baissa le son de la radio dans la cuisine.

– Arrête de battre la petite fille du gobelet, cria-t-elle.

– Il n'y a pas de petite fille dans le gobelet.

Yael se mit à rire. Si fort et si longtemps qu'elle dut se boucher les oreilles. Elle trouvait merveilleux que sa mère, qu'elle appelait Ima, lui dise des choses qui n'existaient pas.

Il n'était pas facile du tout d'en remontrer à la fille de Leah. Elle savait parfaitement comment le monde avait été créé : par le Tout-Puissant en six jours. Et elle savait aussi parfaitement ce qu'elle voulait. Le créateur veillait à ce que les mères restent en bonne santé et à ce que les enfants n'aient jamais besoin d'avoir peur. Il veillait également à ce qu'il y ait de quoi manger, de l'eau, du soleil et à ce que les hommes méchants se noient dans la mer Rouge. Yael, pour sa part, veillait à ce qu'Ima mette assez de raisins secs dans les carottes râpées et à ce que sa poupée, qui portait depuis peu un uniforme et tenait à la main le drapeau bleu et blanc d'Israël, ne reste pas, par inadvertance, toute une nuit sous l'olivier au risque de se faire tirer dessus par les ennemis. Yael, également, prenait soin que, dans sa tête, les jours ne se mélangent pas. De la sorte, elle savait dès le réveil comment elle allait s'habiller. Yael était très difficile pour tout ce qui était pantalons et pulls, chaussures et coiffures.

– Un vrai paon, avait coutume de dire sa mère quand elle voyait sa fille danser devant le miroir, les mains sur les hanches, la tête haute et bien droite.

Yael aimait que sa mère dise ça. Pour jouer dans le jardin avec les enfants du voisinage, accompagner sa mère chez le boulanger ou au marché, rendre visite ensemble à des amis de la Bialik Street ou bien disputer une partie de football sur la plage avec Chaim, Yael portait un chapeau d'un bleu vif, avec le soleil d'un côté et la lune de l'autre. Pour le sabbat, à la synagogue, elle se décidait toujours pour le beau chapeau blanc, acheté par son père à Jérusalem, et pour la robe verte avec le collier de corail qui était un cadeau de Rifka et de Rachel de Nairobi. À la maison, Yael se parait d'autant de barrettes de couleur que ses boucles pouvaient en accueillir et, les jours qui étaient au moins aussi savoureux que la glace au chocolat, elle mettait autour de son cou des colliers constitués de minuscules perles multicolores. Chacune d'elles étincelait au soleil. Les colliers étaient rangés dans une cassette en bois brun, dans la chambre de sa mère, mais sa mère ne les mettait jamais.

– C'étaient mes colliers quand j'étais encore une enfant, expliquait-elle chaque fois que Yael l'interrogeait à ce sujet.

– Et maintenant, tu n'es plus une enfant ?

– Quand je ris avec toi, je suis encore une enfant.

– Et pourquoi tu ne ris pas toujours avec moi ?

Yael était blonde et belle. Bien que mince et gracieuse, elle avait des jambes robustes et une peau bronzée qui faisait un contraste charmant avec ses cheveux clairs. Elle était dynamique, sûre d'elle, exigeante et joyeuse. Quelqu'un voyant pour la première fois cette enfant de quatre ans n'aurait pu la distinguer des autres enfants du pays. Comme Yael, au plus tard au jardin d'enfants, mais en général plus tôt encore, sous l'influence de leurs parents, ils avaient la ferme conviction qu'il était toujours préférable pour l'homme de prendre la vie à bras-le-corps, sans trop réfléchir, que souffrir en silence et supporter sa destinée avec patience.

Mais, si l'on ne se contentait pas de la première impression, on pouvait lire dans les grands yeux sombres de Yael une expression laissant présager qu'elle avait un instinct protecteur. Et c'était effectivement le cas. Son besoin de protéger les faibles se limita d'abord, à vrai dire, à sa mère. Cette histoire extraordinaire avait commencé à l'aube d'une journée cruelle, quand deux jeunes soldats, après avoir frappé violemment à la porte, étaient entrés dans le salon où, debout devant la fenêtre ouverte, ils avaient parlé à sa mère à voix très basse. Même les oiseaux du jardin faisaient plus de bruit que les voix des soldats. La petite Yael, ivre de sommeil, vêtue d'un pyjama aussi jaune que les boutons d'or où des agneaux bondissaient au-dessus des nuages, avait d'abord, sans aucune curiosité, cherché une place au milieu des trois paires de jambes. Puis sa mère s'étant tout à coup mise à pleurer très fort et surtout à sangloter en faisant un bruit effrayant, l'enfant avait à son tour commencé à crier. Les soldats n'avaient pas caressé la mère en pleurs, mais la tête de Yael. Bien qu'ils n'aient réussi à calmer ni la mère ni l'enfant, ils étaient repartis, le fusil à la main. Dans le jardin, ils s'étaient retournés et avaient fait signe de la main. Ima l'ayant soulevée de terre à cet instant précis, pour appuyer sa tête contre sa poitrine, Yael n'avait pu rendre leur salut aux hommes aux grosses chaussures.

Cette scène remontait à quinze mois. Yael ne se souvenait ni de la matinée qui avait suivi cette scène, ni de l'enterrement l'après-midi, ni du grand nombre d'adultes en pleurs, mais elle se souvenait des soldats. En effet, quand elle se promenait avec Ima et qu'elle rencontrait dans le bus, au restaurant ou sur le chemin du jardin d'enfants, un homme armé et en uniforme, elle lui souriait avec un peu de gêne, contrairement à sa nature, mais avec tant de gentillesse que beaucoup lui rendaient son sourire et que plus d'un lui demandaient comment elle s'appelait et si sa mère la gâtait assez.

Avant même son quatrième anniversaire, Yael avait compris que, loin d'avoir deux parents comme les autres enfants, elle n'avait qu'une mère. Son Aba, son père, et son Ima ne pouvaient plus se tenir par la main. Ils n'étaient plus assis l'un à côté de l'autre dans l'auto et ils n'allaient plus ensemble dans la chambre à coucher au grand lit. Si Aba et Ima se tenaient encore par la taille, c'était uniquement sur la photo entre le fin vase en verre qui contenait presque toujours une rose et le gobelet en argent qui faisait office de miroir. La photo était entourée d'un cadre orné de perles minuscules, et Yael savait que cette photo était ce qu'il y avait de plus précieux dans la maison. En fait, elle n'avait le droit de la prendre que si Ima était à côté d'elle et veillait au grain, mais c'était là un point sur lequel la mère et la fille ne parvenaient pas à se mettre d'accord aussi rapidement que d'habitude. Yael aimait surtout regarder la photo à l'insu de sa mère qui, d'ailleurs, se mettait généralement à pleurer dès qu'elle touchait, ne fût-ce que d'un doigt, le cadre aux perles. Sur la photo, en effet, son Ima était belle comme elle ne l'avait plus été depuis. Elle portait une robe blanche à manches longues, elle avait des perles dans les cheveux, un collier étincelant autour du cou et tenait des roses blanches à la main. Le bouquet était plus grand que son visage ; elle riait si franchement qu'on lui voyait les dents. Aba, sur la photo, ne présentait rien d'extraordinaire. Il ressemblait à tous les autres hommes, il portait un uniforme et riait aussi.

Chaque fois qu'Ima voyait sa fille examiner la photo, elle lui demandait si elle se souvenait du jour où son Aba l'avait soulevée de terre et jetée en l'air. « Et embrassée », ajoutait Yael aussitôt. Elle savait qu'Ima souhaitait l'entendre le dire et elle aimait dire les choses que les adultes souhaitaient entendre. Elle avait déjà développé un talent réel pour pressentir l'existence de relations de cause à effet qu'elle ne comprendrait que des années plus tard, et cela la retenait de secouer la tête quand sa mère la questionnait à propos des souvenirs qu'elle avait gardés de son père. Le seul homme autorisé à soulever Yael et à la jeter en l'air comme un ballon était, bien entendu, son oncle Gideon. Plus grand qu'un arbre, il habitait à Jérusalem, il avait trois fils effrontés qui piquaient les bonbons de leur cousine dans la poche de sa culotte sans qu'elle s'en aperçoive et il pouvait à sa guise aller chercher un arc-en-ciel pour de courageuses petites filles. Mais Yael ne disait jamais ce genre de choses quand sa mère parlait d'Aba. Elle était en effet non seulement plus avisée que la plupart des enfants de quatre ans, mais elle savait aussi, comme tous les enfants qui grandissent sans père, ménager instinctivement de petites joies à une femme que la vie avait trop tôt privée de grandes espérances.

Un jour pourtant – un jour où, à la cuisine, on pelait des fruits, on malaxait la pâte et on battait des œufs en neige, et où, dans la pièce avec la photo des fiancés en train de rire, tous les vases étaient remplis de fleurs – il n'y eut pas besoin de la miséricorde d'une petite fille pour faire régner la bonne humeur. Dans toutes les pièces, la gaieté pétillait comme pétillent des bulles de savon. Yael entendait sa mère rire. Elle avait ri la veille aussi, ainsi que les jours précédents.

– Nous allons avoir de la visite, annonçait Ima même à l'ours en peluche de Yael ou au lapin en tissu.

Cette phrase magique qui ferait surgir bientôt des gâteaux au fromage blanc, avec des tranches d'orange sur de petits bateaux pleins de crème et des dattes fourrées, elle la répétait parfois le soir aussi, en mettant Yael au lit. Sa langue partant en voyage sans qu'elle s'en aperçoive, elle confiait à sa fille et à la poupée en uniforme :

– Il n'y a pas un être au monde qui me comprenne aussi bien que Rifka et Rachel.

– J'aime bien Rifka et Rachel, répondait Yael, magnanime.

Elle avait eu toutes les raisons de les aimer dès le moment où avaient commencé les préparatifs odorants. Quand l'avion d'Afrique serait arrivé, Yael pourrait dormir dans le lit d'Ima – du côté qui avait jadis été celui d'Aba. Le réveil, qu'il menaçait d'écraser tous les matins, était encore sur la table de nuit, sa casquette était accrochée au portemanteau derrière la porte.

En même temps qu'elle avait enterré Ari, Leah avait enterré sa confiance dans la vie. Mais elle était à présent à nouveau joyeuse, belle et jeune. C'était une enveloppe marron clair, entourée de lignes bleues, blanches et rouges, qui était à l'origine de cette métamorphose. La lettre de Nairobi annonçait que les sœurs Goldstayn avaient l'intention de fêter leur soixante-dixième anniversaire avec leur « si chère fille, dans un pays où on trouve de la viande casher chez tous les bouchers et pas d'antisémitisme dans les journaux ». Leah fut remuée par les miracles de l'existence comme elle ne l'avait plus été depuis la naissance de Yael. Elle serra dans ses bras la voisine qui était venue emprunter deux cachets d'aspirine, les deux jardinières d'enfants de Yael et le serveur barbu d'un café où elle n'avait mis les pieds qu'une seule fois auparavant. Elle essuya à grand renfort de baisers les larmes du visage d'un petit garçon qu'elle ne connaissait pas, mais qui était tombé devant la boulangerie et qui avait roulé jusqu'à elle. Jamais, même dans ses rêves les plus fous, les plus présomptueux, elle n'en était arrivée à penser qu'elle reverrait un jour Rifka et Rachel.

– Ces deux femmes savent cuisiner comme aucune autre en ce bas monde, raconta-t-elle en claquant la langue de gourmandise.

– Pas mieux que toi, dit Yeal avec assurance. Est-ce qu'elles ont aussi des enfants ?

– Oui, moi.

– Tu n'es pas un enfant. Tu es une maman.

Leah n'était retournée au Kenya qu'une seule fois, immédiatement après le décès subit de sa mère et peu avant la mort de son grand-père, depuis longtemps redoutée. À l'époque déjà, trois ans auparavant, les Goldstayn lui étaient apparues décrépites, comme n'ayant plus assez d'envie de vivre pour nourrir l'espoir de ressentir de la joie au-delà de leur horizon familier. La lassitude se lisait dans leurs yeux, elles avaient la voix assourdie. L'ironie de Rifka s'était émoussée. Rachel réfléchissait longtemps avant de répondre. Le vieux Eppstein aux bronches affaiblies et au cœur solitaire – le vieil homme qu'elles avaient consolé une vie durant en lui dispensant leur affection et leur liqueur au miel – était mort, tout comme le fidèle Warani qui servait à table et s'y connaissait si bien dans les diverses règles en usage dans un foyer casher qu'on aurait pu croire qu'il s'appelait Moïse et qu'il avait grandi à Cracovie. Après la disparition de Warani, les sœurs ne louaient plus qu'exceptionnellement des chambres. Elles ne cuisinaient plus pour les clients des environs qu'à l'occasion des fêtes juives.

Leah, femme mariée pourtant, était, lors de ce voyage, toujours aussi réservée qu'à quinze ans. Leur ayant rendu visite à Nairobi, il lui avait semblé quelque peu incongru d'inviter à Tel-Aviv des êtres qui lui paraissaient trop vieux pour se rendre en train à Mombasa. Yael avait un an à l'époque, et c'est la mère d'Ari qui l'avait gardée. Celui-ci devait passer quatre semaines à la frontière et il avait voulu voir Leah avant son départ.

– Au moins deux nuits, avait-il dit. Yael a besoin d'un frère.

Dans son ancienne chambre, laissée en l'état par Rifka et Rachel, Leah attendait fiévreusement le jour de son départ pour Israël. Et pourtant, malgré la tristesse d'avoir perdu sa mère et la perspective du décès prochain de son grand-père, elle avait senti à quel point le Kenya était encore pour elle une patrie. Jamais encore la ferme de Thika ne lui était apparue aussi verte qu'en ces journées de retrouvailles, les collines aussi douces, les êtres, dont beaucoup l'avaient encore reconnue, aussi gais, aussi ouverts, aussi aimables.

– J'ai l'impression que chacun des arbres de chez moi m'a caressée, raconta-t-elle à Rifka et à Rachel lors de leur dernier petit déjeuner en commun.

– Prends garde, Leah, à ce mot de « chez moi », l'avait avertie Rifka. Ce sont justement les gens qui n'ont pas de patrie qui, lorsqu'ils voyagent, parlent de leur chez eux. Fais attention à la coupelle aussi. La vaisselle cache toujours des souvenirs.

Les sœurs Goldstayn utilisaient encore le service bleu et blanc qu'elles avaient acquis jadis en échange des bons contenus dans les paquets de cigarettes de leurs clients. Revoyant en pensée les flamboyants de Thika, Leah venait de caresser tendrement une coupelle de confiture, et Rifka avait déchiffré son regard.

– Si tu as besoin de nous, avait-elle dit, nous monterons immédiatement dans une caisse volante. Les vieilles gens ne craignent plus pour leur vie. Le Tout-Puissant saura bien nous protéger. Tu n'as qu'à nous expédier un télégramme.

– N'a-t-on pas toujours besoin de ceux qu'on aime ?

– Pas quand on a un mari, mon petit agneau. Et un enfant. Rappelle-toi toujours combien le Tout-Puissant a été bon avec toi. Pouvoir épouser l'homme qu'on aime ! Et le garder !

– Ah, vous ne pouvez absolument pas vous imaginer quel homme est mon Ari. Il n'y en a pas un autre comme lui sur cette terre. Quand je me réveille, le matin, je n'arrive pas à concevoir le bonheur qui est le mien.

– Alors, garde-le bien, mon enfant. Un homme est comme un poisson : il se faufile par chacun des trous du filet.

– C’est lui qui a jeté le filet et qui m’a attrapée. Je n’ai rien compris du tout, jusqu’au moment où il était trop tard pour protester.

Ari Noam était aussi grand que Goliath et aussi courageux que David. Certes, quand il était question de femmes, ce qu’il lançait, ce n’étaient pas des pierres à l’aide d’une fronde, mais des regards venant du fond de ses yeux d’un bleu étincelant. Des yeux qui brillaient comme ses cheveux d’un noir profond. À la différence du roi et héros biblique, il ne jouait pas de la harpe et il ne connaissait qu’un psaume, mais son harmonica lui suffisait pour métamorphoser en créatures romantiques, poussant des soupirs d’aise, les femmes prosaïques et pleines d’assurance du jeune État. C’est avec cet harmonica et un chant qui allait ensorceler à jamais ses oreilles qu’Ari le conquérant avait séduit Leah Rubinstein, âgée de dix-huit ans et venue de Thika. La chose s’était produite au bord du joli lac de Kinnereth, à un moment où Leah n’avait même pas encore pris le temps d’aller ne serait-ce que jeter un œil sur l’université de Jérusalem. Comme, deux mois plus tard, dans une lettre d’un ton inhabituellement embarrassé, elle l’assura à son grand-père, elle avait bel et bien eu l’intention d’étudier à Jérusalem l’histoire de l’art et de la littérature. Deux raisons – très différentes l’une de l’autre – l’avaient toutefois décidée à choisir dans un premier temps une localité qu’elle avait fini par repérer sur la cinquième des cartes du pays qu’elle avait scrupuleusement étudiées : Deganya. C’est là, avait-elle lu, qu’avait été fondé le premier kibboutz d’Israël. Elle était poussée par l’idée que c’était dans un endroit aussi imprégné de traditions qu’elle découvrirait le cœur du pays. La deuxième raison était que la plupart des prospectus signalaient la particulière valeur des cours de langue de Deganya destinés aux immigrés récents.

Les enseignants de Deganya, à vrai dire, ne la mirent pas aussi rapidement qu’elle l’avait cru et espéré sur la bonne voie. Alors qu’à quatre ans elle savait déjà lire l’hébreu et que l’écrire ne présentait pour elle aucune difficulté, elle éprouva beaucoup de mal à apprendre la version moderne de la langue biblique, l’ivrith. Un certain pédantisme dans son approche de la matière d’enseignement en question lui rendit la tâche plus difficile qu’aux autres immigrants qui, eux, ne se souciaient ni de grammaire ni de prononciation correcte, mais qui entendaient se faire comprendre le plus tôt possible dans le pays qui allait devenir leur patrie.

Trente jours après son installation à Deganya, l'écolière Leah, le visage très rouge, était assise au pied d'un oranger, doutant de ses facultés de compréhension. Il était cinq heures de l'après-midi, mais le soleil était encore aussi éclatant et brûlant qu'à midi. Elle couvrait d'une main le texte de la page gauche de son livre. À intervalles réguliers, elle soupirait aussi fort que si elle était seule et qu'un jeune homme – ce dont elle s'était parfaitement aperçue – ne la quittait pas des yeux et ne s'était rapproché d'elle, mètre après mètre, depuis un bon quart d'heure. Profitant d'un soupir plus fort que les précédents, le félin donna de la voix. Ari Noam établit le premier de ses diagnostics éclairs. La fascination qui s'empara de Leah en cet instant ne lâcha plus jamais prise, aussi longtemps qu'elle en eut encore le loisir.

– C'était illogique, stupide et sacrément culotté de ta part, jugea-t-elle le soir venu, mais d'une voix aussi douce que l'était l'instant offrant l'occasion de ce retour en arrière.

– Mais une sacrée bonne idée, ajouta-t-il, l'obscurité ne permettant pas à Leah de le voir grimacer un sourire.

Cela faisait deux jours déjà que les deux jeunes gens s'étaient aperçus pour la première fois. Ils avaient échangé de nombreux regards, très peu de paroles en revanche. C'est ainsi qu'ils avaient gaspillé quarante-huit heures de leur existence pour s'être imaginé ne pas avoir devant eux de route commune. Pourtant, quand Ari referma le manuel en employant un mot que Leah ne trouverait à coup sûr dans aucun livre, elle entendit le vent murmurer et son cœur battre la chamade. Elle s'aperçut également que l'odeur du jasmin n'enivrait pas que ses narines. Les yeux d'Ari lançaient des étincelles qui l'aveuglaient. Ces petites étoiles diurnes et virevoltantes lui rappelèrent les petits points incandescents qu'enfant elle voyait à Thika, sous la lumière des tropiques, dans ses moments d'excitation et de bonheur. C'est au plus tard en cet instant qu'elle commença à prendre conscience que parler une langue ne remplissait pas toute une existence et à comprendre que son corps savait s'exprimer lui aussi. Elle était encore sans expérience, mais elle n'était plus sans désir.

– Arrête de soupirer, belle entre les belles, la consola Ari, tambourinant d'un doigt un air sur la couverture du livre. Je vais te cueillir une orange.

– Ça guérit ?

– Non, mais ça apporte l'oubli. Pense à Adam et Ève !

– C'était une pomme, pouffa Leah.

– Tu sais, dit Ari, l'air aussi sérieux et concentré que si rien n'était plus important que de débrouiller sur-le-champ les problèmes de Leah, les Anglais ont toujours beaucoup de peine à apprendre les langues étrangères. Si tu me demandes mon avis, je te dirai d'ailleurs qu'ils n'en apprennent jamais aucune. Tes compatriotes n'ont même pas encore pigé que ce pays s'appelle Israël et non la Palestine.

– D'où diable l'idée a-t-elle pu te venir que j'étais anglaise ?

– Il suffit que tu ouvres la bouche pour que quiconque possède deux oreilles et un peu de jugeote soit au courant. Il est bien connu que les Anglais parlent toutes les langues comme s'ils avaient du coton dans le nez. En outre, Ari Noam et ses maîtres-espions ont pris leurs informations. On t'a capturée dans la jungle et on t'a amenée ici, afin que tu tournes la tête des hommes courageux d'Israël plutôt que celle des singes d'Afrique. Tu le vois, rien ne reste secret à Deganya. Tu peux tranquillement continuer à rire. Le rire te va si bien.

– Bon, il y a même un peu de vrai là-dedans. Je suis allée dans une école anglaise, au Kenya. À dire vrai, je n'aurais pas imaginé qu'on s'en aperçoive quand je parle ivrith.

– Ce n'est pas aussi tragique que tu le penses, dit Ari, d'un ton onctueux, mais les yeux brillants de gaieté. Je suis absolument certain qu'on ne remarque rien du tout quand tu te déshabilles. Viens, je vais t'aider. Dieu merci, tu es une fille à fermeture Éclair et pas une fille boutonnée.

Ils étaient allongés dans l'herbe, côte à côte. Leurs corps étaient brûlants, le désir faisait flamber leurs visages. Ils s'agrippaient l'un à l'autre, reconnaissants que l'amour soit venu à eux et qu'ils le sachent. Leah était certaine d'avoir à sa portée un instant d'éternité. Ari, qui avait vu mourir à la guerre trop de personnes pour croire à la constance du bonheur, repoussa fermement les images qui se précipitaient sur lui dans le crépuscule, jusqu'au moment où il ne vit plus que le visage de Leah. Ensemble, ils comptèrent les premières étoiles.

– Trois, chuchota Leah. En temps ordinaire, j'ai toujours attendu la troisième étoile le jour du sabbat et les jours de fête.

– Tu veux dire que tu es pieuse ?

– Oui, je le suis. Passablement.

– *Massel tow*, et il faut que ce soit à moi que ça arrive ! Je ne prie que quand je suis en danger de mort.

– Ça non plus, on ne le remarque pas quand je me déshabille, sourit Leah.

– Louée soit ma tante Rina et son bon à rien de fils, haleta Ari quand la passion eut enfin libéré son corps.

Le ciel était parsemé d'étoiles, velours noir diapré de diamants hexagonaux. Une lune comme ni lui ni elle n'en avaient encore vu plongeait le monde dans la beauté. Là, ils tombèrent d'accord : une lune comme celle-là ne se montrait qu'à ceux qui s'aiment. Un chardon luisait dans la lumière argentée.

– Qui est tante Rina ? Une magicienne ?

– Bien plus que ça. C'est elle qui m'a envoyé dans tes bras.

C'était la première fois qu'Ari venait à Deganya. Il était venu parce qu'il avait promis à sa tante d'enquêter pour savoir si son fils, au kibboutz, avait désappris tout à la fois d'écrire et de téléphoner. À l'instant précis où il s'apprêtait à menacer son cousin de la raclée qu'il rêvait de lui administrer depuis son dixième anniversaire, il avait aperçu Leah et s'était contenté de secouer son cousin Reuven et de le traiter de mollasson égoïste.

– Le reste, dit-il quand ils rentrèrent chez eux, accompagnés d'un matou affamé d'amour, le reste, tu le connais. C'est de l'histoire.

– Je pensais qu'en Israël l'Histoire se comptait en millénaires.

– Le mieux est que tu ne penses désormais qu'à moi. Quel âge as-tu, au fait ?

– J'aurai dix-neuf ans le mois prochain.

– Ce n'est pas possible ! Je ne m'étais encore jamais attaqué à des petites filles. Comment se fait-il que personne ne veille sur toi ? Israël est rempli de gaillards dans mon genre.

– Tu me suffis. Après-demain, j'emménagerai chez toi. Avec seau et balai. Comme Blanche-Neige chez les sept nains.

– Chez moi, il n'y a pas à balayer, dit Ari. Qui est Blanche-Neige ? Son rire servit en quelque sorte de prélude à leur première nuit.

Quand il n'était pas à l'armée, il logeait avec son ami d'enfance, Moshe, dans un deux-pièces de Jaffa. Au réveil, ils avaient la vue sur le port et le soir, non loin d'un embarcadère – dans un petit restaurant où le vin coûtait moins cher et les olives étaient plus grosses qu'ailleurs –, ils levaient leur verre en direction de la mer. Moshe était peintre. Il croyait en la force du pittoresque qui, à Jaffa, l'assaillait du haut de chaque mur et il croyait en lui-même. Les yeux d'Ari s'abreuvaient eux aussi aux couleurs de la ville. Il n'était pas plus romantique qu'il n'était sensible au souffle de l'Histoire, mais, à Jaffa, son imagination s'enflammait ; les pierres lui racontaient des histoires qu'il n'avait pas voulu entendre de la bouche de ses maîtres. Après un deuxième verre de vin, Moshe avait coutume de se déplacer à tire-d'aile entre New York, Londres et Paris pour discuter affaires avec des directeurs de galerie et des mécènes. Ari, lui, même en pensée, restait chez lui. Si le vin venait à exciter son imagination, il partait pour la guerre des Macchabées, chassait les Romains du pays ou repoussait les croisés.

– Quand on ne voudra plus de moi à l'armée, je deviendrai peut-être archéologue, déclara-t-il un jour.

– Alors je creuserai la terre moi aussi, rêva Leah. Comment se fait-il que tu parles l'anglais aussi couramment ?

– Parce que nous avons choisi comme langue maternelle une langue qui nous permet tout juste de voyager jusqu'au Néguev. Mais, si je le peux, j'aimerais bien voir à quoi ressemble le reste du monde.

– C'est à y perdre son latin, dit Leah, se souvenant de son propre cheminement.

Le crépi de l'immeuble où habitait Ari s'effritait. Les fenêtres étaient minuscules, le verre des vitres aussi terne que s'il datait du temps des Phéniciens. Les pièces étaient sombres et sentaient le renfermé. L'atelier de Moshe, qui lui servait aussi de chambre à coucher, n'était jamais aéré. Dans la pièce occupée par Ari, sur un réchaud électrique, les deux amis faisaient cuire des œufs sur le plat, et ils partageaient la conviction que Moshe serait un jour célèbre et qu'Ari épouserait la fille d'un millionnaire. Moshe tomba amoureux d'une fille aux yeux de braise, venue de Paris, qui avait perdu son groupe en même temps que son guide et qu'il avait recueillie, assise en pleurs au pied d'un arbre. Elle était encore plus romantique que lui et, afin que l'un et l'autre aient de quoi manger, il s'était mis, avant même le mariage, à peindre des murs plutôt que des toiles. Il ne tarda pas à employer deux jeunes immigrants de Bagdad d'abord et à faire fortune ensuite. Il cessa alors de citer sa phrase favorite: «Il vaut mieux acquérir des connaissances que de l'or.»

Ari n'apprit qu'un mois avant de se marier que Leah n'était pas, contrairement à ce qui lui paraissait évident, une jeune femme dont la famille, au Kenya, mettait depuis des années de l'argent de côté pour payer ses études, mais l'héritière d'une immense fortune. Leah lui avoua les plantations de café de Thika et les hôtels de Nairobi et de Naivasha avec autant d'embarras qu'elle aurait eu à confesser à un fiancé orthodoxe un faux pas prénuptial. Elle évita toute précision sur la taille de l'exploitation, tout comme elle omit de dire que les hôtels en question étaient les plus luxueux et les plus chers du pays.

– Nous sommes riches, mais nous veillons à ce que personne ne le remarque, résuma-t-elle non sans quelque précipitation.

– Cette phrase suffit pour toute une vie d'amour, répondit Ari. Mais si ton grand-père a un gramme de raison, il ne croira pas un instant que j'ignorais quel beau parti tu es.

– Chez mon grand-père, la raison ne se mesure pas en grammes. Et c'est pourquoi il comprendra tout de suite que tu ne m'épouses pas à cause de ma dot.

– Qu'est-ce qui te fait dire ça?

Le vieux Rubinstein n'avait essayé de faire revenir Leah sur sa décision d'épouser Ari sans attendre les Grandes Fêtes que dans sa première lettre. Pour exprimer à demi-mot combien il se méfiait de décisions précipitées, il avait usé d'une sage ironie, évitant de rappeler à Leah qu'elle parlait de faire des études depuis ses douze ans. Il avait laissé sa déception s'exprimer au travers d'une simple question:

– As-tu peur que ton grand-père ne puisse plus danser à ta noce si tu attendais plus longtemps ? avait-il voulu savoir.

– C'est moi, avait télégraphié Leah en retour, qui ne pourrais pas danser si j'attendais plus longtemps.

Enceinte de deux mois quand elle enfila sa robe de mariage, elle était si belle et si mince que le vieux Rubinstein se demanda un instant si elle allait réellement faire de lui un arrière-grand-père ou si elle avait simplement voulu le faire venir en Israël le plus vite possible. Elle simula l'indignation quand il le lui demanda, mais elle était aussi joyeuse que l'avait été l'exubérante petite fille qui lui avait un jour chanté *God « Shave » the King*.

– Est-ce que je t'ai jamais menti ?

– Oui, quand tu m'as dit jadis que tu voulais épouser en Amérique une espèce d'acteur cinglé portant un chapeau de paille.

Leah eut besoin d'un petit moment avant que ses traits ne s'éclairent.

– Il parle de Maurice Chevalier, expliqua-t-elle à Ari avant d'embrasser son grand-père comme si c'était lui le fiancé. Je lui avais dit que je voulais épouser Maurice Chevalier, et il n'avait pas la moindre idée de qui il était question.

– Maurice Chevalier, demanda Ari, c'est quelque chose qui se mange ?

Le vieux Rubinstein vit son clin d'œil et comprit pourquoi Leah – la prunelle de ses yeux, sa petite-fille si sage, si réservée, si sensible et qu'il avait protégée avec tant d'attention – avait perdu la raison, son cœur et toute appréhension devant la vie contre la poitrine de ce sympathique héros. Lui aussi se laissa ensorceler par le joyeux géant à la voix tonitruante. C'est sans affliction qu'il remit entre ses mains le trésor pour lequel il avait vécu. Le vieil homme ne s'autorisa un soupir que lorsqu'il fut certain que personne ne l'entendrait ; il savait que le temps de s'apprêter à prendre congé de l'existence était venu. Mais il était encore celui qui donnait les ordres, posait les conditions, celui qui camouflait sa générosité derrière de la rudesse.

– Avant de m'en retourner, je veux voir la maison que vous achetez, grommela-t-il le deuxième jour de sa visite en Israël.

– Cela signifie-t-il que tu veux nous voir acheter une maison ? demanda Ari. Ignorerais-tu, par hasard, comment Israël rémunère ses héros ?

– Je voudrais seulement savoir comment ma Leah si avisée a pu prétendre que tu étais un petit malin, grogna Rubinstein. Chez nous, même ceux qui cueillent le café et à qui le soleil a brûlé le cerveau ne poseraient pas une question aussi stupide.

– Dans ce pays, seuls les malins posent des questions stupides. Les ballots disent ce qu'ils pensent.

Ari Noam, né à Tel-Aviv quand l'idée d'un État juif indépendant n'était encore qu'une vision hantant des gens pleins d'illusions, était un fils d'Israël typique. On appelait ces jeunes sauvages des «*sabres*». Comme les fruits de cactus qui leur avaient donné leur nom, ils étaient pleins d'épines à l'extérieur et pleins de douceur à l'intérieur. Ils étaient intrépides, inflexibles et immunisés contre l'autocritique. Ils usaient d'un ton grossier, et leur comportement, leur humour et leur ironie paraissaient également empreints de grossièreté aux yeux de ceux qui ne voulaient pas savoir ce que le danger quotidien peut faire des êtres humains. À l'inverse des Juifs qui avaient été persécutés pendant des siècles, ils ne laissaient personne les bousculer. Ils méprisaient la soumission des victimes. Les *sabres* ne s'inclinaient pas devant l'âge, et ils disposaient d'un système naturel de défense contre les lapsus du sentimentalisme. Mais ils avaient des mains délicates et leurs gestes l'étaient aussi quand ils caressaient leurs enfants et aimaient leurs femmes. Jamais ces fiers guerriers n'oubliaient pour qui et pour quoi ils combattaient.

L'homme qui, sous la lumière argentée de la lune, avait convaincu Leah qu'il était l'Unique, possédait des épines particulièrement redoutables, mais jamais il n'avait honte du cœur très doux qu'elles dissimulaient. Il ne s'effrayait ni des profondeurs de son âme, ni de la tristesse, ni de l'inconstance du bonheur. La seule chose qu'il craignait, c'est que la peur, qui n'épargne personne au monde, pût le paralyser au moment où il aurait besoin de toutes ses forces. Il était un fonceur, ne regardant jamais derrière lui et ne scrutant l'avenir qu'en cas de nécessité.

Il avait déjà rencontré la mort, la dernière année de sa scolarité, au cours de la lutte clandestine contre les Anglais – plusieurs fois, en fait. Durant la guerre d'indépendance de 1948, deux de ses camarades de classe et le mari de sa sœur aînée étaient tombés, et lui-même avait été blessé à l'épaule. Mais il ne parlait que rarement de la guerre. Il l'avait fait uniquement quand Leah, la veille du mariage, debout devant la maison nouvellement acquise, s'était laissée aller à claironner :

– Même si nous avons quatre enfants et qu'ils restent tous habiter ici, elle sera assez grande pour nos petits-enfants.

Ari avait attendu un long moment avant de répondre :

– On ne dit pas des choses comme ça, ici, Leah. Ici, les gens âgés ne sont pas les seuls à mourir.

– Tu n'as donc pas confiance en Dieu ?

– En Dieu, peut-être. Mais pas dans les Arabes.

C'est seulement le lendemain de la noce que le grand-père de Leah lui remit le paquet des sœurs Goldstayn : la pendule au cadran orné de lis et aux hérauts jouant de la trompette, que le vieux Warani époussetait tous les matins à sept heures.

– C'est le cadeau de tante Bela, de Varsovie, se souvint Leah.

Elle ne réussit à sourire qu'un petit moment. Puis ses yeux se mouillèrent.

– Tante Bela a eu la grande chance, en 1939, de mourir dans son lit, intoxiquée par un poisson avarié. Ah, je n'ai pas oublié un seul mot. Et pendant tout ce temps, l'idée que Rifka et Rachel ne donnaient pas signe de vie m'a rongée. Je leur ai écrit le jour même où je t'ai écrit.

– Elles ont promis de rester à Thika jusqu'à mon retour, dit le vieux Rubinstein.

Leah lui fut reconnaissante de lui avoir fait comprendre, sans parler de mort, dans quel état était sa mère.

– Dis à Rachel et à Rifka qu'elles viennent rendre visite à leur pendule le plus tôt possible.

– Le plus tôt possible, c'est quelque chose qui n'existe plus à notre âge, Leah. La seule chose qu'on puisse dire, c'est : si possible.

La pendule fascinait Ari. Elle était suspendue dans le couloir, comme dans la maison Goldstayn, au-dessus d'une armoire basse et, dans ce cadre nouveau comme dans l'ancien de Nairobi, elle évoquait un monde depuis longtemps englouti. Le soir, un jeune soldat israélien en uniforme – qui se moquait de la ponctualité comme d'une qualité grand-paternelle et avec qui Leah, après une première expérience malheureuse, ne se donnait rendez-vous qu'à la maison – restait planté devant elle. Le jeune guerrier comptait les coups marquant les heures et découvrait des détails qui n'étaient jamais apparus à Leah. Bien qu'il ait eu des grands-parents originaires de Königsberg et que, jeune enfant encore, il ait admiré chez eux des tasses de collection dorées et une bergère en porcelaine en train de danser, il était coupé de la culture européenne. Il ne s'intéressait pas à la peinture et, le jour où Leah lui montra dans une histoire de l'art la *Création du monde* de Michel-Ange, il lui déclara qu'une fleur de cactus dans le Néguev lui procurait plus de joie qu'un tableau.

– Pour moi, seule la nature est la preuve que Dieu existe, ajouta-t-il.

Il trouvait les romans trop longs, les livres spécialisés lui rappelaient le professeur responsable de son abandon de l'université au bout de deux mois. Bien que plus musicien qu'il ne le croyait et bien qu'aimant chanter en société, il prétendait que la musique était la langue de la guerre.

– Ce n'est pas le grand silence qui a abattu les murs de Jéricho, ricanait-il.

C'est cette phrase qui, en sixième, lui avait valu de se mettre à dos le professeur de musique. Leah la cita dans l'une de ses lettres suivantes aux sœurs Goldstayn, ajoutant: «Pouvoir rire si souvent de mon mari est pour moi le meilleur des remèdes.» De son côté, Ari admirait la culture de Leah, sa connaissance de la Bible, son anglais impeccable et les comparaisons qu'elle trouvait pour, au cours d'une discussion, expliciter son point de vue sans avoir à élever la voix. Il vantait à ses amis l'intelligence et l'extraordinaire érudition de sa femme, mais il la contemplait d'un regard pensif et soucieux, quand, rentrant à la maison, il la trouvait en train de lire.

– Pourquoi ne vas-tu pas chez la voisine parler de vos maris et d'argent comme le font les autres femmes? voulait-il savoir. Ça doit être déprimant de ne jamais s'entourer que de morts!

Il avait de la peine à admettre qu'il puisse exister un autre monde que le sien. Après sa mort, sa mère raconta à Leah qu'à cinq ans il avait enterré dans un trou un livre illustré évoquant un lion doté de la parole et que ses reproches n'avaient provoqué chez lui que cette réponse dépourvue de tout sentiment de culpabilité, mais pleine de conviction : « Le livre était déjà mort quand tu me l'as donné. » Ari était le plus étonné de tous de constater qu'une pendule pouvait le préoccuper à l'égal d'un être vivant. Sa biographie l'envoûtait littéralement.

– Elle a plus voyagé à travers le monde que moi, expliqua-t-il à la petite Yael âgée de six mois qui, soulevée de terre par son père, avait essayé, curieuse, d'enlever sa trompette à l'un des hérauts.

Lesquels hérauts aux casques bleus accomplirent un petit miracle chez Ari. Même parvenue à l'âge où elle pouvait regarder en arrière sans que la douleur de sa jeunesse gâchée lui brûle le cœur, Leah, quand elle contemplait les gardiens de la pendule, se souvenait que son mari n'avait pas été simplement le réaliste qu'il prétendait être : un soir, tandis que la pendule sonnait les douze coups de minuit, il avait raconté à sa fille qui perçait ses dents, tout en lui massant les mâchoires douloureuses avec de l'huile de fenouil chaude, que les petits hommes l'avaient prié de s'occuper personnellement de remonter la pendule toutes les semaines. Quand il relevait les poids et remontait le ressort de la sonnerie sous l'œil de Leah, émue de le voir essuyer le boîtier à l'aide d'un chiffon moelleux avec autant de tendresse qu'une mère son bébé, il disait parfois :

– Je suis le maître du temps. Si je ne remontais pas la pendule, la vie s'arrêterait elle aussi.

Tout le monde ignorait que la tante Bela de Varsovie avait eu exactement la même pensée. Mais, très superstitieuse contrairement à Ari, ni la crainte de Dieu ni la raison n'avaient pu la détourner de l'idée qu'une pendule arrêtée annonçait la mort dans un foyer. Ari, lui, n'était pas accessible à pareil symbolisme venu d'un monde qui n'était pas seulement le monde ancien, mais aussi un monde mort. L'idée que le destin, dans son omniscience, pouvait tirer la langue à l'homme ne le préoccupait pas non plus. Quand, le dernier jour de sa courte vie, il quitta son foyer sans même penser à la pendule, son pied ne trembla pas.

Seul le silence de mort de la maison fit prendre conscience à Leah que la pendule ne sonnait plus, et cela trois jours après que son existence se fut écroulée. Elle s'aperçut alors que les deux aiguilles étaient arrêtées sur le chiffre douze. Des mois plus tard, elle se rappela que son mari ne l'avait pas prise dans ses bras en la quittant. Durant les dernières minutes qu'ils avaient partagées, elle n'avait ni lissé son col comme elle faisait tous les jours, ni déridé son front avec le doigt. Elle ne s'était même pas rapprochée suffisamment de son corps pour sentir sa peau. Elle n'avait pas non plus plongé ses yeux dans ceux qui, depuis la nuit de pleine lune de Deganya, lui avaient promis l'amour pour la vie.

Avec la joie de vivre et l'exubérance de ses deux ans et demi, Yael avait en effet lancé un ballon dans l'infini de l'univers et s'était cogné la tête contre un pied de table en lui courant après. Elle saignait du front. Elle se tenait la joue droite et réclamait d'être consolée en poussant des hurlements si horribles que ses parents étaient accourus comme s'il y avait le feu à la maison. C'est cet incident qui les avait privés de l'occasion de se dire au revoir. Ils s'étaient contentés de s'adresser un signe de la tête en levant la main comme le font les êtres qui ne doutent pas de se revoir le soir. Sa vie durant, Leah a essayé de se souvenir des derniers mots qu'ils avaient échangés, mais aucun ne lui est revenu.

Elle avait beau tenter de se remémorer les années où ils avaient connu la plénitude de leur passion, la vie refusait de se faire entendre. De la voix d'Ari, si forte et si imposante, il ne restait même pas un chuchotement. Plus tard, quand les blessures furent cicatrisées, elle réussit à sourire à l'idée qu'il avait de toute façon toujours été difficile de faire parler son mari. En revanche, elle put en permanence compter sur ses yeux pour faire revivre le passé. Sans qu'il y manque le plus petit détail, elle revoyait la dernière scène ayant précédé la tombée du rideau. Jamais Ari n'avait paru si grand à Leah, si vigoureux, si prêt à protéger les siens qu'en ce dernier matin. Mais elle, à qui on avait appris dès l'enfance que le Tout-Puissant sait ce qu'il fait, se demandait à présent, après la mort d'Ari, si elle devait commettre le péché de douter de Dieu ou si elle devait le remercier toute sa vie de lui avoir fait la grâce d'un tel bonheur, même brièvement.

Le matin du jour où cette question qui tourmente tous ceux qui croient en Dieu allait s'imposer définitivement à elle, Leah était restée près de la fenêtre, Yael dans les bras. Les larmes de l'enfant avaient séché comme avait séché le sang sur le front. La petite serrait contre elle son ballon rouge et suçait le caoutchouc à grand bruit. La mère et la fille avaient fait signe au mari et au père, mais il n'avait pas vu les mains levées : c'était cette déjà très vieille histoire, un chapitre de l'existence qui remonte à l'âge de pierre et qui n'a jamais été réécrit, même pas par celles qui, après avoir attendu en vain une réponse à leurs signaux, nouent leurs mains en poings vengeurs. Comme trois ans s'étaient écoulés depuis leur mariage, Leah n'avait pas été prise au dépourvu :

– Les hommes, expliqua-t-elle à sa petite fille, ne se retournent jamais.

– Non ! la défia Yael, en frappant des mains et en secouant la tête, car elle était à l'âge où le non plein d'épines est bien plus délicieux à prononcer que le tout lisse oui.

Leah avait ri la première, imitée par sa fille.

Ari Noam, le géant intrépide aux yeux bleus et impérieux, aux grands pieds et aux mains délicates, qui voulait planter dans son jardin un arbre pour chacun de ses enfants et à qui il ne fut pas donné d'en planter un deuxième, avait trente et un ans quand il mourut. Aucun journal ne rapporta la nouvelle de sa mort, la radio ne l'évoqua pas non plus. Seuls sa famille et quelques amis accompagnèrent son cercueil. Il n'avait pas encore de fils qui aurait pu réciter à son intention la prière des morts. Il fallut soutenir son cousin qu'il avait menacé de rosser à Deganya. L'air d'une enfant apeurée, sa veuve, dressée comme elle l'avait été dès l'âge de sept ans, dans un internat anglais, à garder contenance en toutes circonstances, ne pleura pas sur la tombe. Des semaines plus tard, des voisins, évoquant ses yeux secs, continuaient à l'appeler « l'Anglaise ». Mais sa belle-mère la prit dans ses bras et continua, elle, à l'appeler sa fille.

Les balles mortelles avaient frappé Ari près de la frontière, dans un kibboutz qu'il avait été chargé de surveiller, avec deux de ses camarades, après une attaque contre un camion qui s'était produite pendant la nuit. Quand on le retrouva, Ari était allongé dans l'herbe, à côté de lui le fusil dont il n'avait pas fait usage. La terre avait déjà bu son sang. Rien n'indiquait qu'il se fût défendu, ni même qu'il eût aperçu un ennemi. Ceux qui lui avaient ôté la vie avaient disparu sans laisser de trace. Personne dans le kibboutz, pas plus que l'un ou l'autre de ses camarades chargés comme lui de protéger la vie, n'avait entendu le moindre bruit.

– C'est une mort que ne méritait pas notre Ari, dit l'un des deux hommes qui, dans le petit jour, fixaient la pendule de tante Bela pour ne pas avoir à regarder Leah.

Leah reprit la formule quand elle écrivit aux sœurs Goldstayn. Rifka lui répondit par retour du courrier : « Crois-tu, demanda-t-elle en soulignant le verbe de deux traits, qu'il y a des gens qui méritent une mort particulière ? Leah, si tu ne prends pas maintenant la résolution de ne rien reprocher au Tout-Puissant, tu es perdue à jamais. »

Même dans ses moments les plus pénibles, Leah n'oublia pas de se montrer reconnaissante pour la grâce qui avait été faite à son grand-père de ne pas vivre la mort d'Ari. Elle n'avait jamais pu supporter de lui occasionner du chagrin. Mais, plongée comme elle l'était dans le désespoir le plus profond, aurait-elle résisté à la tentation d'être une enfant pour la dernière fois et de se réfugier dans ses bras ? Même si, des années plus tard, certains louaient encore le courage dont Leah avait fait preuve pour, jeune veuve, se soumettre à son destin sans se plaindre, elle savait parfaitement combien, immédiatement après la mort d'Ari, elle avait aspiré à la paix de la ferme de Thika.

Certes, on voyait déjà se dessiner à l'horizon les premiers signes de l'indépendance du Kenya qui n'allait pas tarder à secouer la tutelle britannique, et de premiers Européens, craignant pour leurs biens et leur vie, quittaient la colonie, mais Leah ressentait pour le pays de sa jeunesse un attachement dont elle n'avait pas eu conscience du vivant d'Ari. Elle n'arrivait pas à savoir si elle aspirait à la présence de Rifka et Rachel, à leur amour, leur sagesse et leur humour, ou bien si elle en voulait au pays qui lui avait ravi son mari. Dans son amertume, elle oubliait comment et pourquoi elle était partie pour Israël à dix-huit ans. Chose nouvelle depuis son mariage, elle avait repris une correspondance régulière avec sa famille de New York et d'Angleterre. Le recul transfigurait les jours qu'elle y avait passés avec son grand-père, en route pour Israël. Une grand-tante de Bournemouth lui ayant écrit : « Pourquoi ne viens-tu pas passer quelque temps ici avec ton enfant ? C'est ce qu'a toujours désiré ton défunt grand-père », elle s'imagina longtemps en train de creuser avec Yael le sable de Bournemouth et d'y prendre plus de plaisir qu'à rester assise sur la plage de Tel-Aviv, et elle en eut honte. Elle ne parlait plus qu'anglais avec sa fille, ce qui la troublait parce qu'elle le ressentait comme une trahison envers Ari, mais la fuite dans sa langue natale lui apportait à la fois délivrance et consolation.

Dans ses lettres aux deux sœurs, Leah n'évoquait ni ce genre de considérations ni ses doutes. Elle bavardait, parlant de Yael, du jardin et de la pelouse qui avait soif des pluies diluviennes de Nairobi. Elle écrivait qu'elle avait voulu s'acheter un corsage, mais sans en trouver à sa convenance, et que l'arbre d'Ari allait bientôt dispenser un peu d'ombre. Ce fut justement cette insignifiance des lettres de Leah qui ouvrit les yeux des sœurs Goldstayn.

– Elle va tomber malade, dit Rachel.

– Elle est malade, renchérit Rifka.

Ces femmes dont une lubie du destin avait fait des veuves à l'âge de Leah – et dans un pays totalement étranger de surcroît – passèrent de nombreux jours et de plus nombreuses nuits encore à se faire du souci pour celle qu'elles considéraient comme leur fille. Elles commencèrent à s'interroger mutuellement et – d'un œil plus critique encore – à interroger leur miroir, se demandant si elles avaient assez de santé pour partir en voyage ; elles se préoccupaient de leur estomac, de leurs jambes et de leurs oreilles, réfléchissaient pour décider si elles emporteraient une ou deux valises et si elles attendraient ou non d'être arrivées à Tel-Aviv pour confectionner le gâteau au miel que Leah aimait tant.

Quand elles abordèrent cette question du gâteau et qu'elles commencèrent à se disputer, avec l'entrain de leur jeunesse passée, à propos de deux sortes de gâteau, y mettant autant de sérieux que si elles débattaient de conceptions philosophiques ou de problèmes hypothéquant l'avenir, elles prirent conscience que, si Dieu le voulait, elles ne tarderaient pas à tenir Leah entre leurs bras. Elles ne doutaient certes pas vraiment de la faveur du ciel, mais ce ne fut toutefois pas sans une certaine crainte qu'elles décidèrent de partir : il leur fallut s'encourager l'une l'autre, se taper dans le dos et se remettre en mémoire que la Sarah de la Bible avait accompli bien d'autres exploits que de monter dans un avion.

Quatre semaines seulement les séparaient de leur soixante-dixième anniversaire. Depuis le temps lointain où le bateau les amenant d'Europe avait accosté à Mombasa – « et nous étions encore mariées et pouvions bénéficier de l'aide de deux hommes », ne manquait jamais de rappeler Rachel –, elles n'étaient pas allées plus loin qu'à Thika, à la ferme du vieux Rubinstein. Elles avaient néanmoins conservé les valises en fibre de verre jadis achetées à Varsovie en vue de l'émigration. Rifka lut avec émotion les inscriptions portées à la main sur les étiquettes, mais elle ne reconnut pas l'écriture de son mari.

– Mombasa ne prend tout de même pas un « h » à la fin, dit-elle en riant. On ne savait donc rien à cette époque ?

– Si. Mais c'était faux !

Une des valises contenait deux chapeaux blancs, jamais portés, un peu jaunis et ornés de plumes vertes, et, quand elles les déposèrent sur la pelouse pour qu'ils s'aèrent, tout le personnel de la maison accourut, n'en croyant pas ses yeux. Ce qui n'empêcha pas Rifka de constater aussitôt qu'ils étaient faits « d'un tissu qu'on ne trouvera jamais dans ce pays ». Le temps manqua pour l'achat des chaussures, emplette qui, ordinairement, accompagnait obligatoirement les sommets de l'existence.

– Notre mère s'arracherait les yeux si elle apprenait que nous foulons la terre de nos pères avec des talons de travers, se lamenta Rachel à l'aéroport de Nairobi.

– Crois-tu que nos frères et nos sœurs pouvaient acheter dans le désert toutes les chaussures qu'il leur fallait ? souffla Rifka en retour, hors d'haleine.

L'hôtesse de l'air – qui avait rêvé pendant toute son enfance d'avoir une jumelle – combla les vieilles dames de toutes sortes de préventions et d'attentions, et, les joyeuses têtes chenues refusant de savourer une nouvelle fois les spécialités les plus choisies de la cuisine de bord, elle leur fit cadeau d'un flacon de parfum français de la collection hors taxe de la compagnie. Plus tard, Leah se creuserait en vain la cervelle, des jours entiers, se demandant quelle mouche avait piqué les deux sœurs pour qu'elles aient eu l'idée de lui acheter un parfum s'appelant *Temptation*. Ne se fiant pas à l'hôtesse qui leur assura qu'il n'y avait « très certainement » que des concombres sur les tartines aux concombres, elles mangèrent les sandwiches qu'elles avaient apportés, garnis d'œufs durs et de salade verte provenant de leur propre jardin, mais, pour bien montrer à leur nouvelle amie que leur défiance ne concernait pas la compagnie aérienne, elles burent un jus de tomate. Après la première gorgée, elles s'enhardirent et se laissèrent convaincre par la jeune femme qui leur plaisait énormément de goûter à la sauce Worcester ; elles tombèrent d'accord pour déclarer qu'elle avait meilleur goût qu'elle n'en avait l'air. Elles prirent toutes les deux un porto avec leur café, puis ne résistèrent pas à la tentation d'en boire un second. Elles ne purent ensuite s'arrêter de pouffer, parce qu'elles n'avaient pas envisagé que, dans un avion, le monde tournait sur son propre axe. Elles remercièrent Dieu de ses bontés et s'assoupirent. Elles se réveillèrent juste avant l'atterrissage à Lod, jurant l'une et l'autre qu'elles n'avaient pas fermé l'œil.

– Quelqu'un vient-il vous attendre ? demanda l'hôtesse avec sollicitude. Vous n'allez certainement pas réussir à vous faire comprendre.

– Notre fille sera là, répondirent-elles en chœur. Ne vous faites pas de souci. Nous sommes ici chez nous.

– Mais seulement depuis cinq mille ans, plaisanta Rifka.

Quand, dans le hall de l'aéroport, le panneau lumineux annonça l'atterrissage de l'avion, Leah sentit chacun des muscles de son corps se tendre. Une brûlure dans les yeux lui apprit que les grandes joies et les grandes douleurs parlaient la même langue. Elle se demanda avec inquiétude comment allait réagir Yael, qui piaffait d'impatience à côté d'elle et mâchouillait une de ses boucles, ce qui, chez elle, était toujours l'indice qu'elle s'ennuyait. Yael était la fille de son père toute crachée, intrépide et directe, et, dans les moments les moins opportuns, trop intrépide et trop directe. Elle en était au stade où la politesse n'était pas son fort. Faisant une exception en faveur de la mère d'Ari et de la tante Rina qui, pour qu'elle supporte leurs cajoleries, la corrompaient à grand renfort de cadeaux et d'incroyables flatteries, elle n'aimait pas que les personnes âgées la prennent dans leurs bras. Généralement, elle refusait même de leur donner la main. Elle n'avait encore rencontré dans aucune langue – sa mère en était absolument certaine – le mot « égard ».

– Rifka te plaira, l'encouragea Leah.

– Et Rachel, interrogea l'enfant au visage d'ange, elle ne me plaira pas, elle ? Pourquoi ?

Ce fut le dernier dialogue d'une pièce éreintante qu'elles répétaient depuis une semaine. Leah n'eut pas le temps de profiter de l'occasion d'enchaîner offerte par sa fille, car, subitement, celle-ci partit à toute allure, droit devant elle, en criant. Sa voix recouvrait les bruits de fond de l'aéroport. Toujours hurlant, Yael força le passage à travers une foule de gens attendant des proches, franchissant des amoncellements de valises. Écartant des enfants, trébuchant sur un bébé dans sa voiture, elle boxa même un homme qui la gronda en deux langues, la menaçant de son poing énorme.

Comme si elle n'avait attendu que cet instant pendant sa courte vie, Yael se précipita sur Rachel et Rifka, saisit leurs deux corps et les pressa l'un contre l'autre, puis, avec le soupir d'aise du vainqueur, se faufila sous le baldaquin formé par tous ces bras tendus au-dessus d'elle.

– Je parle très beaucoup l'anglais, dit-elle avec le sourire ensorcelant que seuls savent arborer les angelots des jardins baroques.

Leah ne put en saisir plus. Au moment où elle comprit définitivement qu'elle aimait Rachel et Rifka plus qu'elle n'avait jamais aimé sa propre mère, elle n'entendit que les battements de son cœur.

– Comment as-tu fait pour nous reconnaître ? demanda Rachel le soir.

– Les plumes vertes sur les chapeaux, dit Yael en riant, tandis qu'elle pressait sa tête contre la poitrine la plus douce qu'elle ait jamais rencontrée dans sa courte vie. Ima dit que tous les Massaï ont des plumes sur la tête et de beaux yeux.

Dès le premier jour, le coup de foudre de Yael se mua en une passion qui ne resta pas sans conséquences. Elle s'aperçut qu'avec Rifka et Rachel elle avait reçu le renfort de deux alliées dans sa lutte contre une mère qui, trop souvent, se laissait fâcheusement guider par les idéaux pédagogiques de l'éducation britannique en internat. Contrairement aux pratiques habituelles du pays, elle s'obstinait à enlever des mains de son enfant sans défense un troisième morceau de gâteau et à l'envoyer au lit à des heures bien précises.

– Laisse-la donc manger du gâteau jusqu'à ce qu'elle ait mal au cœur, proposa Rifka qui conquit par-là à jamais les faveurs de Yael. Comment, sinon, pourrait-elle apprendre que l'homme est responsable de son ventre ?

Yael, dans sa prière du soir, se mit à demander à Dieu d'accorder sa bénédiction aux Massaï. Elle la récitait sur les genoux de Rachel et s'endormait sur ceux de Rifka. Elle ne se réveillait pas avant que la lumière n'ait annoncé le jour nouveau. Elle entendait sa mère rire comme elle ne l'avait plus fait depuis la mort de son père. Un jour, encore tout endormie, elle ne reconnut pourtant pas la voix familière. Cette voix inconnue résonnait dans ses oreilles comme gronde le tonnerre. Pour la première fois, l'orpheline de quatre ans put vérifier combien faire semblant de dormir dans des situations imprévisibles était utile.

– Ne recommencez donc pas vos histoires, était en train de dire sa mère, rien de tout cela n'est nouveau. C'est d'ailleurs ainsi que tout a débuté. Vous me cherchez un mari et je dis « Non ! ». Seulement, cette fois, je n'ai plus d'endroit où émigrer. Le cercle s'est refermé. Yael est de ce pays. Je dois ça à Ari.

– Mon enfant, ne regrettes-tu pas de t'être liée si tôt ?

– Non. Ari, Yael et moi : jamais je ne connaîtrai quelque chose de plus beau. Mon seul regret, c'est qu'ici, dans ce pays où j'ai voulu venir, je me sens souvent un peu étrangère. Mais j'aurais beau me creuser la tête une journée entière, sans rien faire d'autre, cherchant où j'aimerais aller vivre, il ne m'en viendrait aucun autre à l'esprit.

– Ne sais-tu donc pas, répondit Rifka en souriant, que, chez les Juifs, cela suffit largement à définir ce qu'est une patrie ?

10

La vie recouvrée

Londres, 1951-1952

Il tenait le sucrier ouvert au-dessus de sa tasse et Liesel lui fit oui de la tête. Une avalanche de larmes et un vent de mars inhabituellement violent lui avaient lavé les yeux, à présent clairs comme une nuit étoilée. Une lumière jaune se reflétait sur le sucrier.

– De l'eau aussi ? demanda-t-il.

Comme il avait déjà dans la main le petit pot en argent, elle n'eut pas le cœur de lui avouer qu'elle n'avait jamais réussi à devenir anglaise au point de diluer avec de l'eau bouillante un thé infusé avec soin. Elle repensa au bel hôtel de Mombasa où sa mère, au lieu de contempler l'océan Indien, avait observé une dame âgée tenant une petite théière. Liesel entendit sa mère :

– Les Anglais considèrent l'eau comme un remède universel. Nous, à la maison, nous avons toujours appris que l'eau servait à se laver.

Elle s'étonna qu'à l'époque elle n'ait pas remarqué que sa mère, quand elle avait dit « à la maison », ne songeait certainement pas à Londiani.

– C'est très gentil à vous, balbutia-t-elle avec embarras quand il remplit sa tasse.

À voir l'adresse avec laquelle il tenait le pot et versait l'eau sans faire tomber une seule goutte, elle crut comprendre qu'il vivait seul. Elle eut l'impression d'avoir cinq ans et d'avoir regardé par le trou de la serrure de la chambre à coucher de ses parents, mais elle se sentit néanmoins heureuse.

– Le thé est délicieux, dit-elle.
– Presque aussi bon que du whisky.
– Vous aimez le whisky ?
– Absolument pas, répondit-il. Je m'exerce encore.

Il leur fallut attendre de se connaître depuis huit jours – et ils se connaissaient alors déjà mieux que bien des couples au bout de huit ans de mariage – pour s'avouer l'un à l'autre que leurs langues avaient le désagréable penchant à se réclamer de racines que les enfants d'émigrés ont en général tendance à ressentir comme un encombrant poids mort. Tous deux préféraient de loin le café au thé, et le gingembre les laissait froids. Pourtant, ils continuèrent à commander du thé et des gâteaux au gingembre quand le besoin les prenait de renouer avec les débuts de leur liaison. Si possible dans l'un des salons de thé alors en vogue à Londres, les salons de la maison « Lyon's ».

C'est là que, dans les années de disette de l'après-guerre, se nouèrent en Angleterre de nombreuses histoires d'amour. On y était douillettement assis, au calme et à l'abri des courants d'air qui, sur l'île tout entière, dopaient les ventes d'écharpes de laine et de médicaments contre les rhumes. Dans les établissements « Lyon's », les clients se rassasiaient à des prix plus modérés que partout ailleurs, et, de l'avis des connaisseurs, le thé avait exactement le même goût que celui dont on avait gardé la mémoire depuis l'avant-guerre. Maintenant que le coût de la vie obligeait à des calculs très serrés, il y avait une autre bonne raison de fréquenter les établissements « Lyon's » : on n'y payait que la première tasse de thé ! Les autres étaient servies sans qu'il fût nécessaire de le réclamer – en règle générale par des dames d'un certain âge, aux cheveux argentés, aux joues rebondies et aux petits yeux. Beaucoup de ces femmes avaient tendance à un certain embonpoint ; elles portaient des pull-overs tricotés main avec de la laine de couleur pastel et – ce qui plaisait aux clients, quel que fût leur âge – ressemblaient à la grand-mère de tout un chacun. Bien qu'il n'y ait pas encore eu, à l'époque, d'enquêtes sociologiques en ce domaine, la plupart d'entre elles paraissaient de meilleure humeur que la moyenne de la population. Certes, ces serveuses altruistes nourrissaient une méfiance typiquement nationale envers les gens et les choses dont on ne pouvait affirmer, au premier coup d'œil, qu'ils étaient d'origine britannique, mais cela ne les empêchait pas de servir correctement des clients qu'il était pourtant difficile de comprendre quand ils parlaient. Ces bonnes fées armées d'un pot gratifiaient même d'un soupçon d'amabilité les personnes dont elles voyaient de loin qu'elles ne se faisaient verser des tasses de thé supplémentaires que pour ne pas avoir à abandonner leur place.

Ce n'était pas pour de prosaïques considérations pécuniaires qu'Emil Prohaska, assis avec Liesel au comptoir du « Lyon's Tearoom » d'Hampstead, s'était décidé pour ce lieu hospitalier. Bien qu'âgé de vingt-trois ans à peine, il était déjà l'assistant du fils du patron dans une entreprise de textile qui, contrairement à beaucoup d'autres, était florissante. Il gagnait étonnamment bien sa vie pour son âge et – chose étonnante de la part d'un jeune homme n'ayant pas encore de famille à sa charge – il dépensait peu. Le jeune cavalier qui avait recueilli sur un banc une Liesel en larmes et lui avait donné son écharpe jaune n'en était donc pas réduit à la tasse de thé gratuite du « Lyon's ». Il était à vrai dire, ce dont il s'apercevait souvent et ce qui le dérangeait beaucoup, un peu sentimental. Il se laissait également plus facilement attendrir et s'abandonnait plus souvent à la méditation que ses compagnons du même âge qui ne ressentaient pas du tout comme quelque chose de remarquable et encore moins comme une bénédiction d'avoir un père et une mère. Tout cela représentait à ses yeux des motifs – bien que difficiles à concevoir et fort peu logiques – d'être client chez « Lyon's ».

Emil Prohaska, dispensé dès l'enfance du fardeau que représentait l'obligation de porter un nom allemand, avait de surcroît été autorisé à s'appeler Eric Procter avant même d'être officiellement naturalisé. Ce qui le rendait aussi évidemment britannique que tout individu se prénommant Tom, Dick ou Harry, alors qu'il était originaire de Vienne. Souvenir indélébile ! Bien qu'incapable de retrouver des images de la ville, en dehors de celle du train qui l'emportait à tout jamais, il ne cessait de tomber sur des traces qui le ramenaient à ses racines. C'est ainsi qu'il avait récemment appris, dans un livre, l'histoire de la culture des cafés typiquement viennois. Il ne pouvait, bien entendu, s'imaginer ni un café viennois, ni la culture de ses serveurs et de ses clients, mais cette description eut pour résultat de lui faire espérer qu'il pourrait peut-être, en s'asseyant dans un salon « Lyon's », revoir en pensée ses parents. Il n'avait jamais vu de photo d'eux ; il avait oublié jusqu'à la couleur des cheveux et jusqu'aux yeux de sa mère. Le paisible et réfléchi Eric Procter n'aurait certes pu expliquer à personne, et encore moins à lui-même, pourquoi Emil Prohaska éprouvait le besoin de se plonger dans un monde auquel il avait échappé à la toute dernière extrémité. Et pourtant, après un moment passé dans un « Lyon's », il se sentait chaque fois habité par le sentiment d'avoir bien agi et d'être sur la bonne voie.

Emil était âgé de dix ans – il y avait donc de cela plus d'une moitié de sa courte existence – quand, en culottes courtes, une valise grise à la main, envahi d'une épouvante telle que, des dizaines d'années plus tard, il avait encore honte de sa peur, il avait pris congé de l'ancien grossiste en textiles, Oskar Prohaska. La scène avait eu pour cadre la « Westbahnhof » de Vienne, à sept heures du matin. Therese Prohaska, la mère d'Emil, n'avait pu venir à la gare. L'autorisation avait été accordée à un seul « accompagnateur », et son mari et elle étaient tombés d'accord pour estimer que les larmes d'une mère n'auraient pas été une bonne chose pour un garçonnet de dix ans partant pour l'inconnu.

Chez eux, on avait remis aux enfants du convoi un paquet contenant des tartines beurrées et on leur avait dispensé des recommandations destinées à leur être utiles pour le reste de leur existence. À la gare, une femme, les yeux gonflés par les larmes, leur avait accroché autour du cou un petit écriteau portant un numéro et leur avait conseillé de ne pas trop se pencher par la fenêtre quand le train s'ébranlerait. Emil avait toujours l'impression que son père – dans un long manteau noir descendant jusqu'au sol, avec un col de fourrure – lui avait d'abord crié à haute voix « Au revoir ! », avant d'ajouter tout bas « Adieu ! », mais il n'en était pas tout à fait certain. Entre les tranches d'un petit pain fourré au pâté de foie – ce fut le dernier qu'il mangea avant de longues années – il trouva un mot minuscule, de la main de sa mère : « Prie chaque soir pour que nous nous revoyions, mon enfant. » À l'exception de ce billet qu'il distinguait très nettement quand il fermait les yeux, les souvenirs d'Emil Prohaska étaient aussi brumeux que l'avait été ce jour de décembre de l'année 1938. Mais, au fil des ans, il avait mis au point des techniques lui permettant de ne s'aventurer dans les brumes où son père avait disparu pour toujours que s'il était dans des dispositions favorables.

Il fut très étonné, treize ans plus tard, d'avoir révélé son nom, un nom refoulé et destiné à l'oubli, à une jolie jeune fille, dix minutes à peine après avoir fait sa connaissance, et de s'être ainsi livré sans réserve à son passé, comme sous l'effet d'une contrainte policière. Ce qui l'intrigua plus encore, c'est que ce comportement, inhabituel chez lui, ne le dérangeait pas. Son corps fut le premier à s'embraser, la tête suivit.

– Liesel, dit-il, encore stupéfait du cours inattendu qu'avaient pris les choses dans la dernière demi-heure, est un joli nom.

– Mais uniquement pour ceux qui n'ont pas de peine à le prononcer.

– Bravo ! Voilà, me semble-t-il, une longue histoire. Mais racontée de manière merveilleusement ramassée. Cela nous valait à l'école de chaleureuses félicitations.

– À nous aussi.

– Tu es tout le temps comme ça ?

– Jamais ! Uniquement avec des personnes qui s'appellent Emil.

– Chapeau ! Tu sais aussi flirter, applaudit-il. Alors qu'il n'y a pas dix minutes j'aurais parié ma tête que c'était un verbe que tu ne savais même pas épeler.

– Je crois, répondit Liesel en se demandant si elle ne s'était pas sous-estimée, qu'épeler ne suffit pas. Pour flirter, on a besoin d'imagination. Et les annotations portées sur mes rédactions, à l'école, soulignaient toujours que j'en manquais. Je m'en suis toujours mieux sortie en disant la vérité.

En même temps qu'elle parlait, ses pensées la portèrent vers Regina qui savait évoquer la ferme d'Ol'Joro Orok avec une vraie profusion de couleurs et de détails et dont elle avait toujours envié l'imagination. Un instant, le souvenir de Regina ramena Liesel à Nakuru. Elle se revit, assise sous l'eucalyptus, en train de sucer les baies rouges du poivrier qui poussait à l'abri de son ombre. Sa langue ayant retrouvé la douce saveur de jadis, elle sourit. Un miroir rond, entouré d'un cadre en bois marron foncé, était accroché au mur du salon de thé. Liesel y aperçut son visage et rougit.

– Tu sais faire mieux qu'épeler, confirma Emil.

– Je sais aussi compter.

Ils étaient assis au comptoir rembourré de cuir rouge, en forme de fer à cheval. Chacun d'eux avait déjà bu trois tasses de thé, et elle lui racontait combien sa mère aimait le café, accompagnant chaque tasse de l'éternel commentaire :

– Les Anglais considèrent le thé comme une boisson.

– Je peux m'imaginer, répondit-il, que ma mère aurait pu elle aussi prononcer ce genre de phrase.

Compte tenu de la précocité de ses talents de mathématicienne et de la fierté que lui inspiraient ses dispositions pour la logique, toutes choses qui l'avaient amenée à développer ses aptitudes dans une direction exclusive, Liesel n'était guère ouverte aux possibilités qu'offre une langue pour, d'un seul mot, rendre la vie transparente. Elle n'eut pourtant pas besoin de réfléchir plus d'une fraction de seconde pour comprendre ce que signifiait ce conditionnel dans la biographie d'un homme portant un trench-coat et une cravate rayée, parlant le pur anglais d'Oxford et s'appelant néanmoins Emil.

– Je suis désolée, murmura-t-elle. Mon père n'est plus en vie, lui non plus. Nous n'étions au Kenya que depuis six ans quand il est mort. Je crois qu'il ne se plaisait guère en Afrique. J'ai parfois l'impression de ne pas l'avoir connu du tout. Ça m'attriste. Il est enterré à Nakuru, là où je suis allée à l'école.

– Mes parents n'ont pas eu la possibilité d'émigrer. Je n'ai pas pu faire leur connaissance, mais, entre-temps, je m'y suis habitué. Ils ne sont enterrés nulle part.

Ils baissèrent tous les deux la tête. Mais, réussissant ensuite à se regarder sans crainte, ils échangèrent le plus important de tous les messages. Un message que seuls ceux qui comprennent qu'en amour le silence pèse autant que la parole sont en mesure de déchiffrer.

– Faim ? demanda-t-il après avoir laissé passer le temps du silence.

– Maintenant oui, reconnut Liesel. Jamais je ne l'aurais cru, après m'être aussi terriblement énervée sur le dos de cette espèce de tordue, à l'université : j'étais tout à fait certaine de ne plus pouvoir avaler le moindre morceau.

– C'est drôle que l'homme puisse se le figurer si souvent sans s'apercevoir qu'il n'a absolument pas assez de caractère pour se laisser mourir de faim.

Sans la consulter, il commanda deux sandwiches, l'un à l'œuf, l'autre au roast-beef. Liesel n'ayant pas protesté, il parut soulagé. Elle fit un signe de la tête pour lui montrer qu'elle avait vu clair dans son jeu.

– C'était effectivement un test, dit-il. Je voulais voir si tu vivais casher.

– Très astucieux ! Pourquoi ?

– Je fuis les femmes qui vivent casher. Ce serait pour moi trop compliqué de vivre avec une femme qui considère un sandwich au jambon comme un péché.

– J'ai une aversion envers la viande de porc et le bacon, avoua-t-elle.

– Dieu soit loué ! Le bacon a été l'horreur de mon enfance.

– On pourrait croire que nous avons été dans la même école.

– Nous l'avons effectivement été, constata Emil. Si on ne limite pas le terme d'école à l'apprentissage de la lecture et de l'écriture.

Ils dévorèrent même les feuilles de salade et la tige de céleri, puis, leurs sandwiches achevés, ils mangèrent un pudding à la gélatine accompagné d'une crème à la vanille et de gaufrettes au citron. De bonne grâce, ils laissaient se produire ce qu'ils pensaient n'être qu'un hasard. Dans un petit vase blanc, un bouquet de violettes donnait comme un avant-goût de printemps, une lumière bleue se reflétant dans un cendrier en verre. Un lundi, à midi, il n'y avait pas encore d'homme d'affaires en train de déjeuner au « Lyon's ». Les yeux las, trois femmes surveillaient leurs sacs à provisions pleins à craquer. Elles avaient barbouillé leurs joues de trop de rouge, ce qui leur donnait l'air d'avoir de la fièvre. Deux d'entre elles regardaient le jeune couple et établissaient des bilans comme seules les femmes en sont capables. On pouvait lire dans leurs regards la nostalgie avec laquelle elles se souvenaient des jours où leur valeur n'était pas appréciée en fonction de la qualité du pâté confectionné pour le dîner.

– Quelle belle journée aujourd'hui, se réjouit la serveuse. Il fait déjà un véritable soleil de printemps.

– Magnifique, confirma Emil, en se penchant vers Liesel. Le soleil brille depuis trois minutes exactement. Pour trouver belle une journée comme aujourd'hui, il faut vraisemblablement être arrivé dans ce pays en même temps que Guillaume le Conquérant.

Il parlait l'allemand avec un accent anglais. Des connaisseurs auraient néanmoins aussitôt décelé qu'il avait toujours une légère intonation viennoise. Il ne savait par ailleurs dire « Guillaume le Conquérant » qu'en anglais.

– J'ai entendu dire que cela avait une certaine signification quand deux personnes riaient au même moment, dit Liesel, mais je ne me rappelle plus laquelle.

– Il ne faut pas rougir quand on raconte des bobards ! Peut-être peut-on en tirer la simple conclusion que les personnes en question ne sont pas en train de se disputer.

Liesel n'avait pas que les joues rouges. Ses yeux étaient aussi plus sombres qu'un peu plus tôt, dans la grisaille de mars, sur le banc à côté des enfants jouant au football. Déjà, la solitude qui la paralysait depuis son arrivée à Londres avait cessé de lui paraître réelle. Elle chercha pourquoi elle avait eu plaisir à entendre Emil parler allemand, plaisir aussi à se retirer dans un monde où personne d'autre qu'elle n'avait accès, mais elle ne trouva pas d'explication.

– Ma mère parle un anglais épouvantable, dit-elle alors en désespoir de cause. Autrefois, ça me rendait folle et, maintenant, je ne comprends plus le pourquoi d'une telle réaction.

Effrayée d'avoir de nouveau abordé un sujet intime, elle voulut s'excuser, mais il lui prit la main. Tous deux crurent que le bien-être qu'ils en éprouvèrent provenait de la chaleur procurée par ce contact. La voix de Liesel avait une gravité qui plaisait à Emil et ses yeux l'émouvaient. Comme elle ne retira pas sa main, il sentit ce qui allait se passer ; il vit qu'elle aussi savait. Un instant, il se demanda si elle attendait vraiment, dès ce premier jour, que se produise une rupture dans sa vie. Une autre question le préoccupa un peu plus longtemps : avait-il réellement besoin de rouvrir des blessures et d'arracher les rideaux derrière lesquels il se protégeait ? Quand il desserra sa cravate et ouvrit le bouton de son col, il se rendit compte qu'il avait déjà commencé à entrebâiller des portes qu'il croyait hermétiquement closes. Il se demanda combien de temps il lui faudrait encore pour décourager par son silence une jeune fille sans malice pleurant toutes les larmes de son corps dans le mouchoir d'un inconnu.

– Emil ou Eric ? interrogea-t-elle.

– Emil, répondit-il avec soulagement. C'est d'ailleurs comme ça que les choses ont commencé entre nous.

– J'aimerais en savoir davantage sur ton compte. Tu vois, j'ai promis à ma mère de ne pas me laisser aborder par des messieurs que je ne connaîtrais pas.

– Elle a raison. C'est aussi ce que je recommanderais à ma fille. Mais les *ladies* d'abord. En outre, c'est toi la plus jeune. D'un simple point de vue mathématique, tu devrais avoir moins à raconter que moi.

Effectivement, Liesel réussit à glisser entre deux tasses de thé l'histoire de sa famille, depuis la boulangerie de Cham jusqu'à la ferme de Londiani, mais dans un premier temps, elle passa sous silence l'assaut donné à la maison de ses parents par les hordes nazies et elle ne souligna pas plus que nécessaire son aversion contre tout ce qui lui rappelait l'Allemagne. Elle lui décrivit avec plus de détails ses ambitions scolaires et son désir torturant d'être acceptée par ses camarades britanniques, avant d'avoir fini par s'apercevoir que cette reconnaissance ne lui serait jamais accordée. Pour évoquer ses logeurs de Londres, la si désagréable famille Stern, six courtes phrases lui suffirent, accompagnées de deux hochements de tête.

Liesel aurait certainement consacré moins de temps encore aux Stern, et vraisemblablement aussi à son propre passé, si Emil ne s'était montré un auditeur aussi attentif. Ni un bébé qui s'était mis à hurler, ni un policier qui, à l'évidence, recherchait quelqu'un, ni le fait que la serveuse mettait de moins en moins de bonne volonté à leur servir du thé, rien ne le déconcentra. Il se préoccupait avec curiosité de détails que Liesel pensait n'avoir fait qu'évoquer en passant dans la conversation. De temps à autre, il commentait des événements qui lui étaient jusque-là apparus insignifiants. Le vif intérêt manifesté par un jeune homme entendant parler de gens qu'il ne connaissait pas et qu'il ne connaîtrait jamais l'impressionnait beaucoup ; elle aurait aimé le lui dire, mais elle ne savait comment exprimer son admiration sans les tournures habituelles aux flatteurs superficiels.

– Continuez, miss Freund, insistait-il quand il la voyait hésiter.

– Réellement ? Tout cela n'est-il pas passablement ennuyeux ?

– Tu auras de la peine à m'ennuyer. Je suis curieux de naissance. Je crois que c'est pour cette raison qu'on ne m'invitera jamais à Buckingham Palace.

– De toute façon, j'en ai bientôt fini.

– Personne n'en a jamais fini avec sa vie. On ne te l'a pas appris en Afrique ?

– En Afrique, il était rare que nous parlions des gens. Les poules et les vaches avaient plus d'importance. Tu n'as certainement aucune idée du nombre de problèmes que posent cinq cents poules. Et les vaches sont bien plus souvent malades que les petites filles. Sans parler des autos et des tracteurs.

Elle avait sept ans quand elle avait dû fuir l'Allemagne, trop jeune pour comprendre ce qui venait de lui être ravi. C'est seulement sous le soleil apaisant de l'Afrique et très progressivement qu'elle avait appris ce qu'avait signifié, pour les Juifs, de n'avoir pu échapper à temps à leur patrie allemande. Mais la famille Freund voulait oublier, surtout refouler l'humiliation subie pendant le pogrome nocturne de 1938 et l'épouvante qu'elle avait éprouvée. Il ne fallait pas que l'horreur de cette terrible nuit vienne encore détruire l'existence au Kenya. La plupart des familles juives du pays partageaient cette manière de voir les choses. Les rescapés étaient obsédés par l'idée de protéger leurs enfants. On ne racontait à ces derniers pas davantage qu'il n'était nécessaire. Bien peu étaient capables d'épeler l'alphabet de la mort. Pour les enfants que leurs parents avaient rendus sourds, Auschwitz n'était même pas un mot.

Avant qu'on ait considéré Liesel comme une adulte, les conversations sur les camps de concentration cessaient dès qu'elle entrait dans la pièce. Elle n'avait jamais entendu parler d'enfants juifs qui avaient survécu en ayant perdu tout souvenir de leurs parents et pour qui les grands-parents, les oncles, les tantes et les cousins n'avaient ni visage ni nom. Élevée au sein d'un clan familial, Liesel avait été tenue à l'écart de la réalité, dans l'attente du moment où elle aurait l'âge de la découvrir par ses propres moyens. Pourtant, ce moment venu, même en supposant qu'elle ait eu l'imagination suffisante pour deviner les hasards auxquels les rescapés devaient d'avoir eu la vie sauve, elle n'aurait pu se représenter l'existence passée du jeune homme avec lequel elle venait de partager la dernière tige de céleri. Épuisée par son long récit qui lui semblait toujours aussi déplacé et importun, elle se mit à jouer avec l'écharpe jaune qu'Emil lui avait donnée sur le banc. Il lui écarta les mains avec délicatesse, lui posa l'écharpe autour du cou avec mille précautions et la noua avec adresse.

– On dirait un lapin, dit-il avec un sourire ironique, un lapin tout ce qu'il y a de mignon. Alice au pays des merveilles n'en reviendrait pas.

– N'essaie pas de jouer au plus fin, le prévint-elle. C'est maintenant ton tour. On s'était mis d'accord.

– Tu as le temps jusqu'à l'année prochaine ?

– J'ai tout le temps du monde.

C'est effectivement le temps qu'il lui fallut pour parler de son enfance et de sa jeunesse. L'effort qu'il devait fournir pour vaincre ses inhibitions et se retrouver en pensée sur le quai d'une gare de Vienne, par un jour d'hiver glacial, réclamait de lui un courage qu'il n'avait encore jamais eu. Tout en parlant, il ne cessait de chercher chez Liesel des signes de lassitude ou de désintérêt. Au début, il était à l'affût du premier prétexte venu pour revenir au présent, mais elle ne le quittait pas des yeux. Ce furent l'effroi qu'il lisait en eux et la compassion qu'il entendait dans sa voix quand elle posait une question ou l'encourageait à continuer qui ne lui laissèrent d'autre choix que de se confier à une jeune fille de dix-neuf ans comme il se serait confié à sa mère si elle avait eu la chance de vivre. Parfois à l'aide de simples allusions ou bien de descriptions dont la fidélité dans les détails l'étonnait lui-même, Emil releva le défi : sans pouvoir bénéficier du secours de quiconque, sans se laisser gagner par la terreur, il fit revivre les débuts de sa deuxième existence. Dans la mesure où il avait connaissance de son passé lointain, il le mettait au jour, morceau par morceau, souvent au prix d'une véritable torture. Il fallut des mois pour que Liesel sache comment ce petit Viennois de dix ans, Emil Prohaska, issu d'une famille de la grande-bourgeoisie juive, était devenu le jeune homme d'affaires britannique Eric Procter que son sauveur anglais, animé de bonnes intentions, avait voulu persuader de se faire baptiser dans l'église de Stevenage.

Une telle chronique, dans la mesure où elle ne se limitait pas au destin d'un individu, mais où elle était un pan d'histoire contemporaine longtemps méconnu, était longue et épuisante. On était encore loin du dernier chapitre quand Liesel décida à son tour de changer de nom. À dater du 1er décembre 1951, plus personne ne l'appela miss Freund. Elle était désormais Mrs Procter qui, demeurant dans un deux-pièces de Hampstead, recueillait des pièces de monnaie de six pennies nécessaires à la mise en route d'un chauffage au gaz démodé et donnait à manger, l'hiver, à la fenêtre de la cuisine, à deux rouges-gorges qui ressemblaient aux oiseaux des cartes de Noël. La maison, devant laquelle s'étendait un jardinet fort bien exposé, où les jonquilles fleurissaient une semaine plus tôt que dans les jardins voisins, était située non loin du banc sur lequel, neuf mois auparavant, s'étaient déroulés les événements extraordinaires que nous connaissons. La jeune femme, qui, depuis l'âge de dix ans, ne se fiait qu'à la science, compara dans une lettre le processus auquel l'humanité doit sa survie à un miracle dont elle ajouta : « Il me prive de voix et m'inspire de la reconnaissance chaque jour que Dieu fait. » Cette lettre, Liesel l'écrivit à Regina le premier dimanche de sa vie conjugale, après avoir confectionné des *Fleischpflanzerln*[1] qui témoignaient bien de ce qu'elle était la digne élève de sa mère. Le nom avait tant fait rire le jeune couple qu'il n'arrivait pas à s'enlever de la tête qu'il avait sans doute une signification plus profonde.

– Je ne connais pas un seul mot anglais pour *Fleischpflanzerl*, constata Liesel.

– Tu vois, confirma Emil, pour des gens comme nous, c'est exactement là que réside leur signification profonde.

Le fait que Mrs Procter ait écrit à l'amie de sa vie, faisant s'écrouler d'un seul coup, à Francfort, un château de cartes de malentendus, de préjugés et de déceptions qui reposaient tous sur une

1. Boulettes de viande hachée *(N.d.T.)*.

soudaine rupture des relations, tenait aussi du miracle – à vrai dire un miracle de bien moindre format que le précédent : Liesel avait égaré l'adresse de Regina peu après son arrivée à Londres et ne l'avait retrouvée que la veille de son mariage, ce qui l'avait à ce point ravie qu'elle avait fait part de son bonheur à son amie la nuit même : « Quand je me regarde dans ma glace, écrivit-elle, je pourrais hocher la tête pendant des heures. Te rappelles-tu que je t'avais confié rêver du prix Nobel de physique ? Et où ai-je fini par atterrir ? Emil et moi avons besoin d'argent et nous ne pouvons nous permettre que je poursuive des études, aussi me suis-je familiarisée à marche forcée avec les mystères de la vie de bureau et je suis à présent quelque chose comme secrétaire. Mon patron, qui espère toujours réaliser la grande affaire de sa vie, me fait continuellement expédier à Buenos Aires, à titre de spécimen, des gants de la main gauche en abominable tissu de jersey. Quand Vicky s'est mariée si prématurément, cela m'était apparu insensé. J'aurais donné ma tête à couper que jamais au grand jamais je ne tomberais amoureuse. Et cela me convenait, car je ne voulais pas me retrouver un jour, comme ma mère, avec rien d'autre entre les mains qu'un recueil de recettes de cuisine. Et qu'est-il advenu de mes ambitions et de mes idéaux ? Je suis tombée amoureuse du premier homme qui a croisé mon chemin à Londres. Ou dont j'ai croisé le sien, c'est au choix. Et je sais parfaitement qu'il ne m'arrivera rien de plus merveilleux le restant de mes jours. Nous voulons avoir quatre enfants. Tu vas certainement croire qu'entre-temps je suis devenue exactement comme Vicky. Mais, si tu viens me rendre visite, j'espère que tu t'apercevras qu'il n'en est rien. » Regina envoya un télégramme par retour du courrier : « T'envie beaucoup. Lettre suit. Arrive dès que possible. »

Ils se marièrent auprès d'un rabbin libéral et paternel, les cheveux clairsemés, affligé d'un léger défaut de prononciation, mais doté d'un esprit exceptionnellement rapide. Le fiancé n'eut pas besoin de lui expliquer deux fois pourquoi il n'avait nulle part au monde de famille, pourquoi il ignorait son nom de famille juif, pourquoi il ne lisait pas un seul mot d'hébreu.

– Je ne sais même pas, lui confia le futur époux, comment il s'est fait que je sois resté juif. Personne ne m'a aidé à prendre cette décision et beaucoup y étaient opposés.

– Le Tout-Puissant a dû s'occuper lui-même de l'affaire, estima le rabbin. Avec les enfants des autres, on a toujours plus de chance qu'avec les siens propres.

Il suffit aussi de quelques allusions pour que l'avisé directeur de conscience comprenne pourquoi la fiancée renonçait à la présence, lors de la modeste fête, de la famille Stern comme à celle de son oncle inconnu de Manchester, oncle que les Stern, furieux, avaient appelé à l'aide quand ils s'étaient retrouvés confrontés au fait que leur nièce allait déménager de chez eux, deux semaines plus tard, pour s'installer dans une chambre meublée. Chambre dont un jeune homme entendait payer le loyer. Et cela indignait la famille londonienne de Liesel plus encore que la perspective de perdre une aide ménagère bénévole : un jeune homme, « qui avait manifestement des visées sur la très rentable ferme de notre admirable et courageuse famille d'Afrique ».

Apprenant cette partie de l'histoire, le rabbin l'accueillit de cette très vieille plaisanterie juive que le jeune couple de fiancés ne connaissait certainement pas :

– Qu'est-ce que la *mischpoke* ? demanda-t-il en clignant de ses yeux myopes. Est-ce quelque chose qui se mange ? Non, déclara l'homme de Dieu, c'est quelque chose qui se vomit.

– *Mischpoke*, souffla Liesel à son élu, signifie parenté. C'est Leah qui me l'a appris.

– J'ai grandi parmi des Anglais, chuchota celui-ci en retour, pas parmi des Esquimaux.

L'intervention de la femme du rabbin représenta également pour Liesel et Emil un coup de chance exceptionnel dont ils parlèrent, leur vie durant, avec l'étonnement admiratif de ceux à qui arrive inopinément un bonheur inhabituel. Elle avait un besoin instinctif de se montrer serviable et de faire preuve de sollicitude maternelle. Elle était sept fois grand-mère et il y aurait eu place, sur son opulente poitrine, pour le double d'héritiers. Au départ, son époux lui avait simplement demandé d'ajouter un peu d'âme au petit local de la synagogue où avaient généralement lieu les mariages de jeunes couples ne disposant ni de grandes réserves financières, ni de parents riches et généreux. Mais, incapable de faire intervenir son œil de ménagère sans que son cœur se mette à l'unisson, elle s'enquit auprès de son mari d'autres détails concernant ces jeunes Procter qui lui rappelaient les jeunes couples de l'ancien temps, dans son ancienne patrie. Les traits de caractère qui avaient jadis amené son époux à la conduire sous le baldaquin nuptial, notamment sa capacité à toujours repartir dans l'existence d'un pas alerte, ne tardèrent pas à se réveiller en elle.

– Je pourrais chaque jour te réépouser, lui dit-il, ému.

– Tu vois bien une nouvelle fois que nous n'avons qu'une tête à nous deux. J'ai le même sentiment que toi.

La femme du rabbin pria le jeune couple de l'appeler Channah et, lors de chaque entretien prénuptial, le fournit en liqueur de figue, en strudels aux pommes maison et en merveilleuses images et scènes romantiques de sa jeunesse à Budapest. Pour le jour de la cérémonie, elle apporta un gâteau de mariage digne d'un couple princier et elle assura une décoration florale que le très distingué hôtel « Claridge » n'aurait pu concevoir plus somptueuse. La boulangerie casher de la maison voisine appartenait au beau-frère de Channah et le plus grand établissement horticole d'Hampstead à son neveu dont, quatre ans auparavant, elle avait sauvé l'honneur, et le couple du même coup.

À Londiani, la nouvelle que l'élève la plus douée qui ait jamais terminé ses études à la Girl's High School du Kenya envisageait de travailler dans les gants en étoffe au lieu de se montrer à la hauteur de la bourse universitaire qui lui avait été accordée provoqua colère et stupéfaction. Que Liesel – « qui n'était même pas spécialement jolie » comme l'énonça d'un ton pointu tante Erna – voulût de surcroît se marier si jeune indigna les tantes et les oncles au point qu'ils ne reculèrent même pas devant des lettres de menace. Chacun de ces messages, sans aucune exception, évoquait le destin de jeunes femmes rebelles qui s'étaient liées trop tôt et, par-dessus le marché, à un homme qui n'en valait pas la peine. Immuablement, ils se terminaient par ces mots : « Nous ne savons vraiment pas comment expliquer à ta pauvre mère, sans lui porter un coup fatal, ce qui s'est passé sous les yeux de ton si honorable oncle Bruno et de sa non moins chère épouse. »

Liesel avait réservé la primeur de la nouvelle à sa mère. Mais l'annonce des événements londoniens lui était à vrai dire parvenue trop tard pour qu'elle pût modifier ses projets de voyage, même si elle avait osé en prendre d'elle-même l'initiative. Elle apprit le mariage imminent immédiatement avant son départ de Montevideo. Elle eut juste le temps d'écrire une lettre. Elle implora son frère – qui vivait depuis déjà si longtemps en Uruguay qu'il avait peu ou prou perdu les vertus de ponctualité de son ancienne patrie – d'amener cette fois sans tarder à la poste la lettre qu'elle lui confiait. L'insistance et l'obstination de sa sœur l'impressionnèrent si fort que la missive quitta Montevideo avant même le départ de celle qui l'avait rédigée et atteignit la destinataire en un temps record. C'était une lettre brève, clairvoyante et chaleureuse, et, à la lecture de chaque ligne, la fiancée se sentait plus heureuse qu'elle ne l'était déjà. Elle lui donna aussi beaucoup à réfléchir : « J'ai un peu l'impression d'avoir pressenti les choses, écrivait la mère. J'ai vécu de manière très spartiate chez mon frère qui, au demeurant, te plairait beaucoup, et j'aurai donc assez d'argent pour te rendre visite et faire la connaissance de ton mari. Écris-moi ce que tu en penses. Je ne voudrais en aucun cas venir vous importuner, mais j'ai le sentiment que mes jours au Kenya sont comptés. Pas seulement à cause de la situation trouble qui y règne, mais parce que rester à Londiani n'a plus de sens pour moi, maintenant que tu n'es plus ici. La vie est trop courte pour se séparer de ceux qu'on aime. »

À la lettre suivante était joint un dessin de la petite June. Il était évident qu'il avait fallu que la tante de cette dernière soit revenue de Montevideo pour qu'on incite l'enfant à écrire à sa cousine. June avait fait parvenir à Londres une calèche de mariés entourée de cœurs rouges, une calèche taillée dans une courge et tirée par quatre souris blanches coiffées de hauts-de-forme noirs. Liesel reconnut aussitôt le dessin. June l'avait décalqué dans un livre acheté par le père de Liesel, pour le huitième anniversaire de sa fille, chez un marchand indien d'Eldoret.

– Tu ne peux absolument pas te figurer combien je tiens à June, dit-elle en se tamponnant les yeux. Et au livre. Il s'en est fallu d'un rien que, à cause de June, je ne vienne pas à Londres.

– Dès cette nuit nous allons fabriquer notre propre petite June, la consola Emil.

– Et comment allons-nous nous y prendre pour lui donner à manger et lui acheter des livres qu'elle pourra décalquer ?

– Le Tout-Puissant y pourvoira. Tu n'as donc pas entendu ce qu'a dit le rabbin ?

Sa propre enfance rattrapa Emil cinq jours après le mariage, avec une violence à laquelle il ne s'attendait pas. C'était la première nuit où, véritable chef-d'œuvre artisanal dû à la main de son épouse, il y avait des rideaux devant la fenêtre relativement grande pour une si petite chambre à coucher. Encore convaincue, neuf mois plus tôt, que la seule manière d'appréhender correctement l'existence était d'user de chiffres et de formules, elle avait fini par admettre à temps que, pour l'édification d'un nid, d'autres talents étaient bien mieux appropriés. Or, digne fille d'une mère extrêmement habile de ses doigts, elle était capable de merveilles d'imagination, à condition de disposer d'un peu de tissu, d'une aiguille et de fil. Avant que la bataille menée sur la vieille machine à coudre empruntée au mobilier du rabbin se fût conclue de manière victorieuse, la chambre était illuminée par la réclame lumineuse du cinéma d'en face et par la lueur vacillante d'un réverbère.

D'abord, son mari avait geint comme un enfant apeuré, puis il s'était mis à crier, de plus en plus fort, de plus en plus furieusement ; il finit par hurler, dans l'obscurité, quelques mots que Liesel ne put comprendre et dont elle douta même qu'il se fût agi de mots anglais. Prise d'épouvante, elle n'osa ni bouger ni respirer trop fort un bref instant. Elle serrait les yeux avec force, mais continuait à voir ; elle se bouchait les oreilles des deux mains, mais continuait à l'entendre. Elle avait l'impression d'avoir ouvert une porte interdite. Puis elle finit par prononcer un « Non » très sec, deux fois de suite. Ensuite, bien qu'ayant le sentiment d'agir sottement et, pire encore, avec indiscrétion et curiosité, elle lui demanda : « Je peux t'aider ? » Emil se réveilla sur-le-champ. Dans un premier temps, il s'assit droit dans le lit sans rien dire. Il était très pâle et avait l'air épuisé. Au bout d'un moment, il se leva et, toujours silencieux, alla à la fenêtre. Il écarta le rideau neuf de manière à laisser entrer un rayon de lumière dans la pièce ; puis, comme si ce geste avait été décisif, il se remit au lit, où il demeura assis, les épaules raides, le dos bien calé contre un traversin.

– *Sorry*, dit-il en caressant l'épaule de Liesel.

Sa main était moite. Liesel se rapprocha de lui ; voyant des gouttes de sueur sur son front, elle baissa la tête. Pendant un moment qui lui parut une éternité – éternité qu'elle s'était toujours représentée, enfant, comme une fosse remplie de goudron en fusion –, il sembla qu'il n'en dirait pas plus que ce mot anglais si pratique et sans signification. Puis il finit par dire, comme sur le ton de la plaisanterie :

– Pour les Juifs, ça veut dire l'amour.

Puis il haussa les épaules et recommença à la caresser. Sur ses lèvres se dessinait le sourire confus d'un écolier surpris en train de commettre une bêtise. Eric Procter, qui, quelques heures plus tôt à peine, avait assuré à sa femme, haletant de joie : « Je le sens, nous venons de faire un fils », était effectivement redevenu un enfant, à vrai dire bien loin du petit enfant à qui une mère jeune et gaie, en robe d'été à fleurs, vient de promettre un tour sur un cheval de bois blanc et un sucre d'orge. Un cauchemar nocturne, si souvent affronté, jamais vaincu, venait de changer l'homme allongé à côté de Liesel en un enfant de dix ans, nommé Emil Prohaska.

Un père en manteau noir, enfermé dans le silence, étranger, sombre, inquiétant même, se tenait à ses côtés à la Westbahnhof de Vienne. Quand le train s'était ébranlé, l'enfant avait déjà autour du cou l'écriteau portant le grand numéro noir et, dans l'oreille, la recommandation de ne plus éclater de rire et de parler aussi peu que possible avant d'avoir franchi la frontière avec la Hollande.

– C'est où, la Hollande ? avait demandé Emil à son voisin de gauche.

– C'est là où ils ne peuvent plus nous attraper, avait murmuré le voisin en retour.

Ce garçon aux cheveux noirs s'appelait Stefan. Sa mère lui avait donné un saucisson à l'ail et des timbres autrichiens pour la valeur de cinq schillings, ne s'étant pas aperçue, sous le coup de l'émotion provoquée par la séparation, qu'il ne pourrait pas les utiliser en Angleterre. Stefan avait deux ans de plus qu'Emil et il était aussi beaucoup plus dégourdi, mais il ne réussit pas, lui non plus, à baisser à temps la fenêtre bloquée et à faire signe, au départ, à l'unique personne autorisée à l'accompagner. Quand le moment de l'adieu fut arrivé, Emil ne put de toute façon pas distinguer son père d'un autre homme, à côté de lui, portant également un manteau noir descendant jusqu'au sol. Les deux hommes agitaient la main au milieu de la fumée du train et ils savaient, eux, ce qui venait de se produire. C'est durant cette nuit de confidences que Liesel Freund, grandie dans la solitude protectrice d'une ferme au Kenya, avec, pour l'accompagner dans l'existence, des parents, des tantes et des oncles qui se souciaient du bon état de leurs dindons, de leurs vaches et du tracteur, c'est cette nuit-là qu'elle entendit pour la première fois parler de «transports d'enfants». Pourtant, à la différence de ses aveux dans le salon de thé «Lyon's», son mari ne se contenta pas, cette fois, de laisser dans un flou charitable une histoire impitoyable. En effet, depuis la première tasse de thé bue ensemble, il lui était advenu ce à quoi il avait aspiré en vain pendant treize ans, sans qu'il ait longtemps réussi à formuler ce besoin. Il venait de rencontrer un être humain qui voulait savoir sur son compte plus que son nom et sa manière de gagner honorablement son pain quotidien. C'était sa femme – si jeune encore et néanmoins d'âge assez mûr pour comprendre l'horreur – qui avait voulu savoir comment avait pu survivre un enfant de dix ans, envoyé sans ses parents dans un pays inconnu et ayant un jour ou l'autre à apprendre qu'il ne reverrait plus jamais ses parents.

– Quand j'étais très triste, se souvint-il, je me racontais que j'étais un paquet postal égaré et qu'il se produirait un jour un miracle, qu'on me retrouverait et qu'on me renverrait chez moi. Tu veux savoir ce qui m'a posé le plus de problèmes durant toutes ces années? C'est d'avoir mangé ma tartine au pâté de foie de grand appétit et d'avoir froissé le petit mot de ma mère, sur lequel elle avait écrit «Prie afin que nous nous revoyions», avant de le jeter dans les toilettes la première fois où je suis allé pisser. Longtemps j'ai cru que c'était à cause de ça que je n'avais pas revu mes parents.

– Je connais ça, opina Liesel. Quand j'étais petite, j'ai longtemps pensé que les nazis n'avaient démoli notre maison de Cham que pour me punir: la veille, j'avais fait tomber un vase précieux, alors qu'on m'avait toujours strictement interdit de le toucher, et j'en avais enterré les morceaux dans le jardin.

Emil se souvenait trop mal des premiers mois qui avaient suivi la séparation d'avec ses parents – séparation dont il ne s'était longtemps pas douté qu'elle était définitive – pour tenter de retrouver son passé à partir des seuls événements qu'il se rappelait avoir vécus. Et c'est seulement à l'âge adulte qu'il avait lu des articles sur les «listes de transport» sur lesquelles, en 1938, des parents, en Autriche et en Allemagne, avaient inscrit leurs enfants. Sachant qu'eux-mêmes étaient menacés d'être jetés dans un camp de concentration et d'y périr, ils espéraient, au prix de la séparation, sauver au moins la vie de leurs enfants.

– J'ai entendu dire un jour, raconta Emil durant la plus longue nuit de son existence, que dix mille de ceux qu'on appelait les «enfants des transports» avaient été sauvés de la sorte. Imagine combien auraient pu l'être, si les autorités britanniques ne s'étaient pas fait prier si longtemps par les organisations de réfugiés juives. Et quels services le *British Empire* n'aurait-il pas pu nous rendre si, sur cette île bienheureuse, on n'était pas resté sourd à l'idée que Dieu, à l'origine, avait prévu que même les enfants juifs auraient droit à un père et à une mère.

Il était rare qu'Emil Prohaska mêle au récit de sa vie une amertume que même les professionnels de l'indifférence et les froids et lointains observateurs de la vie d'autrui auraient trouvée naturelle. Tout au contraire: quand il lui arrivait de parler des circonstances auxquelles il devait d'être encore en vie et d'avoir un nom et une nationalité, il insistait toujours sur la chance qu'il avait eue, ajoutant qu'il en serait reconnaissant à l'Angleterre jusqu'à la fin de ses jours.

– Moi, disait-il, j'ai eu assez de chance pour qu'aujourd'hui j'aie mauvaise conscience en pensant aux autres. Presque tous ont atterri dans un foyer avant de trouver, bien plus tard, des familles d'accueil dont bon nombre d'entre elles auraient su mieux s'y prendre avec un chien sorti d'on ne sait où qu'avec un enfant traumatisé.

Emil ne passa qu'une nuit dans une baraque non chauffée où, en dehors de lui, vingt-deux petits garçons s'endormirent en pleurant, l'un d'entre eux ayant même été emmené à l'extérieur par deux hommes, à trois heures du matin, pour ne plus reparaître. À son réveil, Emil était choqué au point de ne plus se rappeler le prénom de sa mère ni le nom de la rue de Vienne où il avait vécu dix ans. L'homme assis à une table – une casquette grise enfoncée de travers lui cachant une bonne partie du visage –, qui était chargé de relever les identités des fugitifs, le traita d'entêté petit bâtard, heureusement dans la langue que l'enfant devrait d'abord avoir apprise pour distinguer l'amabilité de l'affront.

Le voyage qui les avait menés du monde de la menace et de la mort jusqu'au port du salut avait duré deux jours ; il s'était terminé sur un navire ayant accosté à Harwich, à sept heures du soir. Les enfants, apathiques, épuisés et accablés par le mal de mer, furent accueillis par deux dames de l'aide sociale, vêtues de vestes d'homme noires et de chapeaux noirs eux aussi, en forme de pots. Elles ne parlaient que leur langue maternelle et étaient donc dans l'incapacité de communiquer avec des enfants dont la très grande majorité allaient se retrouver orphelins de père et de mère dans les cinq années à venir. Avec une grande détermination – recourant éventuellement à la manière forte –, les dames en noir de l'aide sociale surent faire clairement comprendre leurs intentions aux petits qui, éperdus, restaient sans voix.

Dès le lendemain, Emil, qui n'avait pas changé de linge depuis trois jours, qui avait perdu son peigne et le courage de vivre, mais qui était assez âgé pour avoir honte de son état, fit la connaissance des êtres qui allaient d'abord lui offrir leur ancienne chambre de bonne, puis, très vite, leur cœur : Samuel Speke, depuis trente ans pasteur de la paroisse de Stevenage, et son épouse Mabel qui avait longtemps et ardemment prié Dieu de bien vouloir encore, même à un âge avancé, bénir son corps comme il avait jadis béni celui de la Sarah d'Abraham. Jusque-là, Mabel avait confondu le pays d'où arrivait la tardive offrande divine avec l'Australie – à cause de l'identité des cinq premières lettres. La vérité oblige à dire qu'elle avait une meilleure connaissance de la nature humaine que de la géographie. Elle commença par enlever du cou de son futur fils adoptif le ruban où était inscrit le chiffre cent trente-huit, puis elle lui caressa la tête avec précaution et lui mit dans la main une minuscule auto métallique. Emil se souvint alors des trois cours d'anglais auxquels il avait pu assister avant d'être expulsé du lycée, et il dit sagement :

– *The cat sat on the mat.*

En voiture entre Harwich et Stevenage, alors qu'il avait aussi souvent mal au cœur que sur le bateau, Mrs Speke l'appela pour la première fois «*darling*», et il fallut à Emil des mois pour s'apercevoir qu'il s'agissait d'un mot certes amical, mais sans grande signification et aussi habituellement adressé aux enfants et aux femmes âgées qu'aux chiens d'appartement et aux perruches. C'étaient la compassion mais aussi la solitude de la vieillesse se profilant à l'horizon qui avaient amené Samuel et Mabel Speke à adopter un enfant dont ils ne pouvaient prononcer le nom et dont ils savaient uniquement que son avenir dépendait de la charité de gens comme eux, pour qui l'amour du prochain était quelque chose de plus qu'un thème récurrent lors des prêches dominicaux.

Dans le domaine du terrestre, les Speke s'en remettaient habituellement à une tasse de thé fort et, en guise d'apéritif, à l'Andrew's Liver Salt. Dans l'auto, ils misèrent sur l'effet curatif des gâteaux au gingembre. Le porridge, qui réchauffait l'estomac le matin et rappelait aux hommes que Dieu ne les oublierait jamais, avait pour eux la même valeur que, chez les enfants d'Israël, la manne biblique pendant la traversée du désert. La bouillie d'avoine était si épaisse et si grise que, lors du premier petit déjeuner pris en commun, l'hôte au palais éduqué à la viennoise commit une erreur dont tout Stevenage – à l'exception bien sûr du fautif – fit des gorges chaudes en cachette. Le petit Emil avait cru que le peintre en train de rénover les châssis de fenêtre avait laissé par inadvertance son mortier sur la table du petit déjeuner. Désireux de se faire bien voir en rendant service, il avait apporté le plat dans le jardin pour le remettre à l'artisan ébahi.

– Je sais que c'est une histoire sacrément triste et que je n'ai pas le droit de rire, pouffa Liesel en faisant exactement la tête que, dans l'imagination d'Emil, les gens de Stevenage avaient dû faire en apprenant son malheur. Mais je trouve tout ça tellement drôle. Ne m'en veux pas !

– À ce que j'ai entendu dire, le rire ne met que rarement en péril les mariages. Tu sais ce que j'aimerais ? C'est que, dans trente ans, tu sois encore capable de rire comme en ce moment. Tu es la plus belle femme du monde quand tu ris.

– Promis, dit Liesel. Non, c'est idiot que des gens ayant notre histoire fassent comme si l'avenir était prévisible. Il faut dire les choses ainsi : dans trente ans encore, je m'efforcerai de rire de manière à ce que tu me fasses les mêmes compliments.

Emil attendit encore neuf mois avant de raconter sa vie au sein de la petite paroisse de Stevenage qui, à la veille du grand incendie qui allait embraser le monde, ignorait à peu près tout du monde ; c'est aussi à ce moment qu'il parla des gens qui brûlaient de donner leur amour sans savoir comment s'y prendre.

– Il vaut mieux que tu te prépares à temps à l'idée que tu n'as pas épousé le pendant masculin de l'exaspérant moulin à paroles arabe, mais un pauvre type taciturne.

– Si cela reste le seul mensonge de notre vie commune, j'aurai gagné le gros lot. Je crois que le moulin à paroles en question s'appelait Shéhérazade.

– Le gros lot, c'est moi qui l'ai gagné. Dommage que ta mère ne me connaisse pas encore. Il y a longtemps que je souhaite avoir une belle-mère. C'est un mot qui me plaît.

– Réellement ?

– Chez moi, c'est toujours réellement. Je te l'ai déjà dit.

– Je ne me lasse pas de te l'entendre dire, répondit Liesel.

La lumière annonçant le jour nouveau la surprit en train de parler encore de sa mère et des deux journées passées avec elle à Mombasa.

– Je n'aurais jamais cru que deux êtres puissent parler ensemble comme nous sommes en train de le faire.

– Nous ne sommes pas deux êtres comme les autres. Nous sommes deux enfants de la chance, sans le moindre souhait qu'ils souhaiteraient voir la bonne fée exaucer.

– Aurais-tu oublié le fils avec qui tu voudrais lancer un cerf-volant le dimanche à Hampstead Heath ?

– Il est déjà en route. Dis-moi : aurais-tu oublié comment nous avons commencé notre soirée, hier ? la taquina Emil.

C'est dans un couloir d'hôpital qu'il ouvrit au dernier chapitre le livre de son enfance et de sa jeunesse. Liesel avait ressenti les premières douleurs. La sage-femme voulait renvoyer chez lui le jeune couple en plein émoi jusqu'à ce que les intervalles entre les contractions se soient raccourcis, mais le futur père, voyant que sa femme avait peur, refusa si énergiquement la proposition de la soignante qu'elle céda, un hochement de sa tête prouvant, contrairement à la première impression d'Emil, que ladite tête possédait bien quelque mobilité. Main dans la main, sa femme et lui firent les cent pas dans l'étage de la maternité. Jusqu'au moment où la sage-femme vint lui arracher Liesel, il parla du couple Speke, de ses idéaux et de ses rêves abstrus.

Samuel et Mabel n'avaient pas seulement voulu plaire à Dieu. Ils n'avaient pas seulement fait ce que leur cœur leur commandait, mais ils avaient essayé d'organiser leur vie comme si seul importait de rester fidèle à soi-même et de se sentir dans son bon droit. Ils s'étaient décidés pour un garçon de dix ans qu'on avait arraché à son père et à sa mère, à qui on avait ravi la faculté de faire confiance et de se sentir en confiance, qu'on avait privé de sa langue natale, de l'espérance et de la foi. Samuel et Mabel voulaient aimer cet enfant comme s'il était le leur. Emil, qu'ils appelèrent Eric dès la première semaine, leur paraissait surtout assez jeune pour qu'il fût possible de le refaçonner. Le soir, le cœur empli de chaleur et de gratitude, les pieux époux fermaient les yeux en rêvant du sixième jour de la création, quand Dieu avait modelé Adam avec la glaise du sol.

Ce n'est pas uniquement le prosélytisme chrétien qui avait poussé le gardien de la foi de Stevenage et son épouse à dépouiller un enfant du monde où il était né et où il avait grandi. Samuel et Mabel Speke avaient l'absolue certitude que, pour Emil Prohaska, le plus grand bonheur sur terre serait d'oublier ses parents, sa foi et sa langue maternelle. Pas un seul jour, pas un seul instant, ils ne doutèrent qu'ils avaient le droit – et aussi le devoir – d'agir comme ils le faisaient. Ils savaient que Dieu ne leur refuserait pas sa bénédiction. C'est en toute bonne conscience qu'ils joignaient les mains pour la prière.

La réalité déboucha sur un bilan tout différent.

– Ne me demande pas comment cela s'est produit, déclara Emil durant cette nuit où Liesel et lui attendaient leur premier enfant. Il semble qu'il se soit agi d'un des nombreux miracles dont Dieu nous fait la grâce.

Bien que la Croix Rouge n'ait finalement remis à Emil Prohaska, à Stevenage, une dernière lettre, écrite à Vienne en 1941 et munie de trois points d'interrogation à l'encre rouge, qu'avec de longs mois de retard, l'adolescent, qui avait déjà treize ans, n'avait pas oublié ses parents. Pas plus qu'il ne les oublierait par la suite. Il ne revoyait plus leurs traits. Il ne sentait plus les mains de sa mère. De l'appartement viennois ne subsistait plus dans sa mémoire que le tableau d'un homme coiffé d'un casque d'or, accroché dans la salle à manger. Des années plus tard, lors de son premier voyage à l'étranger, il découvrirait le tableau de Rembrandt à Amsterdam et éclaterait en sanglots. Mais jamais il n'avait oublié qu'il avait des parents. Il voyait toujours la silhouette d'un homme, son père, à la Westbahnhof de Vienne, et, plus précocement que beaucoup d'autres, il avait compris le sacrifice que ses parents avaient consenti. Pour que leur fils pût vivre, ils s'étaient séparés de lui.

Compte tenu de ce qu'il apprit plus tard, Emil a toujours douté à bon droit que, avant de mourir, les Prohaska aient su que leur fils se portait bien ; il ne pensait pas qu'ils aient eu connaissance de l'existence de Stevenage, de Mabel et de Samuel Speke dont il leur parlait pourtant abondamment dans ses lettres, rédigées en allemand de surcroît – quand bien même il s'agissait d'un mauvais allemand. Ses hôtes – qui le protégeaient, le gâtaient, veillaient au salut de son âme, l'encourageaient sur le plan intellectuel et appréciaient ses bons résultats scolaires avec une fierté toute parentale – ne l'incitèrent pas une seule fois à écrire à son père et à sa mère. Ses parents adoptifs savaient-ils que ses parents naturels étaient menacés de mort ? Allaient-ils jusqu'à espérer cette issue pour enfin prendre pleine possession, avec la conscience en paix, de cet enfant qui ne leur avait été que prêté ? Ils lui donnèrent tout l'amour dont ils étaient capables, mais il ne se sentit délivré de ses chaînes qu'au bord de la tombe de Samuel Speke. Sa femme décéda six mois après lui.

Jusqu'au jour où, sur un banc du parc d'Hampstead, pour complaire à une jeune femme en larmes, il était allé repêcher son premier nom au fond d'un puits obstrué par d'autres, personne n'avait posé de questions à Emil sur sa vie antérieure. Même ses bienfaiteurs qui parlaient d'amour ne désirèrent jamais savoir comment un enfant supportait de vivre parmi des étrangers, dans un pays étranger, et de ne pas pouvoir exprimer sa détresse dans sa langue maternelle.

– Je crois parfois, raconta-t-il durant cette nuit de délivrance, que c'est par pur défi que je n'ai pas oublié l'allemand et que j'ai refusé, à l'église, de prier avec les autres. Même avant le repas, au moment de la prière, je me contentais de remuer les lèvres. J'ai toujours eu l'impression que je ne reverrais mes parents que si je restais juif. Et, comme je voulais pouvoir converser avec eux quand ils viendraient me chercher à Stevenage, je parlais allemand tout seul, la nuit, afin de ne pas oublier ma langue. Veux-tu que je te chante un jour *Alle meine Entlein*[1] ? C'était toujours cette chanson de mon enfance que je fredonnais à voix basse quand nous devions chanter à l'église.

– J'ai moi aussi vécu quelque chose d'analogue, quand nous devions faire notre prière à Nakuru, se souvint Liesel. Ma copine Regina avait un esprit beaucoup plus inventif que le mien. À voir les choses avec le recul, je pense qu'elle a dû finir par faire tourner la tête du bon Dieu. Elle est allée jusqu'à exiger de lui qu'il accomplisse toutes les superstitions des Kikuyu.

Liesel marchait lentement et avait de la peine à respirer. De temps en temps, elle serrait si fort la main d'Emil qu'ils partageaient un instant la même douleur. Leur enfant voulait absolument venir au monde. La panique dévora d'un seul coup la confiance et le courage qui lui avaient donné jusqu'au dernier moment la force nécessaire. Elle se demanda s'ils n'étaient pas en train de commettre un péché : supplier pendant neuf mois l'avenir de venir au plus vite et, à l'instant crucial, ne rien faire d'autre qu'évoquer le fardeau du souvenir !

– En sera-t-il toujours ainsi ?

– Oui, dit-il, mais on s'y habitue.

Il ne demanda pas d'où elle revenait, elle et ses pensées, car il vit ses yeux et comprit. C'est durant cette nuit où il devint père qu'Emil découvrit définitivement en quoi consistait le bonheur de leur union. À l'un et à l'autre avait été accordée la grâce de se comprendre sans nécessairement parler.

– Venez, tous les deux, dit la sage-femme.

Elle tapota le dos de Liesel avec une douceur surprenante. Sa voix n'avait plus le ton du commandement. Elle était à présent

1. « Tous mes canetons » *(N.d.T.)*.

quelqu'un se disposant véritablement à faciliter sa venue au monde à un enfant.

– Nous n'allons pas pousser notre premier cri dans un couloir. Asseyez-vous tranquillement, Mr Procter, et pensez à quelque chose d'agréable. À votre âge, cela doit être encore facile. Vous allez avoir besoin d'un peu de patience. Les premiers bébés sont irrespectueux et ignorent les égards. Ils ignorent ce qui se fait et ce qui ne se fait pas.

Emil contemplait fixement la porte derrière laquelle son épouse avait disparu. Quand la peur commença à vibrer dans sa tête et que ses mains s'insensibilisèrent, il sut qu'il n'avait toujours pas appris à dire adieu. Il avait beau serrer les paupières l'une contre l'autre, les images qu'il avait évoquées toute la nuit continuaient à le hanter. Il voulut se lever et ouvrir une fenêtre, mais il fut tellement certain qu'elle allait rester coincée comme celle du wagon, au départ de Vienne, qu'il resta assis. Il était important qu'un enfant ne bouge pas quand il n'avait plus de parents pour lui venir en aide.

– La fenêtre ! cria-t-il. Elle ne s'ouvre plus.

– Venez, dit l'infirmière. Vous avez dû vous endormir. Votre femme et votre enfant vous attendent.

Il vit sa femme, et il remercia Celui à qui il devait le miracle d'un amour qui, pour eux deux, ne connaîtrait pas de fin. Rouge des efforts de la naissance, l'enfant reposait dans le creux du bras de Liesel. Son père fut certain qu'il lui souriait. Il n'osait pas encore le toucher. Il crut même, dans son émotion, qu'il allait pleurer, mais, quand il parla, ce fut d'une voix tranquille.

– Bienvenue, mon fils, dit-il cérémonieusement.

– Ma fille, le corrigea Liesel.

– Réellement ?

– Tout est toujours réel. C'est ce que tu m'as enseigné. Tu es très déçu ?

– Non. Je la gâterai tellement qu'aucun homme ne voudra l'épouser et qu'elle restera toujours chez nous.

– Je lui ai promis, dit Liesel, qu'elle n'irait jamais en internat.

– Et moi, dit Emil qui avait cette fois vraiment la larme à l'œil, mais qui n'en avait pas honte, je lui promets que je ferai tout ce qui sera en mon pouvoir pour qu'elle n'ait pas à partir en voyage avec un écriteau autour du cou.

Épilogue

Les anciennes élèves de la Nakuru School ne se sont plus jamais assises sous l'eucalyptus qui épiait leurs rêves et leurs espoirs. Quand, en 1974, pour la première fois depuis le retour de la famille Redlich en Allemagne, Regina revint au Kenya, elle pria l'aimable chauffeur d'une voiture de location de grimper la côte menant à son ancienne école. Les maisonnettes et le grand hall – où Vicky, Leah, Liesel et Regina avaient appris, dormi, supporté leur cafard et s'étaient imaginé leur avenir – étaient toujours là, mais ils avaient perdu leur blanc étincelant d'autrefois : ils étaient devenus gris et leur crépi s'effritait. La piscine où Liesel avait connu ses premiers succès et les terrains de tennis sur lesquels elle testait sa résistance avaient disparu. Il n'y avait plus, autour des logements des enseignants, de roses provenant de jardins anglais. Des poules grattaient le sol sablonneux.

Regina reconnut toutefois son ancienne école. Les enfants portaient toujours des uniformes, mais pas les jupes bleu foncé avec les corsages blancs et les cravates rayées que prescrivait le règlement des strictes années quarante. Les filles avaient à présent des robes d'un bleu lumineux, les garçons des shorts de la même couleur éclatante. C'étaient des enfants d'Afrique, à la peau foncée et aux grands yeux. Ils encerclèrent l'auto qui s'était risquée à l'intérieur de leur monde scolaire et se mirent à pouffer en se racontant les uns aux autres, en kikuyu, qu'il y avait dans la voiture une espèce de singe blanc complètement maboul en train de pleurer. Les petits étaient si heureux, ils riaient si fort et montraient du doigt avec si peu de gêne le babouin indiscret que Regina – pour la première et l'unique fois de sa vie – ressentit le désir de rester jusqu'au soir à la Nakuru School, d'écouter en cachette les conversations des enfants et de contempler le lac d'où montaient vers le ciel des nuées de flamants roses. Mais, ayant été éduquée, dans cette même école, à ne jamais, sans motif valable, se faire remarquer plus qu'il n'était nécessaire, elle n'osa même pas descendre de voiture. Quand, en repartant, elle dit adieu de la main aux enfants et que ceux-ci lui répondirent en riant «*kwaheri*», elle constata que l'eucalyptus de jadis avait lui aussi disparu.

Des quatre amies, seule Regina aurait voulu devenir une enfant d'Afrique. À neuf ans déjà, à la ferme d'Ol'Joro Orok, elle avait compris que là était sa patrie. Personne n'avait pu la lui ravir. Le souvenir des êtres qu'elle aimait, le timbre de leur langue et les images qui l'avaient marquée devenaient d'année en année plus précis. Et pourtant elle était restée en Allemagne, en premier lieu à cause de son père dont seule la mort prématurée avait réussi à la séparer. Ensuite, parce qu'elle aimait son frère à qui, après le décès des parents, elle avait servi de père et de mère. Elle n'aurait pu quitter son frère Max sans que cela ne brise le cœur de l'un et de l'autre. C'est dans ces conditions qu'elle était restée dans le pays que son père, jadis, lui avait choisi pour patrie.

Des quatre, elle fut néanmoins la seule à être parvenue à transformer en une bribe de réalité satisfaisante un rêve d'enfant. Conformément à ce qu'elle s'était promi elle avait écrit. Une vie durant. Elle avait été journaliste, critique de théâtre et auteur de livres pour enfants. Mais ce n'est que fort tard que s'accomplit son rêve le plus cher, le plus originel : *Une enfance africaine* fut le premier de ses dix romans. Enfant, elle n'avait jamais parlé d'amour, mais Cupidon ne le lui a pas fait payer. Elle le remercie tous les jours, au réveil, quand sa main ne se referme pas sur le vide de la solitude.

Vicky, si sûre que la beauté suffit à une femme pour lui assurer à jamais une place dans les nuages, donna naissance – tout à fait comme prévu ! – à quatre enfants. Mais le pimpant Viking qui avait fait sa conquête par surprise et donné son nom à sa rose préférée demanda le divorce la septième année de leur mariage, année critique entre toutes. Très gentleman, il laissa à sa femme une généreuse indemnité, tous les enfants et les chiens qu'elle voulut garder, mais il fit décider par voie de justice que ses deux filles et ses deux fils seraient éduqués dans un internat. Vicky continua de la sorte, en dépit de sa déception, à habiter l'ancienne résidence, mais elle ne vit plus ses enfants que pendant les vacances. Chaque regard dans le miroir lui confirmait que la beauté est éphémère. Pour déployer le charme qui ouvrait autrefois toutes les portes à la petite Vicky, les moyens vinrent à lui manquer dans sa vie ultérieure. À quarante ans, elle eut des douleurs à l'estomac, à cinquante, elle sombra dans la mélancolie. Devenue sexagénaire, elle décida de changer de vie, mais elle en demeura aux déclarations d'intention. Quand le Kenya eut obtenu son indépendance et que l'existence devint incertaine, voire dangereuse, pour les fermiers blancs, ses parents abandonnèrent leur plantation de thé de Kericho et partirent pour l'Angleterre. Pendant un certain temps, ils cherchèrent à s'installer à proximité de leur fille, mais, malgré la beauté du paysage, ils se mirent si rapidement à languir dans le Sussex qu'ils déménagèrent et s'établirent à Londres. Ils prirent un appartement à Hampstead. La visite hebdomadaire que Vicky leur rendait était un des sommets de son existence. C'est également auprès de son père et de sa mère qu'elle célébrait les grandes fêtes juives. À ses moments de particulière introspection, elle éprouvait de la honte à l'idée qu'enfant elle avait eu honte de ses parents et de leur confession.

Leah a tenté, des années durant, de conserver son rêve de jeunesse d'une patrie qui serait Israël, mais jamais elle ne réussit à pardonner à ce pays d'avoir exigé d'elle un sacrifice avant qu'elle fût prête à le consentir. Ses amis le sentaient. Des années plus tard, les voisins parlaient encore de Leah comme de « l'Anglaise ». Effectivement, en dépit de tous ses efforts pour que personne ne le remarque, sa manière de penser et de se comporter était celle d'une Anglaise. Aussi réservée et timide, même dans ses moments de gaieté et de sociabilité, qu'elle l'avait été jeune fille, Leah ne se sentit jamais vraiment chez elle en Israël. Cinq ans après la mort d'Ari, elle essaya de reprendre des études qu'elle n'avait pas commencées, mais sa fille pleine de vie et d'entrain n'eut de cesse de prendre possession du monde en compagnie de sa mère. Yael ne tolérait pas que Leah ait d'autre sujet de préoccupation qu'elle-même. Au terme d'une visite chez des parents de Bornemouth, Leah caressa pendant des mois l'idée d'émigrer en Angleterre. Mais elle ne réussit pas à se débarrasser de l'idée qu'elle devait à son mari d'éduquer sa fille dans le pays pour lequel il avait péri. Yael, à dix-huit ans, étant tombée amoureuse avec autant de spontanéité que sa mère avant elle et ayant suivi son mari à Washington, Leah se sentit enfin libre de laisser son cœur prendre toutes décisions qu'il lui plairait. Elle resta en Israël. Elle avait enfin pardonné à ce pays de lui avoir pris son mari et, au bout de plusieurs dizaines d'années, elle venait tout de même d'accepter Israël pour l'unique patrie qu'elle eût jamais désiré avoir.

Liesel, qui n'avait cru ni à la déesse du bonheur ni au dieu de l'amour mais à la géométrie, se laissa convaincre pendant de longues et heureuses années que l'amour est une puissance du ciel. La fille que ses parents avaient prénommée Rose parce que ce nom est aussi facile à prononcer en Angleterre qu'en Allemagne ou en France fut suivie d'un fils, un an plus tard. Comme s'ils avaient deviné que l'orthodoxie juive l'attirerait, le père et la mère lui donnèrent un nom biblique. David avait hérité de sa mère la passion des mathématiques et de son père les talents musicaux, mais il passa l'essentiel de sa vie d'adulte comme professeur de religion, mal payé, d'une école juive. Il ne lui fut possible de renoncer aux récompenses matérielles que par la grâce d'un beau-père, homme non seulement aisé mais très pieux, qui, pour favoriser les voies du Seigneur, se montra disposé à nourrir les enfants de ses enfants. David l'en remercia en lui donnant un nombre imposant de petits-enfants. Grâce à la fécondité de sa pieuse belle-fille, Liesel devint grand-mère avant d'avoir quarante ans. Au demeurant, l'itinéraire imprévu emprunté par son fils David éveilla en elle une qualité qui lui avait manqué dans sa jeunesse : la tolérance.

La compréhension dont elle se mit à faire preuve envers ce qui dépassait son entendement et ne rencontrait pas son adhésion lui fut d'un grand secours quand Rose épousa un pédiâtre non juif, provoquant une profonde coupure au sein de la famille. Les chemins du frère et de la sœur divergèrent irrémédiablement. Pour Liesel, ses nombreux petits-enfants – elle put fêter son soixante-dixième anniversaire avec, sur les genoux, son premier arrière-petit-fils – furent une consolation pour une perte qui, quand elle se produisit, menaça sa propre existence.

Emil, cet homme si digne d'amour, l'époux affectueux et adoré, le joyau rencontré sur le banc d'un parc, ne vécut que cinquante-deux ans. Il fut emporté par un cancer du poumon. Cette mort prématurée fut le seul coup que cet homme ait jamais porté à Liesel. Il revint à la douce Rose, que le père avait effectivement gâtée comme il l'avait annoncé la nuit de sa naissance, de convaincre sa mère qu'elle avait l'obligation de continuer à vivre. Et de le faire avec joie. Deux mois après la mort de son père, Rose mit au monde des jumeaux. La grand-mère ne put leur résister, elle ne put résister ni à leur premier sourire, ni à leur première dent, ni à leur premier mot et encore moins aux bras qu'ils lui tendaient.

Seules des quatre camarades de classe de la Nakuru School, Liesel et Regina se sont revues. La première rencontre eut lieu à Londres, en 1956. Liesel était prête à accoucher de son deuxième enfant, Regina avait en vue la carrière de journaliste. Les deux femmes, peu enclines à transfigurer leurs souvenirs de leur scolarité, ne trouvèrent pas la base commune indispensable à des retrouvailles. Elles rirent peu, poussèrent de nombreux soupirs, se montrèrent gênées, réservées et déçues. Regina trouva davantage de motifs de se réjouir en compagnie de la mère de Liesel – qui vivait à ce moment-là chez sa fille – qu'avec son amie elle-même. Toutes deux furent fort soulagées quand fut arrivée l'heure de la séparation.

Elles avaient plus de soixante-dix ans quand un hasard les réunit à nouveau. Elles conversèrent alors comme s'il ne s'était pas passé un seul jour depuis leur séjour commun à l'école, comme si la vie ne les avait pas jetées dans des mondes aux antipodes l'un de l'autre. Elles n'éprouvèrent aucune gêne et ne ressentirent ni éloignement ni serrement de cœur. Aujourd'hui encore, elles sont en train de se raconter ce qu'elles ont vécu durant les soixante années écoulées depuis le douzième anniversaire de Vicky.

Table

1. Sous l'eucalyptus 9
2. La séparation 35
3. Une patrie pour Regina ? 63
4. Le départ de Leah 91
5. Vicky et le Viking 117
6. La décision de Liesel 145
7. Regina renonce 171
8. Vicky – la mort d'une rose 197
9. La longue route de Leah 225
10. La vie recouvrée 251
Épilogue 279

Impression réalisée sur CAMERON
par BRODARD ET TAUPIN
La Flèche

pour le compte des Éditions du Rocher
en juin 2005

Imprimé en France
Dépôt légal : juin 2005
N° d'impression : 30345